前 言

党的二十大报告中指出："加强基础学科、新兴学科、交叉学科建设，加快建设中国特色、世界一流的大学和优势学科。"

谈判是解决相互依赖的各方之间的矛盾和冲突的一种方法，是一种能够达成各方利益要求，实现共赢的方法。人类社会在经历了一个多世纪的战争、危机、和平与发展之后，进入了以经济全球化日益发展和国际经贸活动日益深化为重要特征的新的时期。一方面国际贸易成为了国际交往中最活跃的活动之一，全球国际贸易的增长速度超过了世界生产的增长速度。国际贸易推动着市场的国际化，成为了各国经济发展和世界经济增长的重要引擎。另一方面，国际直接投资的迅速增长。国际直接投资是生产资本国际化的实现形式，体现了资本循环突破国界不断扩展的趋势。为了更好地适应国际贸易经济的发展，秉着对国际商务谈判人才的培养需求，以企业需求和学生就业为导向，特编写了这本书。

全球知名的商学院都设有国际商务谈判课程，并将此定为必修课。谈判融合了决策理论、博弈论、管理学、社会学、心理学等综合理论。如何应对价值创造和价值分配之间的矛盾，如何面临感情和利益之间的冲突，都是在谈判中所要遇到的，也是非常有趣又难以抉择的问题。课程还指导第三方以何途径帮助化解冲突、居中调停、中途调查、申请仲裁并协助系统从争辩转化为冲突双方的均衡态势。学生之所以喜欢这门课，是因为该课通常采取角色扮演和谈判模拟的教学方法。谈判模拟就是让学生在课堂上扮演谈判中的定性角色，体验角色所面临的各种决策和冲突。通过对谈判结果的分析，让学生体验到谈判过程中出现的各种认知偏差，达到提高谈判技巧和处理冲突的能力。谈判课程被定格为实训课程，学生既是实习者，也是参与者，在课堂上模拟着各类角色，以达到师生互动、课堂活跃。

本书结合了商务谈判人员的丰富经验，对商务谈判的规律性和技巧性进行了梳理，供师生模拟操作。本书突出了高等教育培养方式的科学性，提高了创造性技能的比重，强化了学生的应用技能，对于辅助学生自主拓展学习、开拓学生的视野、培养学生的发散思维有一定的促进作用。

本书可作为高等教育国际经济与贸易、国际商务、工商管理、电子商务、经济学等专业的国际商务谈判课程的教材，亦可作为企业高级管理人员的培训教材。

本书在编写过程中借鉴和参考了相关的文献资料，在此向有关作者表示谢意。限于编写水平，书中难免存在不足之处，敬请相关专家和广大读者批评指正。

编　者

精品课程新形态教材
21世纪应用型人才培养系列教材
新时代创新型人才培养精品教材

精品

新形态立体化教材

国际商务谈判

主　编　肖　频　王艳萍　郭　琳

副主编　凌　鸣　郭　昕　吴轶群

　　　　杨贝艺　任大鹏

参　编　任媛媛　彭　礼

中国海洋大学出版社
CHINA OCEAN UNIVERSITY PRESS
·青岛·

图书在版编目（CIP）数据

国际商务谈判 / 肖频，王艳萍，郭琳主编 . —青岛：
中国海洋大学出版社，2017. 8（2025. 1 重印）
ISBN 978-7-5670-1466-4

Ⅰ.①国… Ⅱ.①肖… ②王… ③郭… Ⅲ.①国际商
务–商务谈判 Ⅳ.①F740.41

中国版本图书馆 CIP 数据核字（2017）第 155413 号

出版发行	中国海洋大学出版社		
社 址	青岛市香港东路 23 号	**邮政编码**	266071
出 版 人	杨立敏		
网 址	http：//pub. ouc. edu. cn		
电子信箱	258327282@ qq. com		
订购电话	010-82477073（传真）	**电 话**	0532-85902349
责任编辑	杨亦飞		
印 制	涿州汇美亿浓印刷有限公司		
版 次	2017 年 8 月第 1 版		
印 次	2025 年 1 月第 2 次印刷		
成品尺寸	185 mm×260 mm		
印 张	14. 5		
字 数	335 千		
印 数	10001—16000		
定 价	35. 00 元		

版权所有 侵权必究

告读者：如发现本书有印装质量问题，请与印刷厂质量科联系。

联系电话：010-82477073

目　录

第一章 概　　论

学习目标

- 了解谈判的结构、谈判过程中的核心要素以及谈判的不同方式。
- 掌握谈判中的情境特征，如何管理谈判情境，通过相互依靠来达到他们的目标。
- 考虑如何将谈判与管理冲突的宏观感知过程相匹配。
- 对本书及本章内容有一个概括性的认识。

任务一　谈判的结构

商务谈判涉及的内容复杂，双方谈判人员的沟通容易出现混乱。为避免发生这种情况，谈判人员的精力应集中在谈判内容上，并清楚地了解谈判的结构。同时，通过对谈判结构含义的理解，谈判人员将更易掌握谈判过程的内容。

一、谈判的阶段性

一般而言，一场国际商务谈判，要经过开始阶段、实质性谈判阶段、交易明确阶段和结束阶段。

（一）开始阶段

开始阶段包括启动谈判、营造谈判气氛、确定谈判议程、进行开场陈述和提出双方的谈判方案、对谈判开始阶段的回顾总结五部分。在该阶段，谈判双方需要做到以下几点：触发一次谈判，对希望达成的交易心中有数，双方都力图把自己解决问题的想法施与对方，搞清楚或对最终成交有大致的轮廓，在磋商过程中对将要实现的目标逐步予以明确。

（二）实质性谈判阶段

在实质性谈判阶段，价格谈判是双方经济利益的焦点，价格解释、评论、讨价还价、价格谈判结束，是其必须进行的四部曲。此外，价格谈判还涉及报价和磋商的技巧。同时，谈判双方在实质性谈判阶段还涉及策略调整、目标修正的问题。

（三）交易明确阶段

在交易明确阶段，谈判一方可能在某一时刻有意透露出想要达成交易的信息。从此信息内容看,包含了谈判一方的最后要价;从信息传达的强度性质看,它的出现往往是非常微妙的。

(四)结束阶段

在结束阶段,双方经过积极认真的工作,谈判最终成交。对此,要对达成的协议形成书面文件,给予法律上的认可。

虽然不同的谈判采取的方法各不相同,但每一次国际商务谈判都要经过这四个阶段。为有效地控制谈判过程,谈判人员一定要把握住上述四个阶段。

二、横向与纵向谈判

国际商务谈判的方式多种多样,但谈判的结构,可以分为横向和纵向谈判。横向谈判是采用横向铺开的方式,首先列出涉及的所有议题,然后对各项议题同时讨论,同时取得进展。纵向谈判则是确定所谈问题后,依次对各个议题进行讨论。在国际商务谈判中,法国人是横向谈判的代表,倾向于以总条款开局。对法国人来讲,谈判就是先就总条款达成一些共识,从而指导和决定接下来的谈判过程。而美国人是纵向谈判的代表,倾向于以具体条款开局。对美国人来讲,一次交易过程实际上就是针对一系列的具体条款而展开的一系列的权衡和让步。

表1-1 横向谈判和纵向谈判比较

谈判方法	横向谈判	纵向谈判
含义	对谈判问题逐个讨论,在某一问题上出现矛盾时就搁置这一问题先讨论其他问题。如此周而复始地讨论下去,直到所有问题都谈妥为止	在确定谈判的主要问题顺序后,依次讨论每个问题和条款,讨论一个问题,解决一个问题,一直到谈判结束
一般步骤	1. 要把谈判的议题统统列出来; 2. 粗略地讨论每个议题的各个方面; 3. 详细地讨论每个议题的各个方面	从确定的第一个议题开始,深入讨论这个议题,依次讨论其余议题
优点	灵活性大,每轮谈判都能使议题有所进展,不至于由于对某一问题的争执而影响整个谈判的过程	应随时调整双方条款的讨论次序,有利于寻找变通的解决方法
缺点	较混乱,容易使谈判人员纠缠于枝节问题,而忽略了主要问题	过于死板,不灵活,某一问题出现僵局,会影响其他问题的解决

任务二 商务谈判的特征

一、案例:卡特夫妇

新的一天如同往常一样来到了。早餐后,苏·卡特和丈夫乔讨论在哪里过夏季假期的问题。她想报名去大学校友会组织的远东旅行，而乔不愿意。因为他不想用两周的时间跟一群不相识的游客在一起游玩。他希望能远离人群、吵闹和行程表，租一艘游艇在新泽西海岸漫游。卡特夫妇没有争吵，但显然他们之间出现了矛盾。他们的一些朋友在遇到此类问题时，通常会采取各自旅行的方式。由于苏和乔平时工作繁忙，他们希望能一起度假。而且他们还不确定他们的儿女特蕾西和泰德是否愿意同他们一起去。特蕾西很想参加学校的体操夏令营，泰德更喜欢在家帮助邻居收拾院子，这样既为参加橄榄球队锻炼了身体，又可以自己挣钱买一辆摩托车。苏和乔无法同时承担夏令营和度假的费用，更别说他们离开后谁来照顾孩子了。

乔在驾车上班的路上他也在思考着度假的问题。困扰他的地方在于，似乎没有一个有效解决冲突的办法。有些家庭冲突可以通过妥协来解决，但是鉴于现在每位家庭成员的不同意愿，一个简单的妥协显然无法解决，其他时候他们也许会采取掷硬币或是轮流的方式，如决定去哪家餐馆吃饭。但是对于度假，由于花费大而且机会难得，采用这种方式显然很不明智。另外，掷硬币会使输者觉得不快而引发争吵，最后大家都不能真正感到满意。

走过停车场的时候，乔遇见了公司财务经理艾德·雷恩先生。乔是威瓦特公司（小型电子摩托公司）工程设计部的经理。艾德提醒乔必须解决一个由他们工程部的人员引起的问题：工程师不通过采购部直接与供应商联系。乔知道采购部希望所有部门通过他们与供货商联系，但是他也明白他的工程师为了设计需要第一手的信息，通过采购部获取信息的等待会大大影响工作效率。艾德对乔的想法很清楚，乔认为如果能坐下来好好商讨，也许能找到一个很好的解决方式。乔和艾德都明白上层管理者希望中层管理人员能自行解决他们之间的问题。如果这个问题暴露给上层，他们都会觉得很尴尬。

乔刚到办公室就接到了一位之前洽谈过的汽车推销员的电话。他询问苏是否需要试驾。乔已经选中一辆进口豪华车，但是他不确定苏是否会同意他的选择。他认为苏可能会抱怨价格太贵或者耗油太多。乔对推销员最近一次报价很满意，但还是希望对方能多做一些让步，所以他把苏的勉强态度告诉了推销员，希望这些阻力可以给推销员带来降低价格的压力。

乔刚放下电话，铃声又响了。这次是苏，她是当地银行的一位高级信贷员。电话中苏抱怨了对工作程序的不满。苏对于在这么一家自动化程序低、官僚主义严重和对顾客需求反应迟钝的家族式银行工作感到沮丧。在竞争对手那里，只需要 3 个小时就可以完成的审批证明，在苏的银行需要一周的时间。由于银行极低的效率和烦琐的程序，她刚刚失去了两笔大额贷款业务，并且这种事情正越来越频繁地出现。但无论何时，当她准备同高层管理者讨论这个问题时，总是遇到一致的反对和一番宣扬银行传统价值观的说教。

乔大部分的下午时间都要用来开威瓦特公司的年度预算会议，他讨厌这些会议。来自财务部的人专横地把每个人的预算削减了 30%，然后每个部门的经理不得不无休止地争论，来给他们的新项目争取资金的保留。乔已经学会如何与不同的人交往，其中包括他不喜欢的人，但是来自财务部的人简直是傲慢、专横至极。他不明白为什么高层领导者看不到财务部正在对工程部的研发带来多少损害。乔自认为是一个通情达理的人，但这些人的表现使他只能认清自己的底线，经常想同他们斗争到底。

晚上乔和苏参加了镇上的自然保护委员会的会议。这个委员会主要负责保护镇上的溪流、湿地和生态保护区。苏是委员会成员，她和乔都坚决支持环保事业。今晚讨论的主题是关于一家房地产公司申请将一块湿地和小溪开发成一个购物中心的问题。所有的计划都表明新的购物中心将给该地区带来就业机会和收益。同时，可以增加镇上的税收收入。新的购物中心能带来更多的商机，人们再也不用驱车 15000 米去附近的购物城了。但是这个计划遭到了委员会的反对，因为他会对湿地和在上面生息的物种带来破坏。争论持续了三个小时，最后委员会同意在接下来的这周继续探讨此问题。

当苏和乔参加完会议开车回家时，他们对一天中遇到的事情进行了讨论。每件事情都反映出了生活的奇特，有时候事情看起来进行得很顺利，有时又显得过于复杂。晚上入睡前，他们都在回想着白天遇到的各个情境，并为他们能够进行坦率的交流感到庆幸。然而，他们还是不知道应该去哪里度假。

二、商务谈判的特征

卡特夫妇的故事说明了谈判可以解决不同情境下的冲突。谈判是双方及多方试图解决利益冲突的过程，是人们用来解决冲突的方式之一。谈判情境具有相同的基本特征，无论是战争国之间的和平协议还是买卖双方或劳动者与管理者之间的商业谈判，或是在参加重要面试之前，为了洗热水澡而与酒店发生争执的客人。对谈判进行过大量描述的人指出，所有的谈判情境都具有以下特征：

1. 涉及双方或者多方，即有两个或两个以上的个体、群体或组织参与。尽管人们也可以和自己进行谈判，比如某个人纠结周六下午应该学习、打网球还是踢足球，但是我们通常把谈判看作发生在不同个体、群体内部或群体之间的过程。在卡特夫妇的故事里，乔同他的妻子、采购部经理和汽车推销员进行谈判。苏和自己的丈夫、她所在银行的高管以及自然保护委员会进行谈判。他们夫妇还面临着跟他们的儿女谈判度假的问题。

2. 双方或多方的需求和要求之间存在冲突。一方所想不一定是另一方所愿的，各方必须寻求解决冲突的办法。卡特夫妇需要对度假、管理孩子、预算、买车、公司制度以及社区实践施工许可证发放和保护自然资源等问题进行谈判。

3. 各方自愿选择进行谈判。各方认为相比于简单的妥协或是接受对方的提议而言，谈判能取得更好的结果。谈判在很大程度上是一个自愿的行为。我们选择谈判是因为我们觉得谈判可以比自愿接受或妥协对方的提议取得更好的结果。谈判是关于选择的策略，我们很少被命令去谈判。有些情景需要谈判，有些则不需要，如专栏 1-1 所示。我们的经验是，在西方背景下大多数人的谈判不够充分，即我们假定一种价格或情境是不能进行谈判的，甚至认为讨价还价很麻烦。

专栏 1-1　不应该进行谈判的情境

1. 当你失去所有时。如果你处在可能失去全部的情形下，选择其他方式，不要谈判。

2. 当你很受欢迎时。当事业步步高升的时候，不要进行谈判，而是要提高价格。

3. 面对无理要求时。对方的要求如果是你所不能支持的、非法的、无礼或不道德的，不要谈判，行贿或者受贿。从长远角度看，必然会给你带来损失。

4. 无关于你时。如果谈判结果与你不存在利益关系，不要谈判，你可能失去所有且一无所获。

5. 当你没时间时。当你的时间很紧时，你也许不会选择谈判。因为压力影响可能会导致犯错误或太快做出妥协，而忽略了让步背后可能存在的后果。在高压下，你可能比平时得到的更少。

6. 对方不守信用时。当对方表现出不诚信的迹象时，停止谈判。如果无法信任对方，就不能签订协议。这种情境下，谈判是没有价值的，坚持自己的想法，保留自己的立场，或者让对方自取其辱。

7. 当等待能提升你的谈判地位时。也许你很快能获得一项新的技术，或者你的财务状况很快能得到改善。新的机会即将出现，如果等待能有助于谈判地位的提升，那么就等待。

8. 当你还没有准备好时。如果还没有准备好，回家的路上思考下最佳的问题、最好的回答和可能的让步。收集信息、进行谈判预演将带来可观的回报。如果还没有准备好，就对谈判说"不"。

4. 谈判的时候，我们希望谈判是基于自身定义的一个"互让"过程。我们希望双方都能对最初的陈述、要求或者需求进行修改或退让。尽管开始的时候双方会为了自己的利益激烈争论，促使对方率先做出让步，但是最后为了达成一致协议，双方都必须做出妥协。这就是像双方立场的中间点移动的折中过程。真正具有创造性的谈判，也许不需要妥协。但谈判各方会寻找到一个使各方都满意的解决方案。当然，如果谈判各方不认为是一个谈判过程，那么他们也就不会期望修正立场和参与这种"互让"过程，如专栏 1-2 所示。

专栏 1-2 来自纽约熟食店

对于那些喜欢对三明治讨价还价的顾客，我们将提高价格，然后给予一个折扣。

5. 谈判各方更愿通过谈判，而非公开斗争来达成一致。当各方偏向于自己寻找解决冲突的方式时，当没有固定的或已有的规则来解决冲突时，或者各方选择规避这些规则时，谈判就发生了。组织和系统为管理这些程序问题制定了政策和规定。音像出租店对逾期未还的情况有收费的规定，通常人们只需要缴纳罚款。然而，如果对于为什么延期归还有一个好的理由，人们也许可以与店家进行谈判来免除罚款。同样，律师为他们不愿对簿公堂的委托人进行辩护和谈判。在卡特夫妇的故事中，乔选择通过谈判，而不是让他的妻子来决定在哪里度假；他还通过谈判使汽车销售员降低售价，而不是按报价购买；同财务小组就削减预算带来的影响进行谈判，而不是毫无顾虑地接受他们的方案。苏利用谈判试图改变银行贷款的审核程序，而不是安于现状；通过谈判希望改变购物城的选址，而不是袖手旁观或是交给法庭解决。

6. 成功的谈判既包括有形因素的管理（如协议的价格或者条款），也包括无形因素的处理。无形因素是潜在的心理驱动力，他可能会在谈判过程中对各方产生直接或间接的影响。无形因素的例子有：①必须胜利、打败对方或不能输给另外一方的需求；②在你所代表的人面前必须看起来"状态良好""具有竞争力"或者"坚韧"；③有要捍卫一个重要原则或是先例的意愿；④需要表现出"公平"或是"受人尊敬"，或者必须保护某人的荣誉；⑤在谈判结束后需要有同对方继续保持良好关系的意愿，主要通过维持信任和减少不确定性来实现。无形因素通常植根于个人价值观和情绪，对谈判的过程和结果可能产生巨大的影响。想要忽视无形因素的存在几乎不可能。因为它影响着我们在解决有形问题上时对什么是公平的、正确的或恰当的进行谈判。比如，乔不希望在采购问题上激怒艾德·雷恩，因为在接下来的预算谈判中他需要艾德的支持，但是他也不想在希望得到他支持的工程师面前丢失颜面。所以对于乔来说，重要的无形因素是既要维系他和艾德的关系，又要在他的工程师面前显得强势。

当谈判者不能理解无形因素是如何影响谈判的，或者在他们基于有些因素来主导谈判时，无形因素就成为谈判中的一个主要问题。专栏 1-3 反映了求胜欲望给谈判带来的问题。

专栏 1-3　当求胜欲望大过理性决策时

有时求生欲望会战胜逻辑思考。有这样一个事例，强生和波士顿科学竞争收购佳腾公司（一家药品设备制造商）。佳腾身陷困境，已经召回了 23000 个起搏器产品，并且被告知已植入此款产品的 27000 名病患要向医生咨询。双方的竞争使得最后的标底价飙升至 272 亿美元，比强生的初始报价高出了 18 亿美元。召回事件后，佳腾公司的股票由每股 23 美元跌至 17 美元。《财富》杂志将此项收购列为史上第二差的收购，仅排在臭名昭著的美国在线服务公司对时代华纳的收购事件之后。

是什么导致了如此失败的决策？我们总结出了以下几个关键因素。

（1）竞争对手：当各方面临激烈的竞争时，他们有可能停止理性决策。

（2）时间压力：人为的截止日期或者时间压力（如拍卖）会促使人们快速甚至错误地做出决策。

（3）聚光灯作用：如果观众紧盯着表演者，他更有可能升级承诺。以使自己在观众面前显得强硬和勇敢。

（4）律师的出现：律师在法律辩护中更倾向于输赢的结果，因此，可能会向委托人施压以求胜利，尽管可行方案清晰可见。

商务除了具有谈判的一般特征外，还具有以下几个特征：

7. 商务谈判是以追求经济利益为目的；买方利益：以最小的代价获得最优质的产品或服务；卖方利益：以最合理的价格卖出自己的产品或服务。商务谈判这一利益性决定了商务谈判是以价格为核心的谈判。

8. 商务谈判是一个互动过程；

谈判双方在谈判过程中有来有往，就是争论—妥协—争论—妥协的过程。

案例：

南美某公司（卖方）欲向中国某公司（买方）推销智利松木原木。在中国某城市的谈判中，买方向卖方详细询问了智利松木原木的规格、直径、疤节以及虫害等情况，卖方一一作了解答。双方就港口装运、码头吃水情况等进行了反复讨论。结合上述因素，双方就原木的价格进行了谈判。

由于买方不了解（没有使用经验）智利松木，对价格心里没底，因而提出的要求趋于保守。卖方则认为条件过于苛刻，一再说其原木质量很好，码头现代化，两万吨的船停靠不成问题。但买方仍不松口，坚持要卖方将价格放到市场同类松木价格之下，而且要保证码头装车，否则还要承担延误造成的滞期费。

卖方咬牙同意考虑买方意见，但比市价低多少仍是问题。是 5%，10%，还是更多？双方争论得十分激烈。这时，卖方提出："别争了，不妨先定个原则，细节问题待贵方赴南美考察智利松木和相关码头后再定。看贵方是否有时间？"买方一听卖方的建议正合其意，就答应了这个安排。可考察组的人数、时间、费用又引起了争论，这些问题与合同价相关联。卖方又提出，买方可以去 3 人，时间为一个星期，往返机票由买方承担，在考察现场的交通、食宿费用由卖方承担。这个条件让买方迅速定下了日程。于是谈判的僵局化解了，双方拟定了谈判备忘录。

买方人员到了南关之后，经过参观考察，增加了对原木的认识。卖方尽了地主之谊，接待热情周到，让买方很满意。最终双方在现场敲定了价格条件，签了合同。

9. 商务谈判是互惠的，是不均等的公平；参加商务谈判的各方不论组织大小还是实力强弱，在价值规律面前和相互关系上都是平等的。谈判双方既要争取自己的经济利益，又要顾及对方的经济利益，但这并不是说在商务谈判中双方在利益的分配是绝对平均的，事实上只要一方的要求得到满足，另一方也得到补偿，双方相互满意，就达到了利益上的平衡。

互惠互利是谈判的基础，不均等的公平是谈判的结果，与谈判双方所拥有的实力与技巧的差异，导致了这种不平等的结果。

任务三　谈判的价值索取和价值创造

在谈判的情境关系中，分为零和情境和非零和情境。零和情境，即分配式情境，是只能有一个胜利者或各方试图在有限资源中获得更大份额的情境，如稀有资源、时间、金钱等的分配。相反，非零和情境，即整合式情境，是各方都能实现他们的目标或目的。

一、价值索取

在分配式情境下，谈判者尽力在竞争中战胜对方或者是尽可能在有限的资源中获取最大的份额。为了达到这些目的，谈判者经常采用非赢即输的战略战术。这种被称为分配式竞争的谈判方式承认了在现有的形势下，只能有一个获胜者的事实。谈判的目的就是获取价值，即采取一切必要手段来获得奖励、获取最大份额或是尽可能争取最大利益。在集市上出售的二手车或二手冰箱，在买卖的过程中就存在这种谈判的例子。

相反，在整合式情境下，谈判者应该采取双赢的战略战术。这种谈判方式试图寻找双方都满意和实现目标的解决方案。谈判的目的在于创造价值，发现一个满足各方需求的方案，通过发掘更多资源或是发现共享和协调现有资源的独特方式。此类型谈判的一个例子是筹办婚礼时，如何使新郎、新娘、双方家庭感到满意，使亲戚朋友们都度过一段愉快的时光。

分橙子

有一个妈妈把一个橙子给了邻居的两个孩子，这两个孩子便讨论起来如何分配这个橙子。两个人吵来吵去，最终达成了一致意见，由一个孩子负责切橙子，而另一个孩子选橙子。结果，这两个孩子按照商定的办法各自取得了一半橙子，高高兴兴地拿回家去了。第一个孩子把半个橙子拿到家，把皮剥掉扔进垃圾桶，把果肉放到果汁机内打果汁喝。另一个孩子回到家，把果肉挖掉扔进垃圾桶，把橙子皮留下来磨碎了，混在面粉里烤蛋糕吃。从上面的情形我们可以看出，虽然两个孩子各自拿到了看似公平的一半，然而他们各自得到的东西，却未物尽其用。这说明，他们在事先并未做好沟通，也就是两个孩子并没有申明各自利益所在。没有事先申明价值导致了双方盲目追求形式上和立场上的公平。结果，双方各自利益并未在谈判中达到最大化。试想，如果两个孩子充分交流各自所需或许会有多个方案和情况出现。可能的一种情况就是遵循上述情形，两个孩子想办法将皮和果肉分开，一个拿到果肉去喝汁，另一个拿到果皮去做烤蛋糕。然而，也可能经过沟通后是另外的情况，恰恰有一个孩子既想要皮做蛋糕，又想喝橙子汁。这时，如何能创造价值就非常重要了。结果，想要整个橙子的孩子提议可以将其他的问题拿出来一块儿谈。他说："如果把这个橙子全给我，你上次欠我的棒棒糖就不用还了。"其实，他的牙齿被蛀得一塌糊涂，父母上星期就不让他吃糖了。另一个孩子想了想，很快就答应了。他刚刚从父母那儿要了五块钱，准备买糖还债。这次他可以用这 5 块钱去打游戏，才不在乎这酸溜溜的橙子汁呢。两个孩子的谈判思考过程，实际上就是不断沟通、创造价值的过程。双方都在寻求对自己最大利益的方案的同时，也满足对方的最大利益的需要。

二、价值创造

价值可以通过多种方法进行创造，其核心在于探索谈判者之间存在的分歧。谈判者之间存在的主要分歧有以下几点。

（一）利益分歧

谈判者几乎不会同等对待所有的谈判条目。例如，在讨论薪酬方案时，公司偏好在签约奖金而不是在薪水上做出让步。因为签约奖金可以只发生在第一年，而薪水是一项长期固定的支付。一家广告公司可能愿意在创造性项目的控制上妥协，但是在广告投放上可能比较保守。找到不同利益之间的可调合因素是打开价值困境的关键点。

（二）对未来判断的分歧

人们对谈判条目现有价值和未来价值的评估存在分歧。例如，把辛苦挣来的钱投资到那片沼泽地是不是好的选择，有些人可以想象出未来的住宅区和游泳池，但是有些人想到的是蚊虫泛滥的问题。真正的房地产开发商需要努力认清现在的拥有者无法预料到的未来场景。

（三）风险承受的分歧

人们对风险的承受能力存在差异。一个年轻的、单收入的、有三个子女的家庭比一个成熟的、夫妻双方有收入、无子女的家庭所能承受的风险要小。一家现金流紧张的公司比现金流充裕的公司所能承受的风险要小。

（四）时间偏好的分歧

时间对谈判者的影响是不同的。有的谈判者偏好现有收益，而有的看重未来收益；有人需要一个快速的解决方案，而有些人不需要改变现状。谈判中对时间偏好的不同带来了价值创造的可能性。例如，一位汽车销售员想要在一周之内完成交易以达到公司奖金的评定标准，而潜在购买方可能想在六个月之后再买。

总之，尽管价值创造经常由探索共同利益完成，但分歧同样可以作为价值创造的基础。谈判的核心在于探索创造价值的共同利益和利益分歧，并且以此为基础建立起长期牢固的协议。分歧是不可消除的，这种情况下分歧被视为达成协议的障碍。因此，在寻找最佳解决方案的过程中，为了协调分歧，谈判者必须学会有效地管理冲突。

任务四　有效的冲突管理

一、冲突

冲突可能由双方截然不同的需求、双方人员的误解而产生。当双方向着共同目标努力，并想要达到一致结果，或者双方追求完全不同的目标时，冲突就可能产生。无论冲突的原因是什么，谈判都是有效解决冲突的重要方法。可以这样定义冲突："意见截然不同或对立，如利益、观点等方面"，包括"认识到当前利益的分歧，或意识到双方当前愿望无法同时满足"。冲突产生于"相互依赖但目标不同的群体间的相互影响和实现目标过程中的相互干涉。"

理解冲突的一个方法是区分冲突的层次。通常把冲突划分为以下四个层次。

（一）内心的冲突

第一个层面的冲突发生在个人心里。冲突来源包括想法、思想、情绪、价值观、倾向或相互矛盾的趋势。我们很想要一个圆筒冰淇淋，但又怕发胖。我们对上司很生气，但是我们不敢表现出来，害怕因此被炒鱿鱼。

（二）人际冲突

第二个层面的冲突是人与人之间的冲突。人际冲突通常发生在同事、夫妻、兄弟姐妹、室友或邻里之间。

（三）群体内冲突

第三个层面的冲突是组内冲突，如工作团队、家庭、社区组织和部落内的冲突。在群体内冲突层面上，我们将冲突看作是对影响小组决策力、工作效率、解决问题的能力和继续有效实现目标的因素进行的分析。

（四）群体间冲突

最后一个层面是群体间的冲突，如组织间、种族间、接壤国之间、世仇家族间或分崩离析的团队之间。在这个层面上，由于涉及的人员众多，冲突变得错综复杂，相互影响的方式很多。这个层面的冲突是最复杂的。

二、有效的冲突管理

研究者提出了许多管理冲突的方法，而且设计了许多衡量谈判者使用这些方法倾向的模型。每一种方法都以简单的二维模型作为分析的开始，应用于五个核心的标签和描述。我们将用迪安·普鲁伊特、杰弗里·鲁宾和 S. H. 金提出的模型来描述这五个关键点。

图 1-1 被称为双重关注模型。这个模型假定冲突中的人有两个独立的关注点：对自身利益的关注（如图中横轴所示）和对他人利益的关注（如图中纵轴所示）。这些关注可以从零点（漠不关心）到最高点（密切关注）中的任意点体现出来。纵轴经常被称为合作轴，横轴通常代表个人武断的程度。越是关注自己成果的一方，就越有可能采取图中右侧的谈判策略。越是不关注自己利益的一方，就越可能会采取图中左侧的策略。同样，越是允许、鼓励，甚至帮助其他方获得收益的一方，越可能会采取图中上方的策略，而越是不关注其他方的收益，则越有可能采取图中下方的策略。

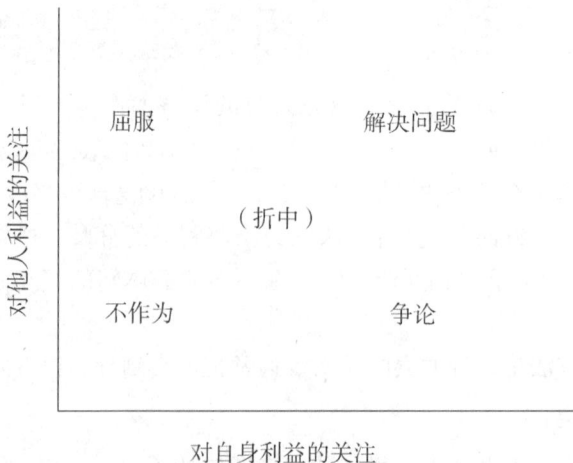

图 1-1　双重关注模型

尽管我们可以在理论上从二维空间里划分出无数个点，但是在双重关注模型中，冲突管理策略一般分为以下五种。

（一）争论

争论（也称为竞争或专断）是模型中位于右下角的策略。采取争论策略的人有达成自身目标的强烈意愿，但是并不关注对方的收益。正如普鲁伊特和鲁宾所指出的："采取此策略的谈判方会坚持自己的立场，并试图说服对方屈从于他们。"采取争论策略常用的手段有威胁、惩罚、恐吓和单方面行动。

（二）屈服

屈服（也称为顺从或助长）是位于模型中左上角的策略。采取此策略的人很少关心自身的收益，但是对对方获得的收益非常感兴趣。屈服策略包括降低自身的目的来使别人获胜或达到期望值。屈服在一些人看来也许是非常奇怪的策略，但是在一些情境下有它独特的好处。

（三）不作为

不作为（也称为逃避）是位于模型中左下角的谈判策略。采取这一策略的人对于自己的收益和他人的收益都毫无兴趣。不作为策略通常代表着撤退或是被动，采取这一策略的一方倾向于退出沉默或是不采取行动。

（四）解决问题

解决问题（也称为合作或协作）位于模型中的右上角。选择这一策略的人往往同时对自己的收益和对方的收益都表现出极高的关注度。在解决问题的策略中，双方积极从冲突中寻求能使联合收益最大化的解决方法。

（五）折中

折中是位于模型中间的策略。作为一种冲突管理策略，它代表了寻求自身利益和考虑他人收益的中庸之道。普鲁特伊和鲁宾认为，这种策略是不可行的，并认为这种策略来源于两种态度：一是懒于解决满足双方利益的问题；二是双方都有屈服的想法。尽管如此，其他使用这个模型的学者认为，折中是一种有效管理冲突的策略。所以我们将它加入图1-1的模型图中。

在早期的许多研究冲突管理的文献，特别是20世纪六七十年代的文献中都有强烈的反对冲突、赞成合作的价值观倾向。尽管模型中提出了五种策略，但是解决问题的策略通常被认为是优于其他四种的。这些文章强调了解决问题策略的优势，倡导采取这个策略，并且分析了几乎所有冲突情境下应该如何运用这一策略。然而，在最近的文献中，尽管依然强调使用解决问题的策略，但都谨慎地评价了每一种冲突策略的优、缺点，并或多或少地说明了它们在一定的互赖类型和冲突背景下的适用性，如表1-2所示。

表1-2　人际冲突处理方式及其适用与否的情境

冲突处理方式	适用的情境	不适用的情境
合作	1. 问题复杂； 2. 需要共同的智慧找到更好的解决方案； 3. 成功的实施需要对方的配合； 4. 时间充裕； 5. 单方面无法解决； 6. 解决共同问题需要双方提供各自的资源	1. 任务或问题简单； 2. 需要马上做出决定； 3. 结果与对方无关； 4. 对方不具备解决问题的技能
屈服	1. 认为自己可能有错； 2. 问题对对方来说更重要； 3. 愿意做出妥协从对方处换取未来收益； 4. 处于劣势； 5. 维护关系很重要	1. 问题对自己更重要； 2. 相信自己是对的； 3. 对方有错或不道德
专断	1. 问题很小； 2. 需要快速决策； 3. 采取了不受欢迎的措施； 4. 需要战胜过于自信的下属； 5. 对方做出的不利于己方的决策，可能造成己方的损失； 6. 下属缺乏做出决策的专业技能； 7. 问题对自己很重要	1. 问题复杂； 2. 问题对自己不重要； 3. 双方实力相当； 4. 不需要快速决策； 5. 下属有很强的能力
逃避	1. 问题很小； 2. 与对方抗衡，潜在的副作用大于解决问题带来的收益； 3. 需要时间冷静； 4. 事情需要当机立断	1. 问题对自己很重要； 2. 负有做决策的责任； 3. 各方不愿意拖延，问题必须解决
折中	1. 各方目标相互排斥； 2. 各方实力相当； 3. 不能达成一致； 4. 合作或专断方式均无效； 5. 需要针对复杂的问题提出一个临时解决方案	1. 一方更加强势； 2. 问题相当复杂，需要解决问题的策略

任务五 国际谈判与跨文化谈判

在美国的跨文化谈判

我有一个顾客，他拥有一个他祖父在一个小镇上建立的家族企业，并且这个企业现在已经发展成为这个小镇的主要雇主。我们已经建立了很要好的关系，每隔几个月我都会组织一场旅行，从北卡罗来纳州去看望他。就这样过了一段时间后，只要我每隔几个月去拜访他，他就会向我发出一些订单。当我们在一起相处时，起初我们会谈论任何事情，除了事业。一段时间后，我们之间相互提问，我询问他关于生活、生意、家庭以及这个城镇等的问题；而他则会询问我生活工作的地方——北卡罗纳州，以及我的公司和生活。聊到兴头上时，我们就会开始认真讨论一些商业问题。通常达到这种契合一般是在午餐后，每次探讨这些问题总会花费几个小时的时间。但是我每次也总会留下一个订单。这种行为对我来说的意义在于，至少可以在繁忙的工作节奏中寻求一份愉悦的小憩。

有一天，我打电话给他，问他是否有时间会面，以及约定下次会面的时间。他告诉我：当我下一次拜访他的时候，他将带我去见他的一位朋友，他说他这个朋友对于我们公司正在销售的产品很感兴趣，认为我们应该去见见他。当然，我很高兴，并且安排了方便的时间来进行我们的三方会面。

当我到达我们的客户办公室的时候，他的朋友 Carl 已经在那儿了。我们随意地介绍了彼此，我的客户介绍了 Carl 的工作以及 Carl 对我公司正在出售的产品怎样会对他有用的想法。紧接着介绍了他正在做什么。在这一瞬间，我认为我们可以直接进入商业谈话。然而，过了一会儿，我们之间的谈话很快回到生活、家庭、个人兴趣爱好的问题上。Carl 喜欢打猎，他和我的客户打猎冒险的故事使我感兴趣。我思索了一会儿，接着与他们分享我的故事，一件接着一件。很快我们讨论到了假期、篮球的问题。

有时我们会做一个简短的总结，然后回到我们手头的商业上。但是他总是连接着一小段谈话，就像这样：我们讨论我们是怎么制作工具的？又或者我们使用手枪狩猎时怎么能做到像机器一样精准？我意识到即使没有讨论商业问题，通过我们彼此间对于工作需求的讨论也可以交换大量的信息。我想起了我和客户许多年前的几次会面——我们彼此了解，就像现在一样。我陷入了这种"奇怪"的感觉，他与我之前做销售的方式不同，但是我非常喜欢这种工作方式。

我们就这样交谈了一上午，彼此通过这种非正式的闲聊来获取自己所需的商业信息。仅仅在午饭前，我的客户就了解了很多东西，似乎开始做一些非正式谈话总结。例如：我是谁、我在做什么，以及我怎么做才可以使 Carl 和他的公司获利等。

我的客户站在我的立场上想向 Carl 提几个问题，Carl 同意了。我的客户问他要订购多少，Carl 思考一会儿接着给了我一份像在西弗吉尼亚处得到的那样的大单。我的客户说："现在我们的事情做完了，什么时候可以去吃午饭？"我们都很想去之前我在西弗吉尼亚谈生活、工作以及商业的地方。15：00 左右的时候，我对他们说我不得不回去了。在那之后，我们一直保持联络，并且这两位现在也成了当我去西弗吉尼亚的时候都会拜访的顾客。

一、影响国际谈判的因素

（一）环境因素

1. 政治和法律多元化。与不同国家建立贸易关系的企业会与不同的法律和政治体系打交道。企业支付的各项税种必须遵循的劳动法或标准、合同法的不同法规以及强制执行标准等（如案例法、习惯法和非职能法律体系等）可能会有多种不同的含义。此外，在不同国家的不同时期，政治方面的考虑也可能会对商业谈判产生促进或抑制作用。例如，如今俄罗斯的开放式商业环境与苏联在 20 世纪 60 年代的封闭式环境大不相同，而如今在中国做生意的情况也与 10 年前大不相同。再如，美国为了影响联合国安全理事会上智利对于伊拉克问题的投票，从而延期与智利进行贸易谈判。

2. 国际经济。国际货币的汇率经常波动，因此，在不同的国家进行谈判时必须考虑这个因素。协议将采用何种货币形式？就某一方谈判者而言，如果他必须以另一国家的货币形式进行支付，那么他就要承担更大的汇率风险。货币越不稳定，谈判双方所需承担的风险就越大。此外，货币内在价值的波动（上升或下降）也会严重影响协议给谈判双方所带来的价值。它能把一个原本互惠的协议变成对一方来说像是飞来横财，而对另一方来说则是损失严重的协议。许多国家都会严格控制货币的国际性流动。通常而言，人们在这些国家购买东西时必须使用国外谈判方所带进来的货币，而且当地的组织机构无法购买外国产品也不能用外汇进行支付。

3. 外国政府和官僚机构。不同的国家政府对行业和公司的管制程度也不尽相同。相对而言，美国的企业基本不受政府干预，尽管有的行业会比其他行业受到更严厉的规制（如能源和国防等），而且许多州比其他州受到更强硬的环境保护政策的制约。一般来说，在美国进行商业谈判并不需要获得政府批准，只需依据商业因素由谈判各方决定是否达成协议。相反，许多发展中国家则会监控进口和合资企业。而且通常会有一个政府代理机构来负责处理本国与外国的商贸业务。此外，考虑到政治方面的情况，如谈判对政府财政的影响，以及对国家总体经济的影响……这些情况给谈判者带来的影响相对于仅考虑商业因素的西方公司而言要大得多。

4. 不稳定性。世界上其他地区并非如北美的商业谈判环境一样稳定。环境的不稳定性表现为多种形式，包括在商业谈判中缺少一些美国人通常都希望提供的东西（纸张、电力以及计算机），缺少其他的物品以及服务（食品、可靠的交通、瓶装水），还有政治的不稳定（叛乱、政府政策的突然全转变、主要的货币规制）。国际谈判者所面临的挑战就是要准确地预见这些变化，并有足够的时间针对可能出现的变化提前做出调整。萨拉库斯建议，当谈判者面临环境中的不稳定性时，可以在他们的合同内附加一些条款，以便他们能够取消合同、寻求中立仲裁或考虑购买保险来保障合同能得到及时履行。而所提供的这些建议的前提条件是谈判双方会执行合同，并且合同条款在文化上也能被谈判的另一方所接受。

5. 意识形态。一般来说，美国的谈判者享有类似的意识形态：他们崇尚个人主义和资本主义。美国人高度信奉个人权利，看重个人的投资以及从生意中获取利润。但其他国家的谈判者并不一定会有与美国人相同的意识形态。比如，有些国家的谈判者可能会更信奉集体主义而非个人主义，并认为相对于私人投资而言，公共投资能更好地分配资源；而且他们在获取以及共享利润方面也有不同的理念。国际谈判中的意识形态冲突会使谈判双方的有效沟通面临广泛挑战，因为他们对所要谈判的问题在基本层次上就存在分歧。

6. 文化。我们对于文化对谈判的影响大多基于美国视角，并且我们也很清晰地意识到这是对我们基于基本理念来解释谈判的一种挑战。我们已经意识到了他们的不同，在现如今的国际谈判中，文化已经在其中起到了关键性的作用。

来自不同文化背景的谈判者，除了行为不同之外，有着不尽相同的谈判方式。不同文化背景的人对谈判的基本流程也可能会有不同的看法（如什么因素是可以谈的、谈判目的是什么）。萨拉库斯认为，某些文化背景的谈判者会采用演绎的方式（从一般到个别）进行谈判，而其他文化背景的谈判者则采用归纳的方式（他们先设定一系列的个别问题进行谈判，最后再达成普遍性的协议）。某些文化背景中的谈判者极为重视实质性的问题，而容易忽略谈判方之间的关系；另一些文化中的谈判者则要把谈判方之间的关系列为谈判工作的重点，实质性问题对谈判本身而言则显得无关紧要。有证据表明，文化的不同也会导致解决谈判冲突的方式有所差异。

7. 外部利益相关者。费塔科和哈比将外部利益相关者定义为"其利益与谈判结果利害相关的各种人和组织"。主要包括商会、工会、大使馆、行业协会及其他。例如，工会之所以反对与外国公司的谈判，是因为担心造成国内的失业问题。国际谈判可能会通过大使馆的贸易部以及通过一些专业的行业协会（如谈判所处国家的商会），分别从政府和商业人士那里获得大量的支持与指导。

美国天然气采购谈判

在美国向墨西哥购买天然气的谈判中，美国希望低价购买墨西哥的天然气。美国的能源部长认为，当时墨西哥还没有其他可能的买主，他们肯定会同意降低价格的，这只不过是一项"价格谈判"。因此，他拒绝批准美国石油工会与墨西哥人经过谈判达成的天然气涨价协议。但是，墨西哥不但有高额售价的要求，而且有"受尊重"和"平等对待"的要求。而美国的行为似乎是"以大欺小"，这激怒了墨西哥人。结果，墨西哥政府宁愿把天然气烧掉也不售给美国。这样，由于政治上的原因，低价协议就变得不可能了。

（二）直接因素

1. 相对谈判力。在国际谈判中有关谈判双方的相对谈判力问题往往能引起人们的研究兴趣。因为合资企业常常充当学者们研究国际谈判的主体，所以相对谈判利益往往会被认为是由谈判双方愿意为这个新合资企业投入多少产权（资金或其他投资）来决定的。这种假定认为，投入更多产权的一方会在谈判中拥有更大的谈判力，也能对谈判过程和谈判结果有更大的影响。

2. 冲突的层次。在跨文化谈判中，谈判各方的冲突层次以及相互依赖程度也会影响谈判的过程和结果。高层次冲突的情境——那些基于种族、身份或地理边界的冲突会更加难以解决。如今北爱尔兰、中东和苏丹正在上演的冲突就是其中的几个例子。但也有历史证据表明，通过达成禁止使用强权、促进资源和政治力量公平分配之类的一些广泛、制度化的协议来结束内战会更加稳定。另外，谈判者是怎样构建谈判框架的，或者如何定义谈判重点也很重要。而这点对谈判者应对冲突时采用何种方式一样，也因文化背景的不同而不同。

3. 谈判者之间的关系。费塔科和哈比指出，主要谈判方在真正的谈判开始之前就已经建立起来的关系也会极大地影响谈判过程和结果。谈判只是双方之间建立更广泛关系的一部分，谈判双方的关系历史将会影响当前的谈判活动（如谈判双方是如何构建谈判框架的）。正如当前的谈判也将成为谈判双方未来谈判的一部分一样。

4. 期望结果。在决定国际谈判的结果问题上，一些有形和无形因素也担任了重要角色。许多国家通常会使用国际谈判来获得其在国内和国际上的政治目标。例如，在为了结束越南战争而召开的巴黎和会期间，北约的一个主要目标就是得到参会各方的正式承认。同样，在最近发生的全球种族冲突中，许多谈判方都威胁道，除非他们能在正式谈判中得到承认，否则将会中止执行那个能够解决冲突的成功方案。谈判一方在当前谈判中的短期目标与该目标对谈判双方的长期关系之间存在着相互制约。在美国与日本之间的贸易谈判中，双方通常都不会对其所期望取得的短期成果抱有太高的要求，因为维护双方之间的良好长期关系是很重要的。

5. 直接利益相关者。谈判中的直接利益相关者包括谈判者自己以及他们所直接代表的人，如他们的管理者、雇主以及董事会。利益相关者能够以各种方式影响谈判者。谈判者自身所具有的技巧、能力和国际经验都能显著地影响国际谈判的过程和结果。此外，主要谈判者和其他直接利益相关者的个人动机也能对谈判过程和结果产生重要影响。在谈判中人们可能会被一些无形的因素所影响，如谈判的过程和结果会使他们在谈判对手及主管眼中的形象变得如何，以及其他的一些类似影响个人晋升前景的无形因素。

二、文化敏感度高的谈判策略

尽管目前有大量的文献资料论述了国际谈判和跨文化谈判所面临的挑战，但是鲜有资料关注当谈判者面对其他文化的谈判对手时应该做什么。许多该领域的理论家给出的明确的或隐含的建议都是"入乡随俗"。换句话说，就是建议谈判者要意识到文化差异对谈判的影响，并在谈判时重视他们。许多理论家认为，管理跨文化谈判的最好办法，就是对谈判对手的文化规范保持敏感性，并调整自己的战略使之与对方文化相一致。

在与来自其他文化背景中的人进行谈判时，斯蒂芬·韦斯提出了一个有用的办法来考虑我们的已有选择。韦斯注意到谈判者可能会在八种不同的文化应对战略中做出选择。这些战略可以单独地或按顺序地被使用，并且还能被转换成谈判方法。在选择谈判战略时，谈判者应当大概地了解自己和谈判对手的文化，理解在当前关系中的具体因素，预测或者尝试去影响对方的谈判方法。基于谈判者对谈判对手文化的熟悉程度（低、中、高），韦斯的文化应对战略可被分为三组。每一组中都有可以被单独使用的战略（单边战略），也有涉及其他谈判者参与时所用的战略（联合战略）。

（一）低熟悉度

1. 聘请代理或顾问（单边战略）。对对方的文化熟悉程度较低的谈判者，可以聘请对两边文化都熟悉的代理或顾问。这可能会引起一些变化，即谈判会在监督之下进行（代理），或者在谈判过程中接受定期的或临时的建议（顾问）。尽管代理或顾问可能会制造其他麻烦，但对于不熟悉对方谈判文化或没有时间做准备的人们，他们是相当有用的。

2. 请一位调解员（联合战略）。在跨文化谈判中可能会用到多种类型的调解员，范围包括在谈判伊始进行相关介绍，然后退出。选手参加全程谈判并对整个谈判过程负责。翻译人员经常会起到在谈判期间为谈判双方提供更多信息的作用，而不仅仅是语言的翻译。调解员也可以鼓励谈判的一方或者另一方接受对方的文化方式，或接受第三方的文化方式（调解员本国的文化）。

3. 引导谈判对方采用己方的方法（联合战略）。有许多方法可以做到这些，范围可以从礼貌地声称到强势地宣布自己的方法是最好的。更加巧妙的是，谈判者可以用自己的语言来不断地应对谈判对手的要求，因为他们用其他语言"不能清楚地表达自己的意思"。虽然该战略对那些与不太熟悉的人进行谈判的谈判者来说有许多优势，但也存在着一些劣势。例如，日本谈判方可能会因为他们不得不以加拿大的文化方式去和加拿大人进行谈判所付出的额外努力而感到生气和受到侮辱。并且，另一方的谈判者也可能会有战略上的优势。因为他可能会在现在尝试更为极端的战略，并于以后以他的"文化忽视"为借口来请求对方的原谅，毕竟谈判者不能期望对手了解有关他们如何进行谈判的所有事情。

（二）中等熟悉度

1. 采纳谈判对手的方式（单边战略）。该战略包括谈判者有意识地改变自己的谈判方式，这样可以更加吸引对方。与其试图使行为举止像对方，谈判者们还不如使用这种坚持自己方式的战略，但要做一些修整以帮助维持与对方的关系。这些方式可能包括采取不极端方式消除一些自己的习惯，以及采取对方的习惯。使用这种战略的难点是要明确哪些习惯需要修改、消除或者采纳。此外，谈判者无法确定谈判对手是否会按照自己所期望的那样去理解他们所做的调整。

2. 相互调整（联合战略）。该战略包含谈判双方都做出多方面的调整以找到适合谈判的共同方法。虽然这些可以在暗地里完成，但明说的做法更容易发生。而且他也可能被看作谈判进程中的一个实例。该战略要求对对方的文化有适当的了解，并且至少熟悉其语言。在蒙特利尔这个说双语人数最多的北美城市（85%的蒙特利尔人都说英语和法语），相互调整的事情在日常生活中经常发生。在实质性的讨论开始之前，蒙特利尔的商人经常练习对谈判方法进行协商。关于谈判时使用英语还是法语的谈论结果有多种，但经常是以两种语言都可以说来作为结果。谈判常以两种语言进行，并且能够较好掌握第二语言的人时常会变换使用语言以利于谈判。另一个偶尔发生的结果是双方都使用第二语言，如讲法语的发言人使用英语，而讲英语的发言人使用法语以显示对对方的尊重。另一种相互调整也会发生，即为了便于谈判，双方都采用第三种文化。

（三）高熟悉度

1. 采纳对方的方法（单边战略）。该战略要求完全采纳对方的方法。为了成功地使用这种战略，谈判者需要完全掌握双边语言和双边文化。该战略花费的准备时间和费用都比较多，并且会把使用这种战略的谈判者置于相当大的压力之下。因为在两种文化之间来回快速地变换是很困难的。然而，由于使用这种战略可以接近对方并能充分理解对方的意思，因此，使用这种战略也是有好处的。

2. 临时提出一种方法（联合战略）。这种战略是为谈判情境、谈判对手和谈判环境所制定的一种精巧方法。为了使用该方法，谈判双方都需要对对方的文化有相当高的熟悉度，并且非常了解谈判对手的个性特点。这种方法在八种战略中是最灵活的一个，但它既有优势也有劣势。灵活是它的优势，因为它允许根据身边的环境来进行方法的制定，但因为几乎没有关于如何使用该战略的规定性陈述，因此，这是它的劣势。

3. 多种混用（联合战略）。这种战略允许谈判者创造一种新的方法，该方法可以包含谈判双方中任意一方的文化，也可采用第三种文化。职业外交家们之所以会使用这样的战略，是因为他们超越民族界限使用风俗、规范和语言并形成了自己的文化（外交文化）。这种战略的使用很复杂，并且需要花费大量的时间做出很大的努力。当参加人员对彼此和彼此的文化都熟悉，并有一个共同的谈判框架（比如像职业外交家那样）时，该战略是最有效的。使用这种战略的风险是能够引起混乱，浪费时间，以及为了完成工作需要花费更大的努力。

本章小结

　　谈判是互动的过程，对于一个谈判者来说，除了需要完善自身的谈判技术，还非常有必要多钻研谈判各方如何相互影响，怎样说服对方，怎样与对方进行沟通这些问题。而如果谈判者属于不同文化背景，那么他们将具有不同的处理问题的习惯和思维方式。这些都与他们所在环境中的社会影响、经济利益、法律要求以及政治现实密不可分。经验显示，跨国谈判是艰难的，往往需要经历千辛万苦的过程。即使有良好的政策和制度保障，在本国之外的环境中谈判仍有失败的可能性。因为我们的谈判者与来自不同文化背景的人进行接触，他们具有各自不同的法律体系背景和迥异的商业行为方式。本章讨论了谈判领域中的基本概念，介绍了有关国际商务事务处理的基本知识。对于之前没有受过谈判培训的人来说，能提供非常实用的方法和经验。

阶梯实训一

1. 实训名称：

采访 2~4 名企业商务谈判人员。

2. 实训目的：

通过访问本市区企业的商务谈判人员并进行访谈记录，让学生初步了解谈判的步骤，重点了解商务谈判活动的流程、内容、特点，为顺利学习本课程奠定基础。

3. 实训要求：

（1）记录访问企业的名称、主营业务、地址、访问对象的姓名、职务、访问的时间和地点。

（2）请访问对象介绍一则商务谈判实例，并记录全部内容。

（3）了解该企业进行商务谈判的类型及谈判的内容。

（4）体会、总结商务谈判的特点。

（5）写一篇采访心得，深入了解商务谈判的相关知识。

阶梯实训二

1. 实训名称：

中韩白菜贸易模拟谈判。

2. 实训目的：

通过模拟谈判让学生初步了解谈判的步骤，建立对商务谈判的感性认识，亲身体验商务谈判对谈判人员各方面能力素质的要求，为顺利学习本课程奠定基础。

3. 实训步骤：

（1）将全班同学每 7 个人一组划分为若干组，每组作为一个谈判队伍。

（2）每个队伍中的 7 个人分别担任谈判负责人、商务人员、技术人员、财务人员、法律人员、翻译和记录人员；由学生商量好分工，或由教师指定。

（3）随机抽取两个队伍进行模拟谈判，一个队作为卖方，另一个队作为买方。

（4）教师在模拟谈判前向学生说明整个谈判的步骤，也可参考教材《国际商务谈判》步骤的内容。

4. 实训背景材料：

近日来，韩国出现泡菜危机。韩国有铭商贸有限公司，欲从蔬菜生产大国中国进口白菜等蔬菜 100 吨，以解决韩国国内临时的泡菜危机。现在他们已经联系了甲方即蒙阴上五庄商贸有限公司、山东寿光以及山东平度等地合计四家蔬菜加工厂。

蒙阴上五庄商贸有限公司，位于沂蒙革命老区蒙阴县高都镇上五庄村，是蒙阴县政府重点扶持的地级重点私营企业。本次为争取到此订单，蒙阴上五庄商贸有限公司积极与韩方接洽谈判，希望能谈成这笔交易。韩商要求中方在十五日内（时间越短越好）将 100 吨白菜运抵烟台港。其他各竞争者由于地理优势，可以缩短运费和时间，因而能够及时交货。除上五外，其他三家厂商给出的最优惠条件是 14~15 天运抵烟台港，价格为每千克 4.4 元。白菜在国内市场价格为每千克 4.6~5 元。

卖方：蒙阴上五庄商贸有限公司

蒙阴上五庄商贸有限公司是一家从事蔬菜等农副产品种植、加工、销售的专业企业，成立于 2005 年，仅用短短五年时间就发展为山东省最大的农副产品种植、生产、销售企业。公司依托沂蒙山区优良环境优势，现有蒙阴县、费县、沂水县等 4 大生产基地。总面积约 3.33 平方千米，并建有高科技大棚 20 个，可整年供应新鲜蔬菜。年生产供应能力在 5000 吨以上。

近年来获得"蒙阴十强企业""蒙阴最佳慈善企业""沂蒙山区百姓信得过企业""山东五十强企业"等诸多荣誉并受到省委省政府、临沂市人民政府、蒙阴县人民政府的大力支持与关怀，在 2010 年省长到本企业亲自视察并指导工作。

该公司在中国的主要客户有上海亚太（肯德基的生菜丝、片供应商），广州、北京可诺奈，上海莱迪士（麦当劳的生菜丝、片供应商）。其国外的销售市场目前主要有新加坡、马来西亚、韩国和日本等。

在整个生产过程中，蒙阴上五庄商贸有限公司始终以食品安全为原则，完全按照标准化农业进行作业。统一播种，集中种植，统一用肥，统一施药。尤其是在农药的使用管理方面更是严格把关，它有一套完整的农药使用管理方法。对每个基地的土壤、灌溉水都进行过理化检测，结果均符合国家无公害蔬菜基地和出口蔬菜各项生产指标的要求。2008 年出口美国的白菜经检测，各项农残指标均低于美国规定的 MRL 值，完全符合美国的要求。

买方：韩国有铭商贸有限公司

韩国有铭商贸有限公司，于 2000 年在韩国首尔成立，主要经营农副食品的加工和进出口，是一家资金雄厚、实力超强的韩国进出口加工企业。公司秉持"诚信为本，诚信走天下"的理念，在经营中得到了合作商的充分肯定与支持；目前已与日本、俄罗斯、美国等国家的企业建立了合作关系。

蒙阴上五庄商贸有限公司的优势和劣势：

优势：①沂蒙山区环境好，蔬菜无污染，质量有保证。②价格低于其他竞争者。

劣势：①地理位置偏远，交通不方便。②时间要求较紧。③与韩国商贸公司合作少，在韩商当中知名度不高。

5. 实训任务：

（1）卖方任务：现你们团队代表蒙阴上五庄商贸有限公司与韩方公司谈判，争取达到以下目标：

最低目标：拿下订单，100 吨白菜不低于每千克 4 元（公司白菜生产成本为每千克 3.8 元）。

最高目标：交货时间尽可能延长到 20 天。在将 100 吨订单拿下的同时，蒙阴上五庄商贸有限公司想再卖给他们上五庄胡萝卜泡菜以及沂蒙六姐妹煎饼。目的是打出蒙阴上五庄商贸有限公司的品牌，以提高沂蒙企业在韩商以及韩国民众心目中的良好口碑。

（2）买方任务：现在你们团队代表韩国有铭商贸有限公司谈判，争取达到以下谈判目标。

最低目标：采购 100 吨白菜，价格不高于每千克 4.4 元。白菜目前在韩国售价为每千克 5 元，随着韩国白菜供应量增加，10 天后价格估计会下降至每千克 4.8 元，20 天后价格估计会下降至每千克 4.6 元。

最高目标：交货时间越短越好，价格越低越好。

注：各方谈判目标、市场价格、白菜成本等可以由教师修改。

6. 实训考核：

根据各方谈判达成的白菜价格计算各方获得的利润多少，作为评判哪组获胜的标准；同时根据谈判其他目标的达成情况和谈判过程中各队的表现给予最终成绩。

案例分析一

中国谈判小组赴中东某国进行一项工程承包谈判。在闲聊中，中方负责商务条款的成员无意中评论了中东盛行的伊斯兰教，引起对方成员的不悦。当谈及实质性问题时，对方较为激进的商务谈判人员丝毫不让步，并一再流露出撤出谈判的意图。

问题

（1）案例中沟通出现的障碍主要表现在什么方面？

（2）这种障碍导致谈判出现了什么局面？

（3）应采取哪些措施克服这一障碍？

（4）从这一案例中，中方谈判人员要汲取什么教训？

分析

（1）案例中沟通出现的主要障碍在于中方负责商务条款的成员无意中评论了中东盛行的伊斯兰教。

（2）这种障碍导致对方成员的不悦，不愿意与中方合作。

（3）应该为此向对方成员道歉。

（4）中方谈判人员在谈判前应该了解对方的习俗及喜好，避免类似情况再次发生，所谓知己知彼才能百战百胜。

案例分析二

战国时期各国之间战争不断。公元前 265 年，赵太后刚刚统治赵国不久，就遭到了秦国的猛烈进攻。被迫无奈，赵国只有向齐国求救。齐国国王尽管答应出兵相救，但是要求必须以赵太后的小儿子长安君作人质。赵太后非常疼爱自己的小儿子，所以严词拒绝，并且发出命令，不准任何人再去劝谏。一天，左师触龙求见太后，太后知道他又是来劝说她以长安君作人质的，所以非常不高兴。触龙步履艰难地进入宫内，走到太后跟前，对太后说："老臣的脚有些毛病，行动不便，因此，好久没能够来见您。我担心太后的身体不适，今天特地来看望。怎么样？您的饭量还行吧？"太后回答说："我每天只能吃粥过活。"触龙又说："我进来食欲也不太好，但我每天坚持散步，饭量才有所增加，身体也渐好。"听到触龙闭口不提人质的事情，赵太后的怒气和戒备心也就渐渐地消失了，两位老人便亲切地攀谈起来。

聊了一会儿，触龙又对太后说："我有个小儿子，最不成才，可是我偏偏最疼爱这个小儿子，恳求太后允许他到宫里当一名卫士。"太后赶紧问道："他几岁了？"触龙答道："今年15岁。年纪虽然不大，可我想趁我还活着时将其托付给您。"太后听到触龙这些爱怜小儿子的话，似乎找到了感情上的慰藉，对触袭说："真想不到，你们男人也爱怜小儿子呀！"触龙说："恐怕比你们女人还要更胜一筹呢！"太后不服气地说："不会吧，还是女人更爱孩子。"

君臣二人谈到这里，触龙见时机已到，于是将话题慢慢地转到劝太后以小儿子作人质，以挽救赵国的命运这个主要话题上。他对太后说："老臣以为您爱小儿子爱得还不够啊，远不如您爱女儿那样深。"太后并没有同意左师的看法。左师又继续解释说："父母爱孩子，必须为孩子做长远的打算。想当初，您将女儿嫁到燕国的时候，虽然为她的远离而伤心痛哭，但是又祷祝她不要返回来，希望她的子子孙孙相继在燕国当国王。您为她想得这么长远，这才是真正的爱啊。"触龙又接着往下说："您如今尽管赐给长安君好多土地、珠宝，如果不使他有功于赵国，您百年之后，长安君又将依靠谁呢？所以说，您对长安君并不是真正的爱护啊。"左师触龙的一席话，至情至理，说得太后心服口服。太后心想，我现在可以给小儿子很多的土地和财富，但是这些并不是他自己挣来的。等我以后不在了，他对赵国没有任何功劳，那时可就麻烦了。想到这里，赵太后立即吩咐给长安君准备马车、礼物，送他到齐国作人质，催促齐国马上出兵帮助赵国解围。齐国国王看到长安君果然作为人质到自己这里，于是马上派兵援赵，两国共同联手击退了秦国的兵马，赵国的危难终于得以解救。

赵太后之所以被触龙说服，舍得送自己的小儿子去齐国作人质，从而为赵国解了围，其根本原因在于触龙从太后的利益出发，从太后爱儿子的角度，动之以情，晓之以理，劝说太后着眼于长远利益和赵国的根本利益，引导太后主动让长安君为赵国立功，而后自立于赵国。

分析

为了达到改变对方观点和立场的目的，谈判者不惜采用威胁、让步、干扰等软硬兼施的方法进行谈判。除了这些，运用劝导法也是一种不错的谈判技巧。这种方法是指谈判时要依靠翔实的资料向对手摆事实、讲道理，从对方的立场出发，劝说并引导谈判对手改变原有的观点和立场，以达到己方或者双方都受益的目的。左师触龙正是利用了赵太后对小儿子长安君的爱，从太后的利益出发，动之以情，晓之以理，劝说太后着眼于长远利益和赵国的根本利益，引导太后主动让长安君为赵国立功，而后自立于赵国。

第二章　谈判准备

学习目标

- 了解文化对跨境谈判的影响及作用，以及谈判中不同的礼仪和文化特征。
- 掌握商务谈判信息及方案准备的基本内空；掌握商务谈判组织的构成与角色职责。
- 掌握商务谈判调查的基本方法；能把握商务谈判组织成员选配原则；掌握商务谈判方案的策划步骤与撰写技巧。

任务一　文化对跨境谈判的影响及作用

商务谈判不仅是谈判双方基于经济利益的交流与合作，也是双方所具有的不同文化之间的碰撞与沟通。在不同国家、不同民族之间进行的国际商务谈判更是如此。国际商务谈判受到各自国家民族的政治、经济、文化等多种因素的影响，其中最难以把握的就是文化因素，而文化因素也直接造就了各国、各地区商务谈判风格的差异。因此，在国际商务谈判中，正确把握文化因素，进而对各地域的商务谈判风格深入了解是至关重要的。

由于不同国家的文化背景不同，谈判人员的交际方式以及价值观等都有所差异，这就导致了国际商务谈判具有跨文化性。所以，我们应了解跨文化差异及其表现，在进行国际商务谈判的过程中，不仅要对谈判内容进行充分准备，还要对各国的文化背景有所了解，熟悉不同国家进行商业活动的文化差异。这样才能有效保证谈判的顺利进行。

一、对文化的理解

获得对文化的理解，第一步就是要确定你想要研究的文化所在的集体或群体。一般来讲，在文化层面上，世界可以被划分为许许多多的群体，每个群体又有各自的传统、特征、价值观、信仰和惯例。人们经常谈及一些具有普遍性的文化，如亚洲文化、拉丁文化、西方文化等。但对于谈判来说，仅仅了解比较宽泛的亚洲人的观点还不够。因为日本谈判者可能就会持有与中国人和韩国人不同的价值观。同样，即使同一范围的文化或同一民族也可能会表现出差异。例如，在印度，南部印度人可能就会有同北部印度人不同的文化。

一旦谈判者了解了对方归属于哪个文化群体，就应当努力去理解这个群体的历史、价值观以及信仰。学习其他文化的最好方式就是花几年的时间来研究它的历史，精通它的语言，并且和那里的人们一起体验他们的生活方式。但是，对于一个潜在的谈判者来说，要这样做是难以想象的。因此，作为一种替代方案，可以通过阅读相关图书来获得关于该文化的尽可能多的知识和见解，同非常了解这个群体的人谈话，或者聘请一些专门研究这个群体企业经营方面问题的专家作为顾问。

二、礼仪和行为举止

有很多文章和大量的书籍都提到过不同团体的不同文化特征，也给从事国际商务的人士提一些关于在不同的情况下应该做什么，不应该做什么的建议，看看以下一些不同社会中的跨文化谈判行为：

（1）英国谈判者很正式也很有礼貌，而且非常重视合适的礼仪。他们也很在意礼节的适当性。

（2）法国人希望别人在从事商务时的行为和他们一样。这当然也包括说法语。

（3）礼仪在德国非常重要且正式。穿着要保守，且要有正确的言行举止。严谨的目标与严谨的穿着保持一致。

（4）意大利人非常热情周到，但是通常性情反复无常。当他们得出结论时，往往用大量的手势和情感表达来传达他们的意思。

（5）日本人常常会在讨论商业事务之前，花费几天甚至几星期的时间来建立一种友好的和相互信任的氛围。

（6）在印度，商务事宜会在一种正式但很轻松的氛围下开展。关系是很重要的，而且在吸烟、进入或坐下之前需要得到他人的同意。

（7）对于墨西哥人来说，情感化和戏剧性比逻辑性有更重要的地位。墨西哥人在选择谈判者时往往更看重他们在修辞上的技巧把握能力，以及他们是否有杰出的表现力。

（8）对巴西人来说，谈判的过程往往比最后的结果更有价值。讨论倾向于更活泼、激烈、引人入胜，意味深长且诙谐机智。为了使气氛融洽，巴西人不吝惜热情。

以上这个列表还可以随着不同群体间的文化差异而不断地续写下去。这样的信息可能会帮助谈判人员避免犯一些错误，但是由于它太普遍可能对谈判的用处不是很大。更进一步，抛开大的文化因素对谈判的影响不说，其他的因素，如谈判者的个人性格和谈判者所在的组织内部的小文化也会对谈判行为产生影响。因此，作为领导，一个谈判人员应当为表 2-1 中有关礼仪或举止行为的问题找到答案。谈判者对这些事实的掌握可以使其避免无礼，表达对对方的尊敬，加强相互之间诚恳的关系和沟通。

表 2-1 跨文化礼仪

问候语	人们如何问候和称呼他人？ 商务名片起到什么样的作用？
礼仪正式的程度	谈判对方希望我在与之谈判时穿得正式一些还是随意一些？

礼物赠送	从事商务的人是否要互换礼物？ 什么样的礼物更合适？ 在赠送礼物时是否有需要避讳的地方？
接触	他们对于身体接触的态度是什么？
眼神接触	直接的眼神接触是否礼貌？ 是不是有如此必要？
行为举止	我应该怎么做动作？ 正式些还是随意些？
情感表达	流露出自己的情感是否会被认为是粗鲁的、尴尬的或不正常的？
沉默	保持沉默是尴尬的、期望的、侮辱性的还是有礼貌的？
用餐方式	怎样用餐才恰当？ 是否有禁忌的食物？
肢体语言	是否有特定的手势或肢体语言会被认为是粗鲁的？
时间观念	我是否应该准时并且要求对方也准时？ 时间和日程安排是否可以灵活些？

任务二 谈判风格的差异

不管以前的经验是怎样的，人们总是对某种方式的谈判情有独钟。在多年的谈判过程中，他们会逐渐与各种不同风格的人进行谈判，可能是那些表现得强势的人，可能是展现出很强的合作意愿的人，可能是通过相互妥协的交换以解决双方之间分歧的人，也可能是会从辩论中撤出的人。谈判人员必须了解自身的谈判风格以及谈判对手的风格。这种了解使得谈判者可以提高自己准备谈判的水平，包括对于某些特定情形的最佳谈判风格的选择。由于每个谈判都是独一无二的，在进入实质讨论阶段之前，谈判人员应该对谈判对手的谈判风格了如指掌，并且为了共同利益的最优化，要尽力去适应对方的风格。

一、擅长躲避型

一般来说，擅长躲避型谈判者不喜欢面对存在风险的情况以及必须做决策的情况。在谈判中，擅长躲避型谈判者会尽量拖延时间，延迟决策或者更可能去试图寻找一些理由不再谈论这一事件。换句话说，擅长躲避型谈判者是不情愿参与谈判的一方，他随时都有可能从辩论中退出，或者很轻易地拒绝进行谈判。这样的情况事实上并不多见。虽然在某些特定的文化中，如在可能会将不情愿的意愿看成是由于缺少利益的驱动所致的文化中，这是很常见的情况。在其他一些情况下，当谈判双方会面时，一方可能由于从竞争对手处获得了更好的开价，就已经不再对谈判感兴趣了。因此，此谈判方就会采取一种躲避的态度。有时候，管理人员跨文化边界开展商业事务时，很可能遇到这种持有躲避态度的人，这时就需要尽早决定谈判是否继续下去，是否应休会，是否应直接同那些具有决策权的谈判者进行谈判。

二、理想主义型

理想主义型谈判者在谈判时只有一个主要的目标，那就是，即使降低他们期望的目标，做出一些并不十分必要的让步，他们也会努力维护这种关系。有时，为了维护良好的关系和意愿，即使事实上仍存在分歧意见，他们也可能会假装和对方的意见保持一致。在相对比较传统的社会文化中，谈判时，关系起着举足轻重的作用。如果没有关系或者没有一个值得信赖的第三方事先做个介绍，谈判根本不可能发生。在竞争性文化中，理想主义者处于一个不利的地位，因为他们经常会被认为是弱势的表现。例如，在亚洲文化中，面子问题是谈判时不可缺少的部分。如果不能很好地考虑到关系和面子（或者说是给面子），有可能导致谈判陷入僵局，或者很容易使谈判破裂。

理想主义者为了维持关系，在一些独立事务上，可能会乐意接受一个比较低的价格。这样的谈判通常对那些想进入一个新市场的公司来说很有意义，它们怀着使业务开展下去的希望，会采取一种比较通融的态度。尽管如此，如果做出了让步，却不能获得相应的回报，仍然很难达成一个令人满意的协议。

三、擅长妥协型

擅长妥协型谈判者将谈判看成是一种妥协的游戏。如果他们可以从对方得到一些好处，那么他们愿意降低自己的期望。说服力、信息的部分交换以及操纵支配着整个讨论过程。短期的展望和快速的行动以不断让步为主要特征。擅长妥协型谈判者在谈判中会很灵活地处理事务，并且会寻找及时且方便的和解途径。但是，这样的讨价还价往往使他们不能达到最优的结果，忽略细节，有时甚至会错过长期机遇。

在寻找快速解决方法的过程中，擅长妥协型谈判者还可能遗漏对方一些重要的潜在需要。擅长妥协型谈判者建立的关系往往会比较肤浅，并且对分歧的消除非常满意，从而达到最终的协议。

这种风格更适合于国内市场上的一次性交易。在国际谈判中，长期的关系和信任是合约成功履行的基本要素，妥协并不被认为是一种有效的可以满足谈判双方利益要求的方式。

案例：

有时候，在和谈判对手你来我往之间，常会感到自己置身于不利处境中，明知是对手故意设计的用来干扰和削弱我方的谈判力，却为了使对方获得对己方的好感，而选择妥协。比如，我国知识产权代表团首次赴美谈判时，纽约好几家中资公司都碰巧"关门"，忙于应付所谓的反倾销活动。美方企图以此对我代表团造成一定的心理压力，故意采取"阳光刺眼"策略，即安排的座位正对阳光，而阳光刺眼，对手的表情不易被看清。在此情况下，我们应该立即提出拉上窗帘或者更换座位，而我们碍于面子，默默忍受，没有及时提出拉上窗帘或更换座位。

四、竞争型

竞争型谈判者更喜欢为利益而争，比较喜欢采取主动攻击性的行动，而且会运用任何只要能达到目的的强硬战术。为了实现自己的目标，他们会为之奋斗不已，甚至付出让渡其他方面利益的代价。满足自己的利益是他们的首要目标。竞争型谈判者会运用所有自己所具有的能够用得上的力量以获得胜利，并且会很好地利用对方的弱点。在讨论过程中，有限的信息被交换。通常来看，这样的情形会导致单赢的合约，竞争型谈判者通过获得大部分的让步而赢取大部分利益，付出的却很少，即使有，其让步也会有相应的回报。通常，如果相对弱势的一方决定不让步的话，这样的谈判往往会走向破裂。毕竟，不交易也比接受一个吃亏的交易要好得多。

依赖于竞争性的战略和战术的谈判者有很多，而且他们大多集中在任务导向型文化的背景下。在这样的文化中，只有有形的结果才会被认为是值得谈判的。短期利益比长期利益更重要，而且关系也并不被认为有多么重要。最终的结果是，这样的谈判协议往往不能维持下去，当弱势的一方不再愿意履行义务的时候，就需要进行重新谈判。

汽车代理问题的谈判

日本有一家著名的汽车公司在美国刚刚"登陆"时，急需找一家美国代理商来为其销售产品，以弥补他们不了解美国市场的缺陷。当日本汽车公司准备与美国的一家公司就此问题进行谈判时，日本公司的谈判代表路上塞车迟到了。美国公司的代表紧紧抓住这件事不放，想要以此为手段获取更多的优惠条件。日本公司的代表发现无路可退，于是站起来说："我们十分抱歉耽误了您的时间，但是这绝非我们的本意，我们对美国的交通状况了解不足，所以导致了这个不愉快的结果，我希望我们不要再为这个无所谓的问题耽误宝贵的时间了。如果因为这件事怀疑我们合作的诚意，那么我们只好结束这次谈判。我认为我们所提出的优惠代理条件，是不会在美国找不到合作伙伴的。"

日本代表的一席话说得美国代理商哑口无言，美国人也不想失去这次赚钱的机会，于是谈判顺利地进行了下去。

五、问题解决型

在寻求双方都满意的协议的过程中，问题解决型谈判者表现出很强的创造力。为了探求双方如何才能得到最好的共同利益，他们往往肯花费时间来明确对方的潜在需求。在他们探求共同方案的过程中，会将关系以及真实存在的事件都考虑进去，因为两者对他们来说同等重要。问题解决型谈判者会提出大量的问题，开放共享信息，而且会提出方案和备选方案。在讨论的过程中，他们很强调共同的需求，并且会频繁地总结截至目前所达成的一致意见。他们更倾向于具有长远的视角，有时会牺牲一些短期利益。

在讨论过程中，问题解决型谈判者会在一种积极和合作的环境下互相交换的大量信息。这种谈判风格需要花费更多的时间来准备和进行面对面的讨论，通过探求备选方案以及多种选择，问题解决型谈判者能够实现最优结果，使双方都得到好处，也就是双赢。这种谈判风格在国际商业事务中更有利，不管最终的协议是否有利可图，都可进行长远规划。表 2-2 总结了每种谈判风格的优势和劣势。

表 2-2 不同谈判风格的优势和劣势

	优势	劣势	适用于
擅长躲避型	• 表现出冷漠的态度； • 会首先评估风险； • 要求比较低	• 无法做出决策； • 不喜欢谈判； • 不做事先的准备； • 会让人感到不愉快； • 非常不活跃	• 尽量避免达成不利的交易； • 如果事情并不很重要，可以先做市场调查； • 避免对双方都不利的局面
理想主义型	• 寻求关系的建立和维持； • 更多地表现对他人的关心； • 很重视建立友谊	• 希望得到人们的好评； • 总是轻易让步； • 以牺牲自身利益来维持关系； • 让步太多	• 进入一个新市场； • 在关系导向型的市场中开展交易
擅长妥协型	• 决策迅速； • 喜欢做交易； • 没有强硬的立场； • 很容易打交道； • 对反提案持有开放的态度	• 单赢导向； • 可以接受利益较少的结果； • 容易满足于迅速得出的结论； • 短期利益导向； • 很轻易就做出让步	• 处理比较不重要的事务； • 快速决策； • 打破僵局； • 重新开始新一轮辩论
竞争型	• 风险偏好型； • 很重视自己的需求； • 控制谈判局面； • 具有说服力且坚持不懈； • 喜欢压力	• 对对方总是不满意； • 通常为短期利益导向； • 不愿意轻易改变立场； • 不是一个好的倾听者； • 常常导致谈判破裂	• 决策迅速； • 在竞争性比较强的市场开展业务； • 采取类似的风格
问题解决型	• 能够进行信息共享； • 创造价值； • 双赢导向； • 寻求双赢的交易； • 提出备选方案； • 是个很好的倾听者； • 会提出很多问题	• 做决策的速度很慢； • 不纠缠环节； • 有时不切实际； • 浪费时间； • 需要全面的事先准备	• 开展长期业务； • 进行可重复的商业活动； • 进行错综复杂的谈判； • 处理重要的事务

任务三 商务谈判信息准备

一、商务谈判信息

现代必须遵循一定的原则收集、掌握有效的商务谈判信息。比如价格的高低、结算方式、利益的变化、汇率的变动、资金供求情况等，对这些信息的了解和掌握与否，直接影响商务谈判的走势与成败。

商务谈判信息是指与商务谈判活动有着直接或间接联系的各种情报、知识和资料等。商务谈判信息从信息载体看，包括文字信息、语音信息、视频信息和形体信息等；从信息获取渠道看，包括直接信息和间接信息；从信息发生时序看，包括谈判历史信息和谈判实时信息等。商务谈判信息的作用主要有：信息是制订商务谈判方案的依据；信息是控制商务谈判过程的手段；信息是商务谈判双方相互沟通的中介。总之，信息是关系商务谈判成败的决定性因素。

二、商务谈判信息收集的基本原则

收集商务谈判信息应遵循时效性、准确性、目的性、系统性、经济性、现场性和合员性等原则。

1. 时效性原则。商务谈判信息具有时效性，容易过时。因为客观事物晃断发展变化的，每次变化都会产生新的商务谈判信息，原来商务谈判信息的价值、效用的大小会受时间的制约。所以要注意时效并及时收集，只有这样才能在谈判中发挥作用。

2. 准确性原则。只有真实、准确的商务谈判信息才是可靠、有效的商务谈判信息。本着实事求是的态度，不能凭主观臆断，在收集信息的过程中，应对获取的数据、资料尽可能及时地进行鉴别、分析，力求把误差降到最低限度。

3. 目的性原则。收集信息是为解决商务谈判中的某种问题的，在收集信息时，必须确定一定的收集目标和范围，有针对地进行收集。

4. 系统性原则。要求全面地、连续地进行信息收集工作。要求有坚持不懈的精神，注意积累，随时随地地收集。

5. 经济性原则。收集商务谈判信息要耗费一定的人力、物力、财力，应在保证收集工作质量的前提下，力求以尽可能低的耗费取得尽可能多的产出，也就是收集到足以能满足商务谈判需要的信息。

三、商务谈判调查

市场调查，是获取商务谈判信息的主要渠道。作为商务谈判人员，掌握科学的市场调查方式方法是做好商务谈判准备工作的基本要求。

1. 商务谈判调查的内容包括市场环境信息、谈判对方信息和企业自身信息。

2. 商务谈判调查的方法：文案调查法、实地调查法、网上调查法、专家顾问法

3. 商务谈判调查的基本要求。商务谈判过程是人与人之间的对话与协商，其目的都是谋求一个"良好的结果"，要做到"四个结合"、"四个为主"。文案调查与实地调查相结合，以文案调查为主；自行调查与委托调查相结合，以自行调查为主；事咬肌调查与事中调查相结合，以事前调查为主；重点调查与全面调查相结合，以重点调查为主。

任务四　商务谈判方案准备

一场成功的商务谈判离不开事前设计的谈判方案，需要充分思考、精心设计、反复模拟，以保证重点问题优先解决、关键问题多方案求解，最终实现谈判目标。

一、商务谈判方案的基本内容

商务谈判方案是在商务谈判调查基础上针对某一个谈判项目而确定的谈判

工作计划书，包括谈判主体目标、准则、具体要求和有关规定等。重要的商务谈判方案一般需要经过企业最高决策层甚至上级主管部门审定，属企业经营管理的机密性文件。

1. 谈判目的与目标。商务谈判目标可分为 3 个层次，即最优期望目标、最低限度目标和可接受目标。可接受目标是介于最优期望目标与最低限度目标之间的一个弹性区间目标。在商务谈判方案制订时，不仅要明确自己的谈判目标是什么，还要明确对方的谈判目标是什么，以便找出双方利益的共同点与不同点。

2. 谈判议程与程序。即商务谈判的议事日程，是关于商务谈判的主要议题、谈判的原则框架、议题的先后顺序与时间安排。商务谈判议程经由双方商定后一般应独立成文。

3. 谈判策略与技巧。要拟定为达到商务谈判目的与目标所应采取的策略、步骤、谈判要点。从业务流程看，商务谈判策略主要包括开局策略、报价策略、讨价还价策略、让步策略、打破僵局策略、促成策略和沟通策略；商务谈判技巧主要体现在对所要讨论的问题分清主次，确定谈判的先后次序和对每一个主要问题掌握的分寸和尺度。明确在平等互利的基础上，哪些问题应该坚持，哪些问题可以争取，哪些问题可以退让等。

二、商务谈判方案编制要求

商务谈判方案的制订可根据谈判规模、重要程度的不同而定。一个好的谈判方案应做到。

简明扼要就是要尽量使商务谈判人员容易记住其主要内容与基本原则，使他们能根据方案的要求与对方周旋。

明确具体就是要求商务谈判方案必须与谈判的具体内容相结合，以谈判具体内容为基础。

富有弹性是指谈判人员在不违背根本原则情况下，根据情况的变化，在权限允许的范围内灵活处理有关问题，取得较为有利的商务谈判结果。主要表现在根据实际情况提供备

选方案。

任务五　商务谈判人员准备

一、谈判班子组成原则

1. 规模要适当

谈判班子应由多少人组成，并没有统一的模式，一般是根据谈判项目的性质、对象、内容和目标等因素综合确定。

英国谈判专家比尔·斯科特提出，谈判班子以 4 个人为最佳，最多不能超过 12 人。这是由谈判效率、对谈判组织的管理、谈判所需专业知识的范围和对谈判组织成员调换的要求决定的。

2. 知识、能力要互补

3. 性格要互补

外向型与内向型两种类型。外向型人的特点是性格外露、善于交际、思维敏捷、处事果断，对于外向型的谈判人，或安排为主谈，或分派其了解情况或搜集信息等交际性强的工作；内向型人的特点是性格内向、不善交际，独立性差，善于从事正常的、按部就班的工作，但有耐心，做事有条不紊，沉着稳健。对于内向型的谈判人，或安排为陪谈，或安排其从事内务性工作。

4. 分工明确，各负其责，相互补台，彼此协作

二、谈判班子人员组成

在商务谈判中，根据谈判工作的作用形式，谈判组织可以由以下人员组成：

1. 主谈人员

主谈人员是指谈判小组的领导人或首席代表，是谈判班子的核心，是代表本方利益的主要发言人，整个谈判主要是在双方主谈人之间进行。

2. 专业人员

谈判班子应根据谈判的需要配备有关专家，选择既专业对口又有实践经验和谈判本领的人。根据谈判的内容，专业人员大致可分为四个方面：

（1）商务方面，如确定商品品种、规格、商品价格、敲定交货的时间与方式、明确风险的分担等事宜。

（2）技术方面，如评价商品技术标准、质量标准、包装、加工工艺、使用、维护等事项。

（3）法律方面，如起草合同的法律文件、对合同中各项条款的法律解释等。

（4）金融方面，如决定支付方式、信用保证、证券与资金担保等事项。

谈判小组通常要由这四方面人员组成，有时遇到一个特殊的技术问题和法律问题，还

需要聘请一些专家参加。

3. 法律人员

律师或法律专业知识人员通常由特聘律师、企业法律顾问或熟悉有关法律规定的人员担任，以保证合同形式和内容的严密性、合法性以及合同条款不损害己方合法权益。

4. 财务人员

商务谈判中所涉及的财务问题相当复杂，应由熟悉财务成本、支付方式及金融知识，具有较强的财务核算能力的财务会计人员参加，协助主谈人员制定好有关财务条款。

5. 翻译人员

在国际商务谈判中，翻译人员是谈判中实际的核心人员。一个好的翻译，能洞察对方的心理和发言的实质，活跃谈判气氛，为主谈人提供重要信息和建议，同时也可以为本方人员在谈判中出现失误，寻找改正的机会和借口。

6. 其他人员

其他人员是指谈判必需的工作人员，如记录人员或打字员，具体职责是准确、完整、及时地记录谈判内容，一般由上述各类人员中的某人兼任，也可委派专人担任。虽然不作为谈判的正式代表，却是谈判组织的工作人员。

三、谈判班子成员的分工

1. 谈判人员的基本分工与职责

谈判人员在分工上包括三个层次：

1）第一层次的人员

第一层次的人员是谈判小组的领导人或首席代表，即主谈人。根据谈判的内容不同，谈判队伍中的主谈人也不同。主谈人的主要任务是领导谈判班子的工作。其具体职责是：

（1）监督谈判程序。

（2）掌握谈判进程。

（3）听取专业人员的说明、建议。

（4）协调谈判班子的情况。

（5）决定谈判过程的重要事项。

（6）代表单位签约。

（7）汇报谈判工作。

2）第二层次的人员

第二层次的人员是懂行的专家和专业人员，他们凭自己的专长负责某一方面的专门工作，是谈判队伍中的主力军。销售和经管人员具体职责是：

（1）阐明己方参加谈判的意愿、条件。

（2）弄清对方的意图、条件。

（3）找出双方的分歧或差距。

（4）同对方进行专业细节方面的磋商。

（5）修改草拟谈判文书的有关条款。

（6）向主谈人提出解决专业问题的建议。

（7）为最后决策提供专业方面的论证。

翻译扮演着特殊的角色。通过翻译可以了解和把握对方的心理和发言的实质，既能改变谈判气氛，又能挽救谈判失误，在增进双方了解、合作和友谊方面可起相当大的作用。翻译的职责是：

（1）在谈判过程中要全神贯注，工作热情，态度诚恳，翻译内容准确、忠实。

（2）对主谈人的意见或谈话内容如觉不妥，可提请考虑，但必须以主谈人的意见为最后意见，不能向外商表达个人的意见。

（3）外商如有不正确的言论，应据实全部翻译，告诉主谈人加以考虑。如外商单独向翻译提出，判明其无恶意，可做一些解释；属恶意，应表明自己的态度。

3）第三层次的人员

第三层次的人员是谈判工作所必需的工作人员，如速记员或打字员，虽然不是谈判的正式代表，但作为谈判组织的工作人员，具体职责是准确、完整、及时地记录谈判内容，包括如下内容：

（1）双方讨论过程中的问题。

（2）提出的条件。

（3）达成的协议。

（4）谈判人员的表情、用语、习惯等。

2. 不同谈判类型的人员分工

以上3个层次是谈判队伍中各成员的基本分工与职责。不同的谈判内容要求谈判人员承担不同的具体任务，并且处于不同的谈判位置。具体以下面三种类型来加以介绍：

（1）技术条款谈判的分工

技术条款谈判应以技术人员为主谈人，其他的商务、法律人员等处于辅谈的位置。

（2）合同法律条款谈判的分工

在涉及合同中某些专业性法律条款的谈判时，应以法律人员作为主谈，其他人员为辅谈。

（3）商务条款谈判的分工

商务条款谈判时要以商务谈判人员为主谈，技术人员、法律人员及其他人员处于辅谈地位

本章小结

在本章，我们介绍了文化背景对跨境谈判产生的影响、在国际商务谈判中对不同的谈判风格的区别对待、谈判工具的运用以及如何处理国际商务谈判中的性别差异，最后对谈判中的感知、认知与情绪进行了一个多层次的探讨，讨论了一个近期谈判领域里最重要的热点问题——谈判中的感知、认知和情绪。在最后部分，我们在讨论谈判中的情绪和情感的同时，也提供了一个理解谈判行为的感知和认知过程的重要选择。

阶梯实训一

1. 实训名称：

人类思维的相似性测试。

2. 实训目的：

通过做下列测试，将结果进行统计，得出相应的结论。

3. 实训要求：

（1）要求每个学生拿出纸笔，自己单独做下列测试。

（2）对学生分组，每组4~6个人，讨论并整理自己的答案，并且进行分析，得出相应的结论并加以讨论。

（3）以PPT或实训报告的形式，对得出的结论进行分析总结。

4. 实训内容（测试题）

（1）想一个介于1到10中间的数字。

（2）想一种颜色。

（3）想一种花。

（4）用你写字的那只手，竖起三个手指。

（5）想一种水果。

（6）想一种蔬菜。

（7）想一件家具。

（8）想一种动物。

阶梯实训二

1. 实训内容：

设置场景，假设由于中方迟到引起法国对手的不满，使中方在谈判过程中处于不利的地位。如何运用所学知识挽回不利局面？

2. 实训步骤：

（1）任课老师进行情景假设说明。

（2）学生进行分组讨论。

（3）学生代表介绍自己挽回不利局面的方案。

（4）学生点评。

（5）学生分析总结。

案例分析一

在某次多边国际商务谈判中，某大国的首席谈判代表在发言中非常傲慢，颐指气使，常采用"你们必须……""你们不能……""我奉劝你们……"等教训的口气说话。当他发言完毕，轮到我方代表发言时，我国代表不紧不慢地说："中国有句俗话，不要教老奶奶怎样煮鸡蛋……"如此回应，使得那位谈判代表在窘迫中回味了好久。

问题

我方代表有必要如此回敬对方吗？

分析

有。谈判对手的这种傲慢的态度和情绪，如任其发展下去，所形成的谈判气氛将会不利于我方。中方代表采取的富有修养的针对性的批评、反驳的这样一种处理谈判的做法，既针锋相对，遏制了对方的嚣张气焰，又给自己留有余地。

案例分析二

上海甲公司欲引进外墙防水涂料生产技术，日本乙公司与香港丙公司报价分别为22万美元和18万美元。经调查了解，两家公司技术与服务条件大致相当，甲有意与丙公司成交。在终局谈判中，甲公司安排总经理与总工程师同乙公司谈判，而全权委托技术科长与丙公司谈判。丙公司得知此消息后，主动大幅度降价至10万美元与甲公司签约。

问题

（1）如何评论甲公司安排谈判人员的做法？

（2）如何评论丙公司大幅度降价的做法？

分析

（1）这是商务谈判战术中典型的兵不厌诈。在这个商务谈判中，甲公司采用了兵不厌诈战术，有意安排级别低的技术科长与丙公司谈判，让丙公司以为甲公司无意与其合作，因此，丙公司主动降价，以期以更低的价格达成交易。

（2）丙公司中计了，这在商业谈判中是不可取的。丙公司没有坚持自己的底线。

案例分析三

日本一家著名汽车公司刚刚在美国"登陆"，急需找一个美国代理商来为其：推销产品，以弥补他们不了解美国市场的缺陷。当日本公司准备同一家美国公司谈判时，谈判代表因为堵车迟到了，美国谈判代表抓住这件事紧紧不放，想以此为手段获取更多的优惠条件，日本代表发现无路可退，于是站起来说："我们十分抱歉耽误了您的时间，但是这绝非我们的本意，我们对美国的交通状况了解不足，导致了这个不愉快的结果，我希望我们不要再因为这个无所谓的问题耽误宝贵的时间了，如果因为这件事怀疑我们合作的诚意，那么我们只好结束这次谈判，我认为，我们所提出的优惠条件是不会在美国找不到合作伙伴的。"日本代表一席话让美国代表哑口无言，美国人也不想失去一次赚钱的机会，于是谈判顺利进行下去了。

问题

1. 美国公司的谈判代表在谈判开始时试图营造何种开局气氛？

2. 日本公司谈判代表采取了哪一种谈判开局策略？

3. 如果你是美方谈判代表，应该如何扳回劣势？

分析

1. 美国公司谈判代表连续指责日本代表迟到，这是一种情感攻击，目的是让日本代表感到内疚，处于被动，美国代表就能从中获取有利条件，开局气氛属于低调气氛。

2. 日本公司谈判代表面对美国人的低调开局气氛，一针见血的指出：如果你方没有诚意，咱们就不要浪费时间，想和我方合作的公司很多，与你方不谈也罢！日本人用高调开局气氛进行反击，使谈判进入实质阶段。

3. 日本公司的谈判代表暂时控制了谈判气氛，风头正劲，如果此时与日本代表正面交锋胜算不大，我方利益难以保证，所以应该避其锋芒，采用"疲劳战术"，先让日本代表慷慨激昂地介绍他们的产品和未来计划，然后我方礼貌的道歉，表示有些问题没听明白，请日本代表就某个问题或几个问题反复进行陈述，消磨几次之后，日本代表已是强弩之末，心理和生理上都产生疲劳，丧失了对谈判气氛的控制，这时我方突然提出几个尖锐的问题，再次冲击日方的心理防线，不但能逐渐掌握谈判气氛，谈判结果也将向着利于我方的方向发展。

第三章 谈判过程

- 了解谈判过程：开局、磋商、谈判僵局处理环节。
- 掌握谈判开局、报价、磋商、僵局处理各阶段的策略应用和谈判技巧。
- 会营造谈判氛围、会报价、会进行讨价还价。

任务一　谈判开局

一、商务谈判的开局方式

（一）开局阶段的行为方式

开局阶段本身又可分为几个环节：

1. 导入

导入是指从步入会场到寒暄结束的这段时间。为便于双方接触交流，一般以站立交谈为好。总体应包括入场、握手、介绍、问候、寒暄等行为。

2. 交换意见

谈判的目标、计划、进度、人员的问题需要先确定下来，西方将其概括为"4P"。

（1）目标（Purpose）：说明双方为什么坐在一起，通过谈判达到什么目的。

（2）计划（Play）：即会谈的议程安排，如讨论的议题，双方约定共同遵守的规程等。

（3）进度（Pace）：指会谈进行的速度，即日程安排。

（4）人员（Personalities）：指谈判双方对每个成员的正式介绍，包括姓名、职务及在谈判中的作用、地位等。

3. 概述

各方要概括简要的阐述各自的谈判目的与意愿。

4. 明示

让对方了解自己的目标、意图、想法，而且要有"明示"，把存在的意见和问题及早提出，以求彻底解决。

（二）提交洽谈方案的方式

向对方提交方案有以下几种方式：

1. 提交书面材料，不做口头陈述

这是一种局限性很大的方式，只在两种情况下运用。一种情况是，本部门在谈判规则的束缚下不可能有别的选择方式。另一种情况是，本部门准备把提交最初的书面材料也作为最后的交易条件。

2. 提交书面材料，并做口头陈述

在会谈前将书面材料提交给对方。这种方法有很多优点，书面交易条件内容完整，能把复杂的内容用详细的文字表达出来，可一读再读，全面理解。提交书面交易条件也有缺点，如写上去的东西可能会成为一种对自己一方的限制，并难以更改。

3. 面谈提出交易条件

在事先双方不提交任何书面形式的文件，仅仅在会谈时提出交易条件。这种谈判方式有许多优点：可以见机行事，有很大的灵活性；先磋商后承担义务；可充分利用感情因素，建立个人关系，缓解谈判气氛等。

但这种谈判方式也存在着某些缺点：容易受到对方的反击；阐述复杂的统计数字与图表等相当困难；语言的不同，可能会产生误会。

运用这种谈判方式应注意下述事项：

（1）不要让谈判漫无边际地东拉西扯，而应明确所有要谈的内容，把握要点。

（2）采用横向铺开的谈判方式，不要把精力只集中在一个问题上，而应把每一个问题都谈深、谈透，使双方都能明确各自的立场。

（3）洽谈方案应为谈判中的讨价还价留有充分的余地。

（4）同前所述，不要只注意眼前利益，要注意到目前的条款与其他合同条款的内容联系。

（5）无论心里如何考虑，都要表现得镇定自若。

二、谈判开局气氛的营造

（一）开局气氛对谈判的影响

开局气氛对谈判的影响表现如下：

（1）影响谈判的主动权

（2）影响谈判者的期望

（3）影响谈判的方式

（二）营造良好的开局气氛

通常商务谈判的气氛有以下三种：

（1）热烈的、积极的、友好的谈判气氛，即高调气氛。

（2）冷淡、对立、紧张的谈判气氛，即低调气氛。

（3）介于以上两者之间的一种谈判气氛，又称为自然气氛。

不同的谈判气氛对谈判的影响不同，一种谈判气氛可在不知不觉中把谈判朝着某种方向推进。

注意环境的烘托作用对谈判气氛的影响。谈判环境的布置是营造良好气氛的重要环节，对方会从环境的布置中看出你对谈判的重视程度，从而留下较深的印象。

案例：

2006年7月25日距朝核问题六方会谈重开只有不足24小时，北京钓鱼台国宾馆芳菲苑一层大宴会厅上方的9盏木制宫灯已全部测试完毕。会场布置已进入收尾阶段，在能容纳千人的会场中央，谈判桌围成一个正六边形，上覆墨绿色台布，六边形谈判桌中间空地上摆放的，不再是五颜六色的鲜花，取而代之的是持续时间更久、朴实无华的马蹄莲和绿叶植物，使整个会场的气氛显得更加肃静庄重，与本轮六方会谈的环境似有共通之处。与前三轮会谈一样，作为东道主的中国代表团依然坐在面向正南的位置。从这里看去，会场的全景以及落地窗外的葱翠景致一览无余。美国代表团依旧坐在中国代表团对面。中国代表的西侧依次是韩国、俄罗斯代表团，东侧则是日本和朝鲜代表团。

会场的布局基本没变，会场内布局还是有一些细微变化。首先，各代表团的座席数都增加了。每个代表团主要会谈人员的座位由上次的5个增加到6个，而且主谈人员身后的座席也增加到了15个，分前后两排。大厅两侧也增加了不少沙发，分成四组，各自围成一圈。据工作人员介绍，这是供分组讨论时代表们休息时使用。其次，谈判桌上已整齐地摆放着印有"北京六方会谈"中英文烫金字样的文件夹和大小两种便签，印刷质量比前几轮会谈更加精致。会场上，数米高的门板和落地窗被一遍又一遍地擦拭过，桌上的矿泉水被一丝不苟地摆在同一直线上。管理人员对服务员的发型都提出了严格的要求。所有这些细节，无一不体现出中方为会谈创造良好气氛与对话平台的诚意。

大宴会厅内的音响、灯光、消防、安全等全部准备工作均已在24日晚就绪，会谈现场对外界封闭，实行严密的安保措施。

（三）谈判开局气氛的营造方法

1. 营造高调气氛

高调气氛是指谈判情势比较热烈，谈判双方情绪积极、态度主动，愉快因素成为谈判情势主导因素的谈判开局气氛。营造高调气氛通常有以下几种方法：

（1）感情渲染法

感情渲染法是指通过某一特殊事件来引发普通存在于人们心中的感情因素，并使这种感情迸发出来，从而达到营造高调气氛的目的。

案例：

中国一家彩电生产企业准备从日本引进一条生产线，于是与日本一家公司进行了接触。双方分别派出了一个谈判小组就此问题进行谈判。谈判那天，当双方谈判代表刚刚就坐，中方的首席代表（副总经理）就站了起来，他对大家说："在谈判开始之前，我有一个好消息要与大家分享。我的太太在昨天夜里为我生了一个大胖儿子！"此话一出，中方职员纷纷站起来向他道贺。日方代表于是也纷纷站起来向他道贺。整个谈判会场的气氛顿时高涨起来，谈判进行得非常顺利。中方企业以合理的价格顺利地引进了一条生产线。

这位副总经理为什么要提自己太太生孩子的事呢？原来，这位副总经理在与日本企业的以往接触中发现，日本人很愿意板起面孔谈判，造成一种冰冷的谈判气氛，给对方造成一种心理压力，从而控制整个谈判，趁机抬高价码或提高条件。于是，他便想出了用自己的喜事来打破日本人的冰冷面孔，营造一种有利于己方的高调气氛。

（2）称赞法

称赞法是指通过称赞对方来削弱对方的心理防线，从而焕发出对方的谈判热情，调动对方的情绪，营造高调气氛。

案例：

东南亚某个国家的华人企业想要为日本一著名电子公司在当地做代理商。双方几次磋商均未达成协议。在最后的一次谈判中，华人企业的谈判代表发现日方代表喝茶及取放茶杯的姿势十分特别，于是他说到："从君（日方的谈判代表）喝茶的姿势来看，您十分精通茶道，能否为我们介绍一下？"这句话正好点中了日方代表的兴趣所在，于是他滔滔不绝地讲述起来。结果，后面的谈判进行得异常顺利，那个华人企业终于拿到了他所希望的地区代理权。

（3）幽默法

幽默法就是用幽默的方式来消除谈判对手的戒备心理，使其积极参与到谈判中来，从而营造高调谈判开局气氛。采用幽默法时要注意选择恰当的时机以及采取适当的方式，要收发有度。

案例：

罗纳德·里根是美国历史上年龄最大的总统，难怪他的对手总喜欢拿他的年龄做文章。1984年10月24日晚上，里根为了连任总统，与竞争对手蒙代尔进行了一场至关重要的公开辩论。他在回答他是否认为自己担任总统年龄太大的问题时，把在市政礼堂里的听众都逗笑了，并得到了好评。里根说："我将不把年龄作为一个竞选问题。我将不利用我的对手年幼无知这一点以占尽便宜"。

（4）诱导法

诱导法是指投其所好，利用对方感兴趣或值得骄傲的一些话题，来调动对方的谈话情绪与欲望，从而创造良好的谈判气氛。

2. 营造低调气氛

低调气氛是指谈判气氛十分严肃、低落，谈判的一方情绪消极、态度冷淡，不快因素构成谈判情势的主导因素。营造低调气氛通常有以下几种方法：

（1）感情攻击法

诱发对方产生消极情感，致使一种低沉、严肃的气氛笼罩在谈判开始阶段。

（2）沉默法

沉默法是以沉默的方式来使谈判气氛降温，从而达到向对方施加心理压力的目的。注意这里所讲的沉默并非是一言不发，而是指本方尽量避免对谈判的实质问题发表议论。采用沉默法要注意以下两点：

第一，要有恰当的沉默理由。

第二，要沉默有度，适时进行反击，迫使对方让步。

案例：

美国一位著名谈判专家有一次替他邻居与保险公司交涉赔偿事宜。谈判是在专家的客厅里进行的，理赔员先发表了意见："先生，我知道你是交涉专家，一向都是针对巨额款项谈判，恐怕我无法承受你的要价，我们公司若是只出 100 元的赔偿金，你觉得如何"

专家表情严肃地沉默着。根据以往经验，不论对方提出的条件如何，都应表示出不满意，因为当对方提出第一个条件后，总是暗示着可以提出第二个，甚至第三个。

理赔员果然沉不住气了："抱歉，请勿介意我刚才的提议，我再加一点，200 元如何"

"加一点，抱歉，无法接受。"

理赔员继续说："好吧，那么 300 元如何"

专家等了一会儿道："300 嗯……我不知道。"

理赔员显得有点惊慌，他说："好吧，400 元。"

"400 嗯……我不知道。"

"就赔 500 元吧！"

"500 嗯……我不知道。"

"这样吧，600 元。"

专家无疑又用了"嗯……我不知道"，最后这件理赔案终于在 950 元的条件下达成协议，而邻居原本只希望要 300 元！

这位专家事后认为，"嗯……我不知道"这样的回答真是效力无穷。

（3）疲劳战术

疲劳战术是指使对方对某一个问题或某几个问题反复进行陈述，从生理和心理上疲劳对手，降低对手的热情，从而达到控制对手并迫使其让步的目的。采用疲劳战术应注意以下两点：

第一，多准备一些问题，而且问题要合理，每个问题都能起到疲劳对手的作用。

第二，认真倾听对手的每一句话，抓住错误、记录下来，作为迫使对方让步的砝码。

（4）指责法

指责法是指对对手的某项错误或礼仪失误严加指责，使其感到内疚，从而达到营造低调气氛，迫使谈判对手让步的目的。

案例：

中国某公司到美国采购一套大型设备。中方谈判小组人员因交通堵塞耽误了时间，当他们赶到谈判会场时，比预定时间晚了近半个小时。美方代表对此大为不满，花了很长时间来指责中方代表的这一错误，中方代表感到很难为情，频频向美方代表道歉。谈判开始以后，美方代表似乎还对中方代表的错误耿耿于怀，一时间弄得中方代表手足无措，无心与美方讨价还价。等到合同签订以后，中方代表才发现自己吃了一个大亏。

3. 营造自然气氛

自然气氛是指谈判双方情绪平稳，谈判气氛既不热烈，也不消沉。营造自然气氛要做到：①注意自己的行为、礼仪。②要多听、多记，不要与谈判对手就某一问题过早发生争议。③要多准备几个问题，询问方式要自然。④对对方的提问，能做正面回答的一定要正面回答。不能回答的，要采用恰当方式进行回避。

4. 合理运用影响开局气氛的各种因素

（1）表情、眼神

要特别注意脸上的表情，以下几点要特别予以重视：

① 面无表情，会使魅力与信用降低。

② 脸上的表情，只有善变和用得恰当，才可能产生正确的交流作用。

③ 脸上的表情务必率真、自然。

④ 脸上表情的表达关键在于眼睛的变化。

（2）气质

气质是指人们相当稳定的个性特征、风格和气度。良好的气质，是以人的文化素养、文明程度、思想品质和生活态度为基础的。

（3）风度

风度是气质、知识及素质的外在表现。风度美包括以下几个方面的内容：

①饱满的精神状态。

② 诚恳的待人态度。

③ 受欢迎的性格。

④ 幽默文雅的谈吐。

⑤ 洒脱的仪表礼节。

⑥ 适当表情动作。

（4）服饰

① 服装配色的艺术。对于服装的色调来说，协调就是美。

② 款式与体型。

（5）个人卫生

谈判人员的个人卫生对谈判气氛也会有所影响。衣着散乱、全身散发汗味或其他异味的谈判人员都是不受欢迎的。

（6）动作

影响谈判气氛的动作因素还包括言语、手势和触碰行为。

（7）中性话题

中性话题的内容通常有以下几种：

第一，各自的旅途经历，如游览活动、旅游胜地及著名人士等。

第二，文体新闻，如电影、球赛等。

第三，私人问候，如骑马、钓鱼等业余爱好。

第四，对于彼此有过交往的老客户，可以叙谈双方以往的友好合作经历和取得的成功。

（8）洽谈座次

案例8

（9）传播媒介

利用传播媒介制造谈判舆论或气氛，是指谈判的主体通过传播媒介向对方传递意图，施加心理影响，制造有利于自己的谈判气氛或启动谈判的背景。

任务二 商务谈判磋商

一、报价

报价，并不仅指双方在谈判中提出的价格条件，而是泛指谈判一方主动或根据另一方要求向对方提出自己的所有要求。当然在所有这些要求中，价格条款最为显著、地位最为重要。

报价标志着商务谈判进入实质性阶段，也标志着双方的物质性要求在谈判桌上"亮相"。

（一）报价的原则

报价应遵守以下几项原则：

1. 对卖方来讲，报价起点要高，即"可能的最高价"，相应地，对买方来讲，报价起点要低，即"可能的最低价"，这是报价的首要原则。因为：

（1）卖方的开盘价实际上是确定了价格谈判区间的一个上限。

（2）开盘价会影响对方对我方提供的商品或劳务的印象和评价。

（3）开盘价高，能为以后的讨价还价留下充分的回旋余地，使己方在谈判中更富于弹性。

（4）经验证明，开盘价对最终成交水平具有实质性的影响。开盘价高，最终成交的水平也就比较高。

2. 开盘价必须有根有据，合乎情理

3. 报价的表达应该坚定、明确、完整，不加解释和说明

4. 报价的解释应坚持不问不答、有问必答、避虚就实、能言不书的原则。

（二）报价的形式

1. 报价需要考虑的因素

报价决策不是由报价一方随心所欲制定的。报价的有效性首先取决于双方价格谈判的合理范围，同时，还受市场供求状况、竞争等多方面因素的制约。

（1）成本因素

成本是影响报价的最基本因素，商品的报价是在成本的基础上加上合理的利润。在决定商品的报价时，不仅要考虑现在的成本、将来的成本，以及降低成本的可能性，而且要考虑竞争对手的成本。要依据有关成本资料，恰当地报出商品的价格。

（2）需求因素

需求价格弹性是指某种商品的需求量对价格变动的反应灵敏程度。企业在确定商品报价时，必须先确定该商品的需求弹性系数，然后再考虑对某种商品的报价提高或降低，以求得总收入的增加或者减少。

（3）品质因素

商品的品质是指商品的内在质量和外观形式。商品的品质是消费者最关心的问题，也是交谈双方必须洽商的问题。商品的报价必须考虑商品的品质，要按质报价。

（4）竞争因素

必须注重竞争对手的价格，特别是竞争对手的报价策略以及新的竞争对手对市场的加入。

（5）政策因素

每个国家都有自己的经济政策，对市场价格的高低和变动都有相应的限制和法律规定。

另外，在报价时，对方的内行程度、对方可能的还价、谈判双方相互信任的程度及合作的前景、交易的次数等都应是报价时考虑的因素。

2. 报价形式

（1）根据报价的方式分，有书面报价和口头报价

①书面报价

书面报价，通常是指谈判一方事先提供了较详尽的文字材料、数据和图表等，将本企业愿意承担的义务，以书面形式表达清楚。

②口头报价

（2）根据报价的战术分，有欧式报价术与日式报价术。

①欧式报价术：由高到低。

②日式报价术：由低到高。

（三）报价的顺序

报价的顺序即谈判双方谁先报价。

1. 先报价的利弊

先报价的好处：

（1）先报价能够先声夺人，先报价比反应性报价显得更有力量，更有信心。

（2）先报价的价格将为以后的讨价还价树立起一个界碑。

（3）先报价可以占据主动，先施影响，并对谈判全过程的所有磋商行为持续发挥作用。

先报价的不利之处：

（1）当己方对市场行情及对手的意图没有足够了解时，贸然先报价，往往起到限制自身期望值的作用。

（2）先报价的一方由于过早地暴露了自己手中的牌，处于明处，为对方暗中组织进攻，逼迫先报价一方沿着他们设定的道路走下去提供了方便。

案例：

有家跨国公司与盖温联系，请他为公司的高级经理办一次有关谈判问题的两小时研讨会。公司董事长事前约见了他，征询对研讨会讨论主题的意见，盖温扼要讲了对于谈判者而言最不该做的事是接受对方的第一次出价的观点。董事长极表赞同，说：这个主题好，"能使我的人受益匪浅"。接下来还谈了些其他细节，他要盖温放手去做，临告别时，盖温提到了报酬问题。

董事长问："你想要多少?"

盖温说："通常都是一天一千八百镑。"心想他大概会嫌要价太高。

哪知他回答得很痛快："成!请开发票来。"

至今,盖温还是搞不清该要多少劳务费才算合适。

2. 后报价的利弊

后报价的好处:对方在明处,自己在暗处,可以根据对方的报价及时的修改自己的策略,以争取最大的利益。

后报价的弊端:被对方占据了主动,而且必须在对方划定的框框内谈判

案例:

美国在著名发明家爱迪生在某公司当电器技师时,他的一项发明获得了专利。公司经理向他表示愿意购买这项专利,并问他要多少钱。

当时爱迪生想:只要能卖到 5000 美元就很不错了,但他没有说出来,只是督促经理说:"您一定知道我的这项发明专利对公司的价值了,所以,价钱还是请您自己说一说吧!"

经理报价道:"40 万元,怎么样?"

还能怎么样?谈判当然是没费周折就顺利结束了。爱迪生而获得了意想不到的巨款,为日后的发明创造提供了资金。

3. 报价顺序的实际运用

一般地说,应注意以下几点:

(1) 如自身实力强于对方,或者在谈判中处于主动地位,己方先报价为宜。(尤其是对方对本行业不熟悉时),反之可考虑后报价,以观察对方并适当调整自己实际期望目标。

(2) 在冲突程度高的谈判场合,"先下手为强",在合作程度高的场合,谁先出价则无所谓。

(3) 如对手是谈判高手,则让对方先报价,避免让对方剥茧抽丝。

另外,商务性谈判的惯例是:

(1) 发起谈判者与应邀者之间,一般应由发起者先报价。

(2) 投标者与招标者之间,一般应由投标者先报价。

(3) 卖方与买方之间,一般应由卖方先报价。

(四) 报价策略

1. 报价时机策略

价格谈判中,应当首先让对方充分了解商品的使用价值和能为对方带来多少收益,待对方对此发生兴趣后再谈价格问题。实践证明,提出报价的最佳时机,一般是对方询问价格时。

在谈判开始的时候对方就询问价格,这时最好的策略应当是听而不闻,对方坚持即时报价,也不能故意拖延,把价格同对方可获得的好处和利益联系起来,一起介绍效果较好。

2. 报价起点策略

通常是：卖方报价起点要高，即"可能的最高价"；买方报价起点要低，即"可能的最低价"。

3. 报价差别策略

由于购买数量、付款方式、交货期限、交货地点、客户性质等方面的不同，同一商品的购销价格不同。

4. 价格分割策略

价格分割包括两种形式：

（1）用较小的单位报价

（2）用较小单位商品的价格进行比较

案例：

日本某电机公司出口其高压硅堆的全套生产线，其中技术转让费报价 2.4 亿日元，设备费 12.5 亿日元．包括了备件、技术服务（培训与技术指导）费 0.09 亿日元。

谈判开始后，营业部长松本先生解释：技术费是按中方工厂获得技术后，生产的获利提成计算出的。基数是生产 3000 万支产品，10 年生产提成率 10%，平均每支产品销价 6 日元。设备费按工序报价，清洗工序 1.9 亿日元；烧结工序 3.5 亿日元；切割分选工序 3.7 亿日元；封装工序 2.1 亿日元；打印包装工序 0.8 亿日元；技术服务费分培训费，12 人的月日本培训费 250 万日元；技术指导人员费用 10 人，650 万元日元。

二、讨价还价的策略

1. 讨价还价阶段前期的策略运用

（1）故布疑阵

故布疑阵策略是指通过不露痕迹地向对方提供虚假信息或大量无用信息而使对方上当，从而取得有利的谈判条件。

注意：不能露出一点破绽。不到万不得已的情况下，一般不宜采用这种策略，

本策略的应对：不能轻信对方不应出现的失误，对自己轻易得来的材料持怀疑态度。

（2）投石问路

投石问路是指利用一些对对方具有吸引力或突发性的话题同对方交谈，或通过所谓的谣言、秘讯，或有意泄密等手段，借此琢磨和探测对方的态度和反应。

在市场价格行情不稳定、无把握，或是对对方不大了解的情形下运用。

注意：运用该策略时一般提问要多，且要做到虚虚实实，煞有其事；争取让对方难于摸清你的真实意图；不要使双方陷入"捉迷藏"的境地，进而使问题复杂化。

本策略的应对：只对部分问题做简单必要的回答，不要过早暴露本方的价格目标和真实意图；向对方进行反提问，或提出与对方问题不相干的问题，或直截了当地向对方询问他交易的真实需要及其期望的交易条件；要求买方以马上订货作为条件，否则，一般不会对买方的要求进行估价；如果买方准备马上订货，一般会留有余地的对买方之要求进行估价，乘机试探买方的诚意与动机；调查分析买方购货的意图或目的，适当强调交易成功可能对买方产生的利益，以激起买方将购买欲望付诸行动。

（3）抛砖引玉

这一策略的基本做法是在对方询价时，本方先不开价，而是举一两个近期达成交易的案例（本方与别的商家的交易，或是市场上其他商家的交易等），给出其成交价，进行价格暗示，反过来提请对方出价。

运用此策略的目的是将先出价的"球"踢回给对方，为本方争取好价格。

此策略一般是在本方不愿意先出价而对方又期望本方先出价的情形下使用，实施这一策略时应注意，所举案例的成交价要有利于本方，成交案例与本交易要具有可比性，且需要提供证明材料。

本策略的应对：千方百计找出对方所提供案例的漏洞或不可比性，坚持要对方先出价。

（4）吹毛求疵

买方通常会利用这种吹毛求疵的策略来和卖方讨价还价。买方会对产品和对方的提议尽可能的挑毛病。

注意：在向对方提出要求时，不能过于苛刻，漫无边际；要有针对性，恰如其分，要把握分寸，不能与通行做法和惯例相距太远。否则，对方会觉得我方缺乏诚意，以致中断谈判。在谈判中运用这一策略时还要注意，提出比较苛刻的要求，应尽量是对方掌握较少的信息与资料的某些方面；尽量是双方难以用客观标准检验、证明的某些方面；否则，对方很容易识破你的策略，采取应对的措施。

本策略的应对：充分了解信息，尽可能掌握对方的真实意图；并可采取相同的策略对付对方。如果对方使用这一策略，那么对付这一策略的策略是对己方的产品要有信心，俗话说：褒贬是买家，买方对产品提出这样和那样的问题，是讨价还价的需要，也正因为如此，能够说明买方有成交的愿望；必须要有耐心，那些虚张声势的问题及要求自然会渐渐地露出马脚，而失去影响；遇到了问题，要能直攻腹地、开门见山地和买主私下商谈；对于某些问题和要求，要能避重就轻或视而不见地不予理睬；当对方在浪费时间、无中生有、鸡蛋里面挑骨头时，一定要正面解释；向买主建议一个具体而又彻底的解决办法，不要与买主去争论那些与交易关系不大的问题；也可以向对方提出某些虚张声势的问题来增强自己的谈判力量。

（5）价格诱惑

价格诱惑，就是卖方利用买方担心市场价格上涨的心理，诱使对方迅速签订购买协议的策略。价格诱惑的实质，就是利用买方担心市场价格上涨的心理，把谈判对手的注意力吸引到价格问题上来，使其忽略对其他重要合同条款的讨价还价，进而在这些方面争得让步与优惠。

本策略的应对：买方一定要慎重对待价格诱惑，必须坚持做到：第一，计划和具体步骤一经研究确定，就要不动摇地去执行，排除外界的各种干扰。所有列出的谈判要点，都要与对方认真磋商，决不随意迁就。第二，买方要根据实际需要确定订货单，不要被卖方在价格上的诱惑所迷惑，买下一些并不需要的辅助产品和配件，切忌在时间上受对方期限的约束而匆忙做出决定。第三，谈判前要做好充分的市场调研，准确把握市场竞争态势和价格走势，不要让对方的价格诱惑所影响。第四，买方要反复协商，推敲各种项目合同条款，充分考虑各种利弊关系。签订合同之前，还要再一次确认。为确保决策正确，请示上级、召开谈判小组会议都是十分必要的。

（6）目标分解

案例：

我国一家公司与德国仪表行业的一家公司进行一项技术引进谈判。对方向我方转让时间继电器的生产技术，价格是 40 万美元。德方依靠技术实力与产品名牌，在转让价格上坚持不让步，双方僵持下来，谈判难以进展。最后我方采取目标分解策略，要求德商就转让技术分项报价。结果，通过对德商分项报价的研究，我方发现德商提供的技术转让明细表上的一种时间继电器石英振子技术，我国国内厂家已经引进并消化吸收，完全可以不再引进。以此为突破口，我方与德方洽商，逐项讨论技术价格，将转让费由 40 万美元降低到 25 万美元，取得了较为理想的谈判结果。

（7）润滑策略

谈判人员在相互交往过程中，经常会馈赠礼品，以表示友好和联络感情，这被西方谈判专家称之为"润滑策略"。

由于各民族的风俗习惯不同，在馈赠礼品上有较大的差异。

注意：

要注意由文化造成的爱好上的差异。

要考虑礼品价值的大小。

要注意送礼的场合。

（8）请君入瓮

谈判一开始就拿出一份有利于本方（往往是卖方所为）的完整的合同文本，要求对方按照此合同文本的内容讨论每项条款，并最终在此基础上签约。霸王合同、格式合同

此策略对卖方具有广泛的适用性。

本策略的应对：坚决拒绝接受对方提出的合同文本和谈判方式，由本方提出（或由双方协商议后定出）新的谈判方式与程序，并按此方式与程序展开谈判，并根据谈判结果另行拟写合同文本。

2. 讨价还价阶段中期的策略运用

（1）步步为营

步步为营策略是指谈判者在谈判过程中步步设防，试探着前进，不断地巩固阵地，不动声色地推行自己的方案让人难以察觉，自己的每一微小让步都要让对方付出相当代价。

此策略一般是在谈判时间充裕，谈判议题较少，或是各项议题的谈判均比较艰难的情形下使用。

注意：使用该策略应小心谨慎，力戒急躁和冒进。使用该策略要做到言行一致，有理有据，使对方觉得情有可原。还价要狠，退让要小而缓。

本策略的应对：（1）寻找并抓住对方的一两个破绽，全盘或大部分地否定对方的要价理由。（2）坚持本方的要价与让步策略和行动计划，不跟随对方的步调行事，不作对等让步，坚持要求对方做出大的让步，本方其后才做出让步。（3）以其人之道，还治其人之身，即向对方学习，也步步为营。（4）运用其他策略技巧，如最后出价、最后通牒、不开先例等来打乱对方的步调。

（2）疲劳轰炸

疲劳轰炸策略就是指通过疲劳战术来干扰对方的注意力，瓦解其意志并抓住有利时机达成协议。

在商务谈判中，如果一方的谈判者表现出居高临下、先声夺人的姿态，那么，即可以采用"疲劳战"战术。

注意：运用此策略最忌讳的就是以硬碰硬，以防激起对方的对立情绪，使谈判破裂。

本策略的应对：谈判小组的领导者尽量使谈判在正常的工作时间内进行，确保谈判小组成员有定时和足够的时间休息；到外地进行谈判的小组应制定相应的规章制度，谈判以外的时间要由自己安排，而不能按别人的计划行事；对对方的过度安排，要学会说"不"。

（3）以林遮木

是指在谈判中故意搅乱正常的谈判秩序，许多问题一古脑儿地摊在桌面上，使人疲于应付，难以做出正确选择，进而达到使对方慌乱失误的目的。

注意：问题的提出让人感到真实可信；将所有谈判议题捆包，进行整体谈判；所提供之证据应该有利于支持本方的观点；认真观察对手，选择最佳运用时机。

本策略的应对：忽视对方抛出的资料，反而向对方给出本方要价的证据资料；坚持自己的意见，用自己的意识和能力影响谈判的进程和变化，以防被人牵着鼻子走；坚持将各项议题分开磋商，不给对方施展计谋的机会；拒绝节外生枝的讨论，对不清楚的问题要敢于说不了解情况；当对方拿出一大堆资料和数据时，要有勇气迎接挑战，对这些资料和数据进行仔细研究与分析，既不要怕耽误时间，又不要担心谈判的失败。以免一着不慎满盘皆输；对手可能也和你一样困惑不解，此时应攻其不备。

（4）软硬兼施

软硬兼施策略又称"黑脸白脸策略"、"好人坏人策略"或"鸽派鹰派策略"。

该策略是通过"先兵后礼"的举措来感化或压迫对方转变立场，从而打破僵局促成交易。软硬兼施策略往往在对手缺乏经验，对手很需要与你达成协议的情境下使用。

实施该策略应注意：角色扮演恰到好处。

本策略的应对：面对"老鹰"的表演不予理睬，相信必定会换上"鸽子"调和。

案例：

有一回，传奇人物——亿万富翁休斯想购买大批飞机。他计划购买三十四架，而其中的十一架，更是非到手不可。起先，休斯亲自出马与飞机制造厂商洽谈，但却怎么谈都谈不拢，最后搞得这位大富翁勃然大怒，拂袖而去。不过，休斯仍旧不死心，便找了一位代理人，帮他出面继续谈判。休斯告诉代理人，只要能买到他最中意的那十一架，他便满意了。而谈判的结果，这位代理人居然把三十四架飞机全部买到手。休斯十分佩服代理人的本事，便问他是怎么做到的。代理人回答："很简单，每次谈判一陷入僵局，我便问他们——你们到底是希望和我谈呢？还是希望再请休斯本人出面来谈？经我这么一问，对方只好乖乖的说——算了算了，一切就照你的意思办吧！"要使用"白脸"和"黑脸"的战术，就需要有两名谈判者，两名谈判者不可以一同出席第一回合的谈判。两人一块儿出席的话，若是其中一人留给对方不良印象的话，必然会影响其对另一人的观感，这对第二回合的谈判来说，是十分不利的。

（5）车轮战术

在谈判桌上的一方遇到关键性问题或与对方有无法解决的分歧时，借口自己不能决定或其他理由，转由他人再进行谈判。

此策略的核心是更换谈判主体。

实施该策略应注意：选择攻击目标，以便所有参与人员协同作战，目标一致；选择参与人员，使之与目标相匹配，更有利于谈判；编排谈判用词，以便每个参与者恰当投入，说词准确；明确每个参与者投入的时机，人多必须有序，谈判才能不乱。

本策略的应对：无论对方是否准备采用该策略，都要做好充分的心理准备，以便有备无患；新手上场后不重复过去的争论，如果新的对手否定其前任做出的让步，自己也借此否定过去的让步，一切从头开始；用正当的借口使谈判搁浅，直到把原先的对手再换回来。

另外这种策略能够补救本方的失误。己方可能在前面谈判中会有一些遗漏和失误，或者谈判效果不如人意，这时则可趁对方更换主谈人的时机来补救，并且顺势抓住对方的漏洞发起进攻，最终获得更好的谈判效果。

（6）休会策略

休会策略是谈判人员为控制、调节谈判进程，缓和谈判气氛，打破谈判僵局而经常采用的一种基本策略。有时候，当谈判进行到一定阶段或遇到某种障碍时，谈判双方或其中一方会提出休会，以使谈判人员恢复体力和调整对策，推动谈判的顺利进行。

运用该策略应注意：要把握好时机，讲清休会时间；要委婉讲清需要，但也要让对方明白无误地知道；提出休会建议后，不要再提出其他新问题来谈，先把眼前的问题解决好再说。

3. 讨价还价阶段后期的策略运用

1）最后通牒

在谈判双方争执不下，对方不愿做出让步以接受我方交易条件时，为了逼迫对方让步，我方可以向对方发出最后通牒。其通常做法是：给谈判规定最后的期限，如果对方在这个期限内不接受我方的交易条件达成协议，则我方就宣布谈判破裂而退出谈判。

运用该策略应注意：

①谈判者知道自己处于一个强有力的地位，特别是该笔交易对对手来讲，要比对本方更为重要。这一点是运用这一策略的基础和必备条件。

②谈判的最后阶段或最后关键时刻才使用"最后通牒"。对方经过旷日持久的谈判，花费大量人力、物力、财力和时间，一旦拒绝我方的要求，这些成本将付之东流。这样，对方会因无法担负失去这笔交易所造成的损失而达成协议。

③在言语上要委婉，既要达到目的，又不至于锋芒太露。

④应拿出一些令人信服的证据（诸如国家的政策、与其他客户交易的实例或者国际惯例、国际市场行情的现状及趋势，以及国际技术方面的信息等），让事实说话。

⑤给予对方思考或者讨论或者请示的时间等。这样一来，有可能使对方的敌意减轻，从而自愿地降低其条件或者不太情愿地接受你的条件。

⑥"最后通牒"的提出必须是非常坚定、明确、毫不含糊，不让对方存有任何幻想。

同时，我方也要做好对方真的不让步而退出谈判的思想准备，不致到时惊慌失措。

⑦使用这一策略有可能使谈判破裂或者陷入更严重的僵局，所以要视情况而定，除非有较大把握或者万不得已时才用，千万别滥用和多用该策略。

该策略的应对：

①我们应该分析和判断对方的"最后通牒"是真还是假。

②继续谈判，对此根本不予理睬。

③尽力找出一个圆满的解释去反驳对方的解释，从而使对方的通牒陷入不攻自破的局面

④摆出准备退出谈判的样子，以此来反侦察对方的真实意图。

⑤转换话题或改变交易的条件。

⑥暗示还有其他货主和顾客，使对方感觉激烈竞争的压力，并适当指出谈判破裂对对方的损失。

⑦提醒对方注意该策略的后果，然后暂时休会让双方都能静心思考是否要继续谈下去。

案例：

意大利与中国某公司谈判出售某项技术．由于谈判已进行了一周．但仍进展不快，于是意方代表罗尼先生在前一天做了一次发问后告诉中方代表李先生："我还有两天时间可谈判，希望中方配合在次日拿出新的方案来。"次日上午中方李先生在分析的基础上拿出了一套方案，比中方原来要求意方降价40%降低5%即要求意方降价35%。意方罗尼先生讲："李先生，我已降了两次价，计15%，还要再降5%,，实在困难！"双方相互评论，解释一阵后．建议休会卜午2：00再谈。

下午复会后，意方先要中方报新的条件，李先生将其定价的基础和理由向意方做了解释并再次要求意方考虑其要求。罗尼先生又讲了一遍其努力，讲中方要求太高。谈判到4：00时，罗尼先生说："我为表示诚意向中方拿出最后的价格，请中方考虑，最迟明天12：00以前告诉我是否接受。若不接受我就乘下午2：30的飞机回国。"说着把机票从包里抽出在李先生面前显了一下。中方把意方的条件理清后，（意方再降5%）表示仍有困难，但可以研究。谈判即结束。

中方研究意方价格后认为还差5%，但能不能再压价呢？明天怎么答？李先生一方面与领导汇报，与助手、项目单位商量对策，一方面派人调查明天下午2：30的航班是否有。调查结果该日下午2：30没有去欧洲的飞机，李先生认为意方的最后还价、机票是演戏．判定意方可能还有条件。于是在次日10点给意方去了电话，表示："意方的努力，中方很赞赏，但双方距离仍存在，需要双方进一步努力。作为响应，中方可以在意方改善的基础上，再降5%，即从30%，降到25%。"意方听到中方有改进的意见后，没有走，只是认为中方要求仍太高。

2）场外交易

场外交易策略是指谈判双方将最后遗留的个别问题的分歧意见放下，离开谈判桌，东道主一方安排一些旅游、酒宴、娱乐项目，以缓解谈判气氛，争取达成协议的做法。

运用该策略时应注意：一定要注意谈判对手的不同习惯。有的国家的商人忌讳在酒席

上谈生意，必须事先弄清，以防弄巧成拙。

3）私下接触

在谈判过程中，谈判人员还可以有意识地同对手私下接触，一起去娱乐游玩，以期增加双方的了解和友谊，促进谈判的顺利发展，称为"私下接触"策略。

这种策略尤其适用于各方的首席代表。

4）权利有限

指当双方人员就某些问题进行协商，一方要求对方做出某些让步时，另一方可以向对方宣称，在这个向题上，授权有限，他无权向对方做出这样的让步，或无法更改既定的事实。

此策略一般是在对方要求条件过高或本方需要对方在后期做出更大让步的情形下使用。运用该策略应注意：

①"权力有限"作为一种策略，只是一种对抗对手的盾牌。"盾牌"的提出要严密，让人难辨真伪点能凭自己一方的"底牌"来决定是否改变要求、做出让步。

②运用这一策略时，如果要撤销盾牌也并不困难，可以说已请示领导同意便行了。

③采用有限权力策略要慎重，不要使对方感到你没有决策权，不具备谈判的能力。

④不要让对方失去与你谈判的诚意和兴趣，从而就无法达成有效协议。

该策略的应对：在正式谈判开始就迂回地询问对方是否有拍板定案的权力；要求对方尽快通过电话、电传等同其领导联系，尽快解决权力有限的问题。

5）坐收渔利

坐收渔利策略是指买主把所有可能的卖主请来，同他们讨论成交的条件，利用卖者之间的竞争，各个击破，为自己创造有利的条件。

本策略的应对：对于利用招标进行的秘密竞争，要制定周密的、合理地竞标方案，要积极参加竞标；对于背靠背的竞争应尽早退出。对于面对面的竞争，采取相反的两种对策：一种是参加这种会议，但只倾听而不表态，不答应对方提出的任何条件，仍按自己的既定条件办事；另一种是不参加这种会议，不听别人的观点，因为在会议上容易受到买方所提条件的影响。

任务三　商务谈判僵局处理

一、僵局的含义及对谈判的影响

（一）僵局的含义及类型

1. 僵局含义

商务谈判僵局是指在商务谈判过程中，当双方对所谈问题的利益要求差距较大，各方又都不肯做出让步，导致双方因暂时不可调和的矛盾而形成对峙，而使谈判呈现出一种不进不退的僵持局面。

2. 僵局的类型

（1）协议期僵局是双方在磋商阶段意见产生分歧而形成的僵持局面。

（2）执行期僵局是在执行项目合同过程中双方对合同条款理解不同而产生的分歧，或出现了双方始料未及的情况而把责任有意推向对方或他人，亦或一方未能严格履行协议而引起另一方的严重不满，由此而引起的责任分担不明确的争议。

协议期僵局又可以分为初期、中期或后期等不同阶段的僵局。

2. 僵局对谈判的影响

影响谈判效率，挫伤谈判者的自尊心，严重影响谈判的进程，有可能导致谈判的破裂。

二、商务谈判僵局产生的原因

1. 谈判一方故意制造谈判僵局

谈判的一方为了试探出对方的决心和实力而有意给对方出难题，搅乱视听，甚至引起争吵，迫使对方放弃自己的谈判目标而向己方目标靠近，使谈判陷入僵局，其目的是使对方屈服，从而达成有利于己方的交易。

原因：给对方报复；改变自己的谈判地位。

2. 双方立场观点对立争执导致僵局

3. 沟通障碍导致僵局

沟通障碍就是谈判双方在交流彼此情况、观点、洽商合作意向、交易的条件等的过程中，所可能遇到的由于主观与客观的原因所造成的理解障碍。

4. 谈判人员的偏见或成见导致僵局

偏见或成见是指由感情原因所产生的对对方及谈判议题的一些不正确的看法。由于产生偏见或成见的原因是对问题认识的片面性，即用以偏概全的办法对待别人，因而很容易引起僵局。

5. 谈判人员的失误导致僵局

谈判者在使用一些策略时，因时机掌握不好或运用不当，导致谈判过程受阻及僵局的出现。

6. 利益合理要求的差距导致僵局

谈判双方对各自所期望的收益存在很大差距，当这种差距难以弥合时，那么合作必然走向流产，僵局便会产生。

案例 5

7. 其他原因导致僵局

（1）谈判人员的强迫手段导致僵局。

（2）谈判人员素质低下导致僵局。

（3）客观环境的改变导致僵局。

三、商务谈判僵局的处理原则

（一）正确认识谈判的僵局

僵局出现对双方都不利。如果能正确认识，恰当处理，会变不利为有利。只要具备勇气和耐心，在保全对方面子的前提下，灵活运用各种策略、技巧，僵局就不是攻克不了的堡垒。

（二）冷静地理性思考

冷静思考，理清头绪，正确分析问题。设法建立一项客观的准则，即让双方都认为是公平的、又易于实行的办事原则、程序或衡量事物的标准，充分考虑到双方潜在的利益到底是什么，从而理智地克服一味地希望通过坚持自己的立场来"赢"得谈判的做法。

（三）协调好双方的利益

让双方从各自的目前利益和长远利益两个方面来看问题，使双方的目前利益、长远利益做出调整，寻找双方都能接受的平衡点，最终达成谈判协议。

（四）避免争吵

一名谈判高手是通过据理力争，而不是和别人大吵大嚷来解决问题的。

四、商务谈判僵局的利用和制造

（一）僵局的利用

谈判者在谈判过程中利用谈判僵局，主要有两种原因：

1. 改变已有的谈判形势，提高己方在谈判中的地位
2. 争取更有利的谈判条件

（二）僵局的制造

1. 制造僵局的一般方法

制造僵局的一般方法是向对方提出较高的要求，要对方全面接受自己的条件。

2. 制造僵局的基本要求

谈判者制造僵局的基本做法是向对方提出较高的要求，并迫使对方全面接受自己的条件，但要注意的是，这一高要求绝不能高不可攀，，目标的高度应以略高于对方所能接受的最不利的条件为宜，以便最终通过自己的让步仍然以较高的目标取得谈判成功。同时，对自己要求的条件，要提出充分的理由说明其合理性，以促使对方接受自己提出的要求。

五、打破谈判僵局的策略

（一）用语言鼓励对方打破僵局

当谈判出现僵局时，你可以用话语鼓励对方打破僵局。

叙述旧情，强调双方的共同点，以达到打破僵局的目的。

（二）运用休会策略打破僵局

休会策略是谈判人员为控制、调节谈判进程，缓和谈判气氛打破谈判僵局而经常采用的一种基本策略。把休会作为一种积极的策略加以利用，可以达到以下目的：

（1）仔细考虑争议的问题，构思重要的问题。

（2）可以召集各自谈判小组成员，集思广益，商量具体的解决办法，探索变通途径。

（3）检查原定的策略及战术。

（4）研究讨论可能的让步。

（5）决定如何对付对手的要求。

（6）分析价格、规格、时间与条件的变动。

（7）阻止对手提出尴尬的问题。

（8）排斥讨厌的谈判对手。

（9）缓解体力不支或情绪紧张。

（10）应付谈判出现的新情况。

（11）缓和谈判一方的不满情绪。

注意：提建议的一方应把握好时机，看准对方态度的变化，讲清休会时间；要清楚并委婉地讲清需要，但也要让对方明白无误地知道；提出休会建议后，不要再提出其他新问题来谈，先把眼前的问题解决了再说。

（三）利用调节人调停打破僵局

当谈判双方进入立场严重对峙、谁也不愿让步的状态时，找到一位中间人来帮助调解，有时能很快使双方立场出现松动。

当谈判双方严重对峙而陷入僵局时，双方信息沟通就会发生严重障碍，互不信任，互相存在偏见甚至敌意。

注意：商务谈判中的中间人主要是由谈判者自己挑选的。确定的斡旋者应该是对对方所熟识，为对方所接受的，否则就很难发挥其应有作用。在选择中间人时不仅要考虑其能体现公正性，而且还要考虑其是否具有权威性。

常用的方法有两种：调解和仲裁。调解是请调解人拿出一个新的方案让双方接受。其结果没有必须认同的法律效力。当调解无效时可请求仲裁。仲裁的结果具有法律效力，谈判者必须执行。

（四）更换谈判人员或者由领导出面打破僵局

谈判中出现了僵局，虽经多方努力仍无效果时，可以征得对方同意，及时更换谈判人员，消除不和谐因素，缓和气氛，就可能轻而易举地打破僵局，保持与对方的友好合作关系。

注意：1. 换人要向对方作婉转的说明，使对方能够予以理解；2. 不要随便换人，即使出于迫不得已而换，事后也需要向替换下来的谈判人员做一番工作，不能挫伤他们的积极性。

（五）有效退让打破僵局

在商务谈判中，当谈判陷入僵局时，如果对国内、国际情况有了全面了解，对双方的利益所在又把握得恰当准确，那么就应以灵活的方式在某些方面采取退让的策略，去换取另外一些方面的得益，以挽回本来看来已经失败的谈判，达成双方都能接受的合同。

（六）场外沟通打破僵局

谈判会场外沟通亦称"场外交易"、"会下交易"等。它是一种非正式谈判，双方可以无拘无束地交换意见，达到沟通、消除障碍、避免出现僵局之目的。

（1）谈判双方在正式会谈中，相持不下，即将陷入僵局。

（2）当谈判陷入僵局，谈判双方或一方的幕后主持人希望借助非正式的场合进行私下商谈，从而缓解僵局。

（3）谈判双方的代表因为身份问题，不宜在谈判桌上让步以打破僵局，但是可以借助私下交谈打破僵局，这样又可不牵扯到身份问题。

（4）谈判对手在正式场合严肃、固执、傲慢、自负、喜好奉承。这样，在非正式场合给予其恰当的恭维（因为恭维别人不宜在谈判桌上进行），就有可能使其作较大的让步，以打破僵局。

（5）谈判对手喜好郊游、娱乐。

运用场外沟通应注意以下问题：

（1）谈判者必须明确，在一场谈判中用于正式谈判的时间是不多的，大部分时间都是在场外度过的，必须把场外活动看作是谈判的一部分，场外谈判往往能得到正式谈判得不到的东西。

（2）不要把所有的事情都放在谈判桌上讨论，而是要通过一连串的社交活动讨论和研究问题的细节。

（3）当谈判陷入僵局，就应该离开谈判桌，举办多种娱乐活动，使双方无拘无束地交谈，促进相互了解，沟通感情，建立友谊。

（4）借助社交场合，主动和非谈判代表的有关人员（如工程师、会计师、工作人员等）交谈，借以了解对方更多的情况，往往会得到意想不到的收获。

（5）在非正式场合，可由非正式代表提出建议、发表意见，以促使对方思考，因为即使这些建议和意见很不利于对方，对方也不会追究，毕竟讲这些话的不是谈判代表。

（七）寻找替代的方案打破僵局

谈判中一般存在多种可以满足双方利益的方案，而谈判人员经常简单地采用某一方案，而当这种方案不能为双方同时接受时，僵局就会形成。

也可以对一个方案中的某一部分采用不同的替代方法，

（1）另选商议的时间。

（2）改变售后服务的方式。

（3）改变承担风险的方式、时限和程度。

（4）改变交易的形态。

（5）改变付款的方式和时限。

（八）其他方法打破僵局

1. 采取横向式的谈判打破僵局

当谈判陷入僵局，经过协商而毫无进展，双方的情绪均处于低潮时，可以采用避开该话题的办法，换一个新的话题与对方谈判，以等待高潮的到来。

2. 从对方的漏洞中借题发挥打破僵局。

谈判实践告诉我们，在一些特定的形势下，抓住对方的漏洞，小题大做，会给对方一个措手不及。

3. 利用"一揽子"交易打破僵局

所谓"一揽子"交易，即向对方提出谈判方案时，好坏条件搭配在一起，像卖"三明治"一样，要卖一起卖，要同意一齐同意。

4. 适当馈赠打破僵局

谈判者在相互交往的过程中，适当地互赠些礼品，会对增进双方的友谊、沟通双方的感情起到一定的作用，也是普通的社交礼仪。

注意：所谓适当馈赠，就是说馈赠要讲究艺术，一是注意对方的习俗，一是防止贿赂之嫌。

5. 以硬碰硬打破僵局。

当对方通过制造僵局，给你施加太大压力时，妥协退让已无法满足对方的欲望，应采用以硬碰硬的办法向对方反击，让对方自动放弃过高要求。

本章小结

本章分析了分配式谈判和整合式谈判的基本结构以及在此情境下的战术和战略的使用。谈判者可以通过或间接干预来了解对方的起点和目标点。通常不到谈判后期一方不会知道对方的底线，因为这些都被掩藏起来了。这些都很重要，其中最重要的是底线。双方底线的差距决定了谈判区域。如果是正的，那么存在协议达成一致的可能；如果为负，基本不能实现成功的谈判。基于谈判过程的不可预见性，我们以假设情境提出伦理推理方法，利用它们可以决定什么行为在伦理上是恰当的。谈判者通常会忽略一个事实：尽管不符合伦理或自私的策略可能在短期内会使他们获得自己想要的目标，但长远来看，这些策略常常会损坏名誉并削弱谈判效果。

阶梯实训一

1. 实训名称：

合纵抗强与连横击弱的模拟谈判。

2. 实训目的：

通过模拟谈判让学生初步了解谈判的计划制订，认真考量己方核心利益与对方利益，仔细分析、对比己方的优势和劣势与对方的优劣和劣势，建立对谈判的感性认识，亲身体验谈判对谈判人员各方面能力素质的要求，为顺利学习本课程奠定基础。

3. 实训步骤：

（1）将全班同学按每 3~5 人一组划分为若干组，共十个组。指定一组同学扮演苏秦的角色、一组扮演张仪的角色、另七组各代表七雄中的七个国家、一组同学担任记录员。

（2）按各自扮演的角色，让学生分组收集、准备相关的资料。

（3）教师在模拟谈判前向学生说明整个谈判的步骤。

（4）对谈判过程进行分析总结。

4. 实训背景资料：

战国时期，由于苏秦采用了合纵抗强的谈判谋略屡屡取得成功，使燕、赵、齐、楚、韩、魏，六个弱小的国家合为一个具有强大军事实力的联合体，共同抵抗强大的秦国达 15 年之久。后来，秦国的张仪就采用了针锋相对的破纵连横的谈判策略，对合为一体的六国实施各个击破的战术，终于使秦国统一了这六国。

【合纵抗强】

战国后期，经过商鞅变法后的秦国逐渐强大起来，成为七雄中实力最强的国家，齐、楚、燕、赵、魏、韩这六国均无单独抵抗秦国的实力。为了与秦国对抗，保护弱小国家不被吞并，六国联合势在必行。洛阳人苏秦极力推行谋士公孙衍的合纵抗秦策略，终于使得六国联合抗秦，令秦国不敢轻易向六国中的任何一国下手。

公元前 314 年，苏秦先到燕国，劝说燕文公与近在百里的赵国联合，以防千里之外的强秦。在苏秦的劝导下，双方达成共识，燕文公接受了苏秦的建议，于是封他为武安君，授以相印，送兵车百乘，让苏秦到各国去实施合纵抗强的策略，抑制秦国的侵略。苏秦来到赵国，同赵肃侯进行谈判。向他提出，秦国不敢进攻赵国，是因为害怕韩魏两国袭击其后方。如果秦国先打败韩魏再举兵攻赵，那么赵国就难以抵抗了。苏秦接着又向赵肃侯指出，六国之地五倍于秦国，六国之兵十倍于秦国，如果能够联合起来，同心协力，必定能够打败秦国。因此，他希望赵王邀请韩、魏、齐、燕、楚等六国国君进行谈判，共商六国联合抗秦大业，这样秦国就不敢对六国中的任何一国进攻了。听了苏秦的话，赵王大喜，对他大力嘉奖。然后，苏秦又奉赵王之命，前往其他各国进行谈判。

针对国家实力中等的各国，苏秦在谈判中指出，齐国与秦国不可能共同存在，就像两虎相争不能并存一样的道理。齐国强则秦国弱，秦国强则齐国弱，秦齐两国注定要交锋。既然如此，齐国应该召集其他小国，结成联盟。共同抵抗强大的秦国。这样一来，无论秦国多么强大也远远抵不过六国联合的力量。如果，齐国与秦国交好，就要向秦国奉送土地和财富，如果同五国联合，反而会得到五国的赞赏并且可以从中受益。权衡利弊之后，齐国当然应该同五国联盟，共同抵抗秦国。

针对各个小国，苏秦在谈判中向他们指出，在强大的秦国面前，各小国好比是风中残烛很容易就会被秦国灭掉。只有大家联合起来，把秦国当成共同的敌人，才能够强大起来，保护自己不被秦国吞并。在苏秦的游说和努力之下，合纵抗秦的策略终于有了最终结果，各国都纷纷答应联合起来，共同抗秦，并且派出使节在洹水举行合纵谈判。最后达成协议，六国结成联盟合纵抗秦，由苏秦担任总联络使。至此，苏秦的合纵抗秦策略得到了成功，使强大自豪的秦国不敢出函谷关一步进攻六国。苏秦的合纵策略之所以能够成功，一方面是成功地运用了合纵抗强的方法，另一方面就是他准确地把握了六国的共同利益和处境。只有这些共同的目的和利益才能把这些弱小的力量联合起来，共同抵抗秦国的兵力，使秦国不敢轻举妄动，各国才能够保住自己的一片疆土。

【连横击弱】

对付合纵抗强的谈判策略的最有效的方法是连横击弱法。连横击弱指的是在谈判过程中，针对谈判对手的合纵抗强而采取的有效措施。其目的是要通过分化合纵联盟，拉拢合纵成员以削弱合纵联盟的抵抗力量，各个击破，最后达到把全部弱小力量打破，从而实现其全部谈判目标的目的。

为了迫使六国屈服于秦国，挫败苏秦的合纵之策，张仪极力倡导并成功地运用了连横击弱的策略，最终使秦国独霸。

公元前328年，作为秦国相国的张仪首先游说并贿赂齐、楚两国的相国，晓以利害，使齐楚两国脱离合纵联盟，投奔秦国，孤立韩、魏。在同齐国的谈判中，张仪向齐国指出，齐国如不尽早和秦国联盟，秦一旦和邻国的韩、魏率先联合，就可以从三个方向对齐国发动进攻，加上韩、魏两国早就想得到齐国的土地，随时都在窥视着齐国，伺机动手。而只要齐国先和秦国联盟，他们就不敢对齐国下手了。与此同时，张仪还进一步指出，弱小的齐国和强大的秦国作战，不会存在任何取胜的可能性，即使侥幸得胜，也将付出惨重的代价。秦、齐交战时，如果韩、魏两国一起进攻齐国，齐国就只有灭亡了。

在同楚国的谈判中，张仪向楚王指出，楚王曾经同秦国多次交战。但每次都被秦国打得大败，损失惨重。但是，如果楚国能够从合纵同盟中退出，与秦国和好，秦国出兵攻占魏和晋两个地方，封锁要害，楚国再鼎力攻打宋国，进而再向东挺进，那么泗水之上的十二诸侯，就全部归属楚王所有了。

说服齐、楚两国之后，张仪又赶到魏国，劝说魏国也屈服于秦国，好让其他国家一起效仿。但是秦、魏两国的谈判由于魏王采用了强硬的态度，拒绝秦国的要求而破裂。张仪于是密令秦国向魏发起进攻。直到公元前318年，魏、韩、赵、燕四国联合齐、楚一并向秦国发起进攻，但是由于齐国和楚国被秦国拉拢，导致出师不利。四国军队在函谷关遭到秦军的反击，损失惨重。秦军又乘胜兵伐韩，大败韩军，斩首八万，威震各国。

在这种情况下，张仪又乘机找到魏王进行谈判，劝导魏王向秦国妥协。张仪向魏王威胁说，六国合纵联盟根本不能成功，亲兄弟同父母尚且因争夺财产而相互残杀，六国怎么可能靠苏秦的几句话就长久联合起来呢。如果魏国不向秦国屈服，一旦秦军出兵，魏国就危在旦夕。由于魏王年少无知，面对联军的惨败，韩军的覆灭之势，经不住张仪的威吓，便背弃了合纵联盟。此后，张仪继续游说六国推行连横击弱的策略，离间六国合纵之约，威逼六国争相割地贿赂秦国。由于各国纷纷向秦国示好请和，苏秦苦心经营起来的合纵抗强策略被完全瓦解，六国中无论是实力最强大的齐国，还是相对弱小的韩、魏等国，都没有足够的实力与秦国抗衡。而秦国对六国的要求也越来越苛刻，不时索取金银珠宝，或土地、牛、羊等，使得六国的实力一天天微弱下去，最后没有一个国家能够抵挡得住秦国大军的进攻，终于被秦国逐个吞并。张仪的连横击弱法帮助秦国最终统一了全国。

为了对合纵抗强联盟分化瓦解，张仪所代表的秦国不惜采用欺骗、拉拢、贿赂、威吓，甚至边打边谈的手段，迫使六个实力弱小的国家合纵联盟逐渐解体，投靠了秦国。因此，分化瓦解、各个击破是连横击弱的核心战术，如果不能够成功瓦解合纵联盟，任凭秦国的力量再强大，也无法击破六国联合起来的力量，战国七雄局面就会继续维持下去，也就没有后来的秦国统一天下了。

5. 实训任务：

苏秦组目标：说服六国合纵，以抵御强秦的侵略。

张仪组目标：破坏合纵，说服六国分别与秦国连横。

全班同学：分析六国之间该如何谋划，才可避免被吞并的命运。

6. 实训考核：

根据谈判过程中各队的表现以及谈判目标的达成情况，结合资料准备的充分程度，作为评判哪组获胜的标准。

阶梯实训二

1. 实训内容：

以模拟谈判的方式，假如公司派你去与美国人谈一笔业务，怎样才能充分地运用美国人的谈判风格来与对方建立良好的关系？

2. 实训步骤：

(1) 任课老师进行情景假设说明。

(2) 学生采用"无领导讨论方式"分析和归纳。

(3) 讨论完毕后提交一份关于如果利用谈判风格来与美国人建立良好关系的方案。

(4) 模拟谈判。

案例分析一

我国某冶金公司要向美国购买一套先进的组合炉，派一位高级工程师与美商谈判，为了不负使命，这位高级工程师充分地准备工作，他查找了大量有关冶炼组合炉的资料，花了很多精力研究国际市场上组合炉的行情及美国这家公司的历史和现状、经营情况等，最终了解得一清二楚。谈判开始，美商一开口要价150万美元。中方工程师列举各国成交价格，终于以80万美元达成协议。当谈判购买冶炼自动设备时，美商报价230美元，经过讨价还价压到130万美元，中方仍然不同意，坚持出价100万美元。美商表示不愿继续谈下去了，把合同往中方工程师面前一扔，说："我们已经做了这么大的让步，贵公司仍不能合作，看来你们没有诚意，这笔生意就算了，明天我们就回国了"，中方工程师闻言轻轻一笑，把手一伸，做了一个优雅"请"的动作。美商走了，冶金公司的其他人有些着急，甚至埋怨工程师不该抠得这么紧。工程师说："放心吧，他们会回来的。同样的设备，去年他们卖给法国只有95万美元，国际市场上这种设备的价格100万美元是正常的。"果然不出所料，一个星期后美方又回来继续谈判了。工程师向美商点明了他们与法国的成交价格，美商又愣住了，没有想到眼前这位中国商人如此精明，于是不敢再报虚价，只得说："现在物价上涨得厉害，比不了去年。"工程师说："每年物价上涨指数没有超过6%。一年时间，你们算算，该涨多少？"美商被问得哑口无言，在事实面前，不得不让步，最终以 101 万美元达成了这笔交易。

请分析中方在谈判中取得成功的原因及美方处于不利地位的原因。

分析

案例中，中方工程师对于谈判技巧的运用更为恰当准确，赢得有利于己方利益的谈判结果也是一种必然。

首先，从美方来看存在以下几个问题即谈判败笔所在。

（1）收集、整理对方信息上没有做到准确、详尽、全面。从文中来看，重要的原因是没有认清谈判对象的位置。美商凭借其技术的优势性以及多次进行相类似交易的大量经验轻视对手，谈判前就没有做好信息收集工作，于是在谈判中在对方大量信息的面前陷于被动，一开始就丧失了整个谈判的主动权。

（2）在谈判方案的设计上没有做到多样与多种。在对方的多次反击中，仓促应对。针对其谈判方式设计的单一化，可能是因为以下几个原因：①过早地判定问题，从文中可推测出，美方一开始就认为此行不会很难，谈判结果应该是对己方更有利；②只关心自己的利益，美方以其组合炉技术的先进为最大优势，认为铁定会卖个高价，但并未考虑到中方对此的急迫需求。

（3）在谈判过程中，希望用佯装退出谈判以迫使对方做出让步，无奈在对方以资料为基础辨别出其佯装的情况下，该策略失败。

其次，从中方来看，胜利的最关键一点在于对对方信息充分地收集整理，用大量客观的数据给对方施加压力。从收集的内容可看出，不仅查出了美方与他国的谈判价格（援引先例），也设想到了对方可能会反驳的内容并运用相关数据加以反击（援引惯例，如6%），对客观标准做了恰到好处的运用。做到了"知己知彼，百战不殆"。此外，中方的胜利还在于多种谈判技巧的运用：①谈判前，评估双方的依赖关系，对对方的接收区域和初始立场（包括期望值和底线）做了较为准确的预测，由此才能在随后的谈判中未让步于对方的佯装退出。②谈判中，依靠数据掌握谈判主动权，改变了对方不合理的初始立场。③在回盘上，从结果价大概处于比对方开价一半略低的情况可推测，中方的回盘策略也运用得较好。

总结：商务谈判中的各种技巧，对于在各种商战中为自己赢得有利位置，实现自己利益的最大化有着极其重要的作用。但我们也要注意：比技巧更重要的是充分的信息准备，有了充分的信息就能使自己拥有谈判的主动权，即使对方再要什么花招，只要有了充分的信息，就可以用充分的证据战胜对方。

案例分析二

我们敬爱的周恩来总理口才享誉海内外，他应变机敏、气魄非凡、言辞犀利、柔中有刚，是能够在谈判中出色运用语言艺术的典范。据说，在北京举行的一次记者招待会上，周总理在介绍我国经济建设的成就及对外方针后，一西方记者问道："中国人民银行有多少资金？"这明显是一种讥笑。对此，周总理不屑一顾，婉转地说道："中国人民银行货币资金嘛，有 18.88 元。"顿时场内鸦雀无声，静听他解释："中国人民银行发行面额为 10

元、5 元、2 元、1 元、5 角、2 角、1 角、5 分、2 分、1 分，共 10 种主、辅人民币，合计为 18.88 元。中国人民银行是由全中国人民当家做主的金融机构，有全国人民作后盾，信誉卓著、实力雄厚，它所发行的货币，是世界上最有信誉的一种货币，在国际享有盛誉。"一番话，语惊四座。接着，全场爆发出热烈的掌声……

请分析面对一些讥讽的提问如何回答？

分析

面对一些讥讽的提问，不要惊慌，不要愤怒，要从容幽默地回答。周总理在谈判中灵活应变、言辞犀利、柔中有刚、从容不迫、幽默机智的回答，使得对方哑口无言。因此，在谈判中，要善于运用谈判的语言表达技巧。

第四章 结束谈判

学习目标

- 了解结束谈判的方法。
- 熟悉重新谈判的原因。
- 掌握结束方法和结束时机的选择。
- 掌握重新谈判的类型和方法。

案例引入

一位法国人，他家有一片小农场，种的是西瓜。经常有人给他电话，要订购他的西瓜，但每一次都被他拒绝了。有一天，来了一位小男孩，约有 12 岁，他说要订购西瓜，被这位法国人回绝了，但小男孩却不走，法国人做什么，他都跟着走，在法国人身边，专谈自己的故事，一直谈了个把小时。法国人听完小男孩的故事后，开口说："说够了吧？那边那个大西瓜给你好了，一个法郎。""可是，我只有一毛钱"小男孩说。"一毛钱？"法国人听了便指着另一个西瓜说："那么，给你那边那个较小的绿色的瓜好吧？""好吧，我就要那个"，于是小男孩接着说："请不要摘下来，我弟弟会来取，两个礼拜以后，他来取货。先生，你知道，我只管采购，我弟弟负责运输和送货，我们各有各的责任。"

案例分析：

买瓜的男孩遭到了明确无误的拒绝，但谈判并没有结束，男孩通过建立融洽关系"只有这些钱"和造成既定事实后追加有利的成交条件的办法，保证了终极目标的实现。我们确实可以从中悟出许多道理来，但这一案例的关键点是，卖主明确拒绝后，小男孩却没有收到"最后期限已到"的信息，而是将谈判成功地继续了下去。但是，如果真存在那个"最后期限"的话，结局恐怕就截然不同了。

结束商务谈判需要特殊的技巧。由于没有哪两个谈判者是完全一样的，因此，没有哪一种结束谈判的方法一定比另一种要好。谈判者必须运用自己的判断，来选择最合适的方法结束谈判。

任务一　结束谈判的方法与选择

一、结束谈判的方法

结束谈判的方法有很多。合适方法的选择取决于以下一些因素：谈判双方目前的关系如何、谈判的目标、文化环境、谈判参加者的风格、讨论的状态，以及谈判目标是涉及新的商业机会还是对现有合同的延续。大致有如下几种常用的结束谈判的方法。

1. 选择法。这一方法也通常被称为"要么……要么……"技巧。使用这种方法时，谈判一方会给出一个最终的报价，但这同时也包含着在另一种情况下给予对方其他的选择。例如，如果对方同意自己承担运费，将货物运送到仓库，那么谈判者（如代理商）就愿意降低其要求的佣金率。

2. 假设法。采用这种方法时，谈判者会假定对方已经准备好接受合约条件，并准备深入交涉有关交货期、支付时间表等具体项目了。卖方经常会使用这一方法来促使买方达成协议。如果发起方能有供对方选择的其他选择方案，对发起方而言，这就是一种有效的结束方法。

3. 让步法。这一方法通常为：谈判者到最后才使用备用的让步方案，以鼓励对方达成协议。在某些情况下，在最终协议即将达成前，让步被看做一种善意和诚意的表现，此时使用这种让步法就会极为有效。但这种最后一分钟的让步也不应该过于慷慨，只要能够达到激励对方结束谈判的目的就可以了。

4. 渐进法。谈判者可以使用另一种方法来促成关于某一具体事宜的协议的达成，然后再处理其他的事情。使用这种方法时，只有在所有悬而未决的相关事宜都达成一致后，才能结束谈判。所以，只有完全按照顺序一个接一个解决问题的谈判过程，才会使用这一方法。

5. 关联让步法。还有一种结束谈判的方法就是，基于对方已经做出让步的原因，主动地给予对方另一个相关的让步作为回报。谈判双方如果已经就一些焦点问题达成一致意见，通常就可以使用这种关联让步法来解决剩下的一些其他问题，以达成最终的一致。

6. 激励法。激励法是指为了能使双方立即达成协议，而以某些特别的利益来激励对方接受其最终报价的方法。激励法的目的就是，如果对方同意当场接受报价并结束交易，就以提供某些特别利益激励的方式来补偿对方提出的某些异议，如提供免费的安装和维修服务、承诺来年不提高运费，以及提供免费的培训等。

7. 总结法。这种方法要求谈判者对所有双方讨论过的议题进行总结，向对方强调自己曾经做出的让步，并在总结中突出对方因为接受自己的建议而获得的利益。随着双方的讨论逐渐逼近规定的谈判期限，并且已经在所有的重要议题上达成了一致意见，谈判一方就可以总结所有的谈判要点，并请求对方加以认可。这一总结以简明为好，而且应该能够准确地反映出曾经讨论过的事项。这种方法适用于任何文化背景或任何商业环境下的谈判。

通过时间因素给对方施加压力，目的是强调我方的优势从而在谈判终结时争取更大的利益以及对对方施加压力以尽快确定谈判成果。

8. 折中法。一种有效的结束谈判的方法是折中法。该策略是将双方立场和条件的差距，以折中的方式、完全对中的形式或以互相让步但不对等的形式予以妥协的做法。应用这种方法时，通常双方的讨论已经接近尾声，并且双方存在的分歧已经很小。这时，选择将双方的分歧进行折中处理应该更加可取，而不应再在微小的、对总体谈判目标的实现并无大碍的事项上继续进行无休止地讨论，如果这样，还有可能会损害彼此间的合作关系。对双方存在的分歧进行折中处理，首先是建立在双方最初的报价都是现实的基础之上的；否则，采用这种方法就会给报极端低价的人（对买方而言）或报极端高价的人（对卖方而言）带来不公平的利益分配。这是一种能加速谈判结束的常用方法，但谈判者使用时必须确保不会造成过于不均的分配结果。

9. 试探法。试探法可以用来检验对方距离接受条件达成协议这一步还有多远。采用试探法时，报价方会提出一项建议，给对方一个表达其保留意见的机会。而对该建议的异议则表明双方在这一领域的争议还有待商榷。试探报价建议并不会对报价方法构成承诺约束，而且对方也没有义务一定要接受这项建议。总体来说，如果双方的对话已经取得了很多成果，试探法就能在对剩余的相关事宜的讨论中起到建设性的作用，以促成双方协议的达成。这一方法在决定哪些未讨论的事项需要澄清时非常有用。

10. 最后通牒法/否则法。该策略也叫作边缘政策，是最后一击，不惜以破裂相威胁，以迫使对方让步的谈判方法。如果对方不接受报价，或者是对报价不予回应，报价方就要立刻放弃谈判。这种所谓的否则法，也称为最后通牒法，在执行协议需要信任和诚意的谈判中，一般不推荐使用。

二、结束方法的选择

究竟选择哪种方法来结束谈判，应该在谈判的前期准备阶段就定下来。方法一旦选定，谈判者就必须对其进行深入理解以确保届时的使用。所选择的方法应该与双方讨论所处的环境相适应，并应该与谈判的整体目标相匹配。如果谈判者富有经验，应该能够变换使用不同的结束方法，或者是并用几种方法，将其作为其谈判策略的一部分。

总体来说，有经验的谈判者都会更倾向于选用让步法、总结法或者折中法，尽管其他一些方法在某些类型的谈判和文化背景中也能奏效。

从商务角度讲，达成一致是指双方意见无分歧，已可进入有效接受过程，术语叫承诺。买方已无条件同意卖方提出的有关交易的全部内容，事实上也等于卖方对于买方的全部内容得到认同，这种情况下收场收得非常漂亮。但如此时一方对达成的协议提出异议，对于内容有增删，提出了条件性的限制或其他方面的修改，那这不是收场，而是讨价还价，即议价的继续。另一个问题是双方都认同的交易条件有效期究竟有多长。如不是面对面谈判，而是通过往返信函传真交易，往往需在信函之中写清有效期，如截至某年某月某日有效，这段时间内，你只要同意就有效。但面对面谈判不存在这么明确的时间，所以面对面谈判法的结果是一纸合同，谈判内容随着合同的签订而转移，过去所做的一切口头承诺和双方形成的一致性结果，都应服从合同。国际经贸活动中存在这样实质性的情况，即并不一定要依于书面合同，只要完成有效接受过程。那么，我们所谈的一致的交易内容、交易条件是成立的，有无一纸合同，只是形式问题。因此，要把商务关系的成立、交易成立必须有合同出现两件事分开，但如果双方议定要有合同的话，那么合同的内容是最高级别的，而过去所谈的所有结果都应服从合同。

三、有效的结束技巧

谈判者可以利用许多技巧达成交易，但这些技巧并非都能适用于各种交易谈判，有些技巧无法适合某个谈判者的工作方法或个人的偏好。不过，所有结束的技巧，谈判人员都应了解，具备这方面的知识，有助于谈判者选定最适当的办法达成较佳的成果。

1. 比较结束法：

（1）有利的比较结束法，这是置对方以很高地位的成交法。

（2）不利的比较结束法。这是根据对方的不幸遭遇而设法成交的方法。使用这种方法时，谈判者往往要列举出一些令人遗憾的事情。

2. 优待结束法：

（1）让利促使双方签约。当对方对大部分交易条件不很满意，而价格又较高的情况下，谈判人员可以考虑对方压价的要求，让利给对方，如采用回扣、减价以及附赠品等方法。有的时候，为了使对方尽早付款或大批量订货，也可以通过让利而使谈判圆满结束。例如，你们若能把履约的时间提前两个月，我们将优待你们或者降低价款；你们所订的数量实在太少，这个合同似乎都不值得一签，如果你们能再多订一倍的量，我们还可以减价10%，这可是难得的优惠条件呀！

（2）试用促使对方签约。谈判者可以提议订购一笔少量廉价的样品，或者无偿试用，这是一种十分简单的成交法。有些谈判最后没有成功，其原因可能就是没有使用这一方法。当谈判者没有别的办法使这笔买卖成交时，这一方法就是一种最后的努力。把产品留给对方，其成交率可能是出人意料的。

3. 利益结束法：

（1）突出利益损失，促使对方做出决定。这种方法强调：对方如果不尽早购入他们所需的产品，他们会错过目前这一时期的所有利益。采取这种方法旨在消除对方的迟疑，它的典型例子是"你们在犹豫或等待期间，将会失掉产品所带给生产的一切保证利益。你知道，将来你们会随时需要这种产品，你现在就买，并享受过渡时期中那些利益，不是很好吗？"或者说："当你们在等待时，其他厂家将比你们提前采用这种新技术，千万不要失去你们现在的优势，现在犹豫不决，就等于放弃了你们当前的利益和长远的利益。"

（2）强调产品的好处，促使对方做出决定。高度概括有利于成交的一切因素，是圆满结束洽谈的一种有效方法。在业务洽谈时，要把所有的有利因素醒目地写在双方都可以看到的一张大纸上。由于在谈判过程中，他们随时都可以看见这些条件，所以会收到较好的直观效果。你也可以把产品的优点和缺点、有利和不利的因素，全部写下来，这样，对方就可以清楚地认识到你的产品会给他带来哪些利益。任何形式的重复，都有着强烈的启发作用，对方可能在你强调第四遍的时候，才注意某个观点的重要。到了最后阶段的时候，你如果又提出了一些新的要点，业务谈判就可能陷入反复的状态，这些要点会引起对方重新考虑，而推迟决定。

（3）满足对方的特殊要求，促使对方做出决定。有些时候，对方可能用提出希望或者提出反对意见的方式来表达他们的特殊要求。在这种情况下，如果可以改动某些条件，使之更能满足对方的特殊要求，那么你就应该做某些适当的变动，这样，对方就会更加关注你的产品，增加购买的可能性。诸如：

① "我不喜欢产品表层的处理方法，乍看上去不结实。"

② "如果我们改进产品的表层，使之增加防腐能力，您会感到满意吗？"

③ "就这一点那当然好了，不过半年才交货，时间太长了一点。"

④ "如果我们把交货时间缩短为3个月，您能马上决定吗？如果可以，我们马上安排生产，现在销售季节还没有开始。"

如上所述，用提问的方法要比肯定的说法好。例如，"我们完全可以在3个月内交货"，这种说法不仅对对方没有任何约束，倒容易在对方做出决定以前使自己处在必须让步的地位。为了满足对方的某种特殊需要，主动向对方提出改变产品式样或者支付方式，会促使对方尽快做出最后的决定。如果确实存在这样的机会，谈判者应果断地加以利用，从而会马上结束谈判。当然，这样会给企业带来一些组织工作和费用方面的问题，但它是值得的。

4. 诱导结束法：

（1）诱导对方同意你的看法，最后迫使对方得出结论。要求谈判者以逻辑推理的方法彻底加以思考，使对方对所提出的问题总是给予肯定的回答，在一系列的问题提完之后，对方便会在一些问题上做出决定。

问：您认为获得利润最重要的因素是经营管理方法？

答：当然。

问：专家的建议是否也有助于获得利润呢？

答：那是没有疑问的。

问：过去我们的建议对你们有帮助吗？

答：有帮助。

问：考虑到目前的市场情况，技术改革是否有助于生产一些畅销的产品呢？

答：应该说是有利的。

问：如果在适当的时间，以合理的价格销售质量较好的产品，你们是否会得到更多的订单？

答：会的。

问：在试用我们的技术以前，贵方还需要了解哪些情况吗？

答：不需要了。

问：我可以把您说的话向我们公司汇报吗？

答：当然可以。

上述问答是经过锤炼加工而成的，从中可以看到谈判者逻辑思维的深化过程。如此来看，谈判者必须要有胆略，抓住时机，步步深入，引导对方做出一个又一个的决定。

（2）诱导对方提出反对意见，从而导致尽快成交。当对方对产品已产生兴趣，而对是否购买又犹豫不决的时候，可能有这样的几个原因：他还有一些疑问或反对意见，他感觉自己还缺少全盘考虑，他本人无权做出决定，他觉得产品的缺点与优点相等。向对方提出问题才是发现这些原因的最好办法，这样能诱导对方暴露出埋藏在内心的反对意见。谈判到了最后阶段，对方常常会说："不，我还要再想一想。"你可以回答："您尽可以再想想，不过您还有不明白的问题吗？"或者"您还是不太相信，对吗？"这样的提问是最后阶段洽谈的关键，到了这时候，对方不得不道出原因。对方的回答可能有下述几种：

①"嗯，我真不知道说什么好，这是一桩非常重要的买卖，我们确实需要时间进行考虑。"这说明对方犹豫不决，他们还没有产生强烈的愿望。遇到这种情况谈判人员有必要重复一下洽谈的要点。

②"可以肯定，你们的产品还是不错的，不过我们还可以等一等再看。"在这种情况下，谈判人员不仅要刺激对方的购买欲望，而且还要讲出购买原因，使对方认识到马上购买是明智的，长时间的等待是一种失策的行为。

③"嗯，我还是认为价格偏高了点，这同我想象的大不一样，我不太喜欢这种装配方法。""这东西看上去很美观，但恐怕不耐用吧？""很好，不过还有一些毛病……"所有这一切都说明谈判人员还没有成功地消除一些有事实根据的反对意见。在某些情况下，由于工作没有做到家，谈判工作只好从头做起。

④"我想同我们领导讨论一下再说，我自己不能决定。"遇到这种情况，可能是有下述几种原因：对方无权决定；对方对产品有怀疑；对方对自己的主张拿不准，不能下决心。一旦发现问题的关键所在，谈判者必须当机立断，马上决定是进一步打动对方的心思，还是用直接或间接的方式同幕后决策人打交道。

⑤"没有，我想不出有什么具体问题。"如果对方这样回答，或者用同样的腔调，或用不肯定的口气回答，只要你再进一步加以引导，对方可能很快就做出决定。

另外，谈判人员还应该记住，对方对你的问题可能会做出某种推诿的解释，他不愿做出决定可能有多种原因。在某些情况下，你可以用下面这种方法加以解决：继续回答以后，你可以再追问一个问题："哦，我明白了，你现在不能做出决定就是因为这个问题吗？"对方往往有下面的几种回答："是的。""不，不仅如此，我想价格太高了。""我不知道，现在还不太清楚。"第一种回答直接承认你是对的；第二种回答或者是种借口，或者还有其他原因；第三种回答表明对方自己也不知道是什么原因。不管在哪种情况下，谈判者应很好地检查一下回答的原因，在此之后，你是在白白地浪费时间，还是在解决对方的问题，就不言自明了。

5. 渐进结束法：

（1）分阶段决定。为了便于对方做出决定，谈判双方应把讨论的问题分为几个部分，然后一个阶段解决一部分问题，到了最后阶段，解决了最后一部分问题，谈判也就结束了。

（2）四步骤程序法。这种方法首先是由瑞典的一位谈判人员总结出来的。他说："第一，尽量总结和强调对方和我看法一致的点。第二，引导对方同意我的观点，从而达到双方看法一致。第三，把所有尚待解决的问题和有争议的问题搁置一边，暂不讨论。第四，与对方一起商定怎样讨论，共同商量怎样阐明一些重大问题。如果对方有不同的看法，可在最后讨论。"这套办法有利于尽快结束洽谈。

（3）促使双方在重大原则问题上做出决定。在高级别洽谈中，最好把重要的原则问题与细小的枝节问题区别开来。一些辅助事项以及确切的说明和精确的计算等，应当由下面的人进行讨论，高级人员则洽谈那些简短、实际、集中的原则问题。如果整个商务谈判的内容较为复杂，谈判者最好分成两步走。

（4）力争让对方做出部分决定。在促使对方做出最后决定以前，谈判者应有步骤地向对方提出一些问题，让他就交易的各个组成部分逐个做出回答，或就一些特殊要求、特殊条件等做出决定。这种方法对于部件多、结构复杂的工业品贸易谈判来说比较合适。下面是一组对话：

甲：您喜欢哪种颜色？

乙：蓝色。

甲：你们需要太阳篷吗？我们有些车就配有这种太阳篷，尤其在夏天，还是有必要给车配太阳篷的，对吗？

乙：您说得对，但太阳篷太贵了。

甲：要不了多少钱。

乙：是吗？

甲：各种型号的车都装有雾灯，当您在秋天、冬天或者在春天比较寒冷的日子里行车时，雾灯是必不可少的。

乙：我认为配雾灯是没有必要的，它只会抬高价格。另外，在天气不好的情况下，我们肯定不会经常派车外出的。

甲：把车座往后推到这个位置，您坐在里面舒服吗？坐在这个位置上开车很方便吧？

乙：还可以。不过所有的车座再稍高一点就好了。

甲：这很容易。你们看看还有哪些方面需要改进？

如果谈判的内容被分解开进行的话（特别是对产品的介绍），对方就不会马上做出是否购买的决定。如果他对你的某一要点做出了否定的回答（如上述对话中关于雾灯的问题），这对你并没有什么危险，因为他只是否定了产品与操作者个人愿望不合的部分。尽管谈判双方之间有分歧，但只要这种分歧仅涉及某个具体问题，那它就不会对达成交易产生危害。

6. 检查性提问结束法。在谈判中，只要还有诱导的余地，一般都不向对方发布"最后通牒"，例如，"您还不做出决定，就算了。""我们只能今天达成协议。""你们只有接受我们的建议……"这些方法往往都是欠妥的。"最后通牒"形式会使对方尴尬，为了摆脱你的压力，对方常常会以全部拒绝的形式结束谈判。另外，这种最后通牒的形式也违反了谈判心理的规则，即避免提出一些容易遭到反对的问题，这类问题只能招致否定的回答。

在业务洽谈过程中，谈判者有很多机会提出一些带有检查性质的问题，特别是在最后阶段。这样做可以试探出马上签约的可能性。采用这种方法，不仅可以在困境中得到订单，而且还可以排除一切误解，有针对性地解决问题。

对这种检查性质的问题，对方的反应可能有下面三种回答：肯定的、未置可否的和否定的回答。只要谈判者的问题是用正确的方式提出来的，语言是用正确方法表达的，对方虽然对此做出否定的回答，也不会拒绝整个交易，而仅仅是拒绝某一点结论而已。比如，"不管怎么说，我看不值得现在就买，现在买早了点。"或者说："那不一定，还有其他一些因素也需要考虑。"尽管对方的回答是否定的，但达成交易的时机并没有因此而受到损害。如果对方做出未置可否的回答，那说明对方还没有接受你的要点，或者是由于某种未被发现的因素在发挥作用，使对方犹豫不决；或者对方并无他意，只是想推迟做出决定。在这种情况下，谈判者要抓住要害问题，并应进一步做出努力。如果对方的回答是肯定的，对方很快就能做出决定或者已经做出了决定。

7. 必然成交结束法：

（1）假定性成交。这是自动的成交，假定对方已完全同意，或者对方对几个主要条件印象不错，但又迟疑是否马上做出决定，因此，成交就成了当务之急。这种简便的成交法非常灵验。不过，如果对方阻止你，你还可以使用其他的成交法，不会受到什么损失。假定性成交法有多种方式，下面借用范例加以说明。

做出直接或间接的表示。可以拿出合同或订单，一面填写一面问对方："请不要错过这次机会，现在就订货吧！现在订货，我们就能在本月交货。你们一年需要多少……"或者"不管怎么说，你们的房屋需要保险，只要现在投保，房屋马上就可以得到保护。房子及房内的东西总共值多少钱？"或者"今年的春天来得早，现在真够暖和的，对吗？如果你们今天做出决定，我们可在5月1日以前把冷冻设备安装好。你们的冷库有多大面积？"等。在这段时间，谈判者必须忙着填写合同或订单。如果对方没有制止你，那么谈判马上要结束了。

呈请对方签字。这种办法是将自己拟定的合同或是双方研究过的合同要点与条款，逐一地向对方解释一遍，然后将合同和笔一并交给对方，请其签字。

选择性成交。它是假设性成交的一种变形，是可选择的承诺成交。它与前两者不同的是，给对方提供了一种可以选择的机会，向对方提供了两种可供选择的对象，使其在两者之中择其一，而不是让其有可能做出第三种选择——什么也不买。一家饮料厂的代表向经销商说："你们现在需要5车汽水还是8车汽水？"其实，这个代表估计对方可能只订购3车，但他发现运用这种办法往往会多售出一些，如"我们给你们送5车，好吗？"

只要是产品的销售谈判，就可以采用选择方法去诱使对方做出决定。可以向对方提供选择的方面很多，如数量、质量、型号、颜色、交付条件和精细加工等。谈判者要动脑筋多提供一些选择方法。即使各种选择之间只有微小的差别，也应该尽量使用这种方法促进成交。

（2）自信必然成交。如果你想使对方在合同上签字，那么你必须要有这样一种信念：你的产品及交易条件正符合对方的要求。关于这一点，谈判者必须要乐观、自信。如果经过介绍，对方的回答是否定的，谈判者也不应一筹莫展，而是应通过讨论的方式、语调的变化、姿势和外表的动作向对方显示出最后一定成交的信心。

（3）着眼于未来的成交法。诱导对方放眼未来，向对方描述购买和使用产品后的情况。这一方法的特点是，绕过成交这一问题，去谈成交以后的事情。在这种情况下，虽然谈判双方并没有讨论成交的问题，但这时候对方很可能已经做出了购买的决定。下面借用一些实际例证说明这一方法：“你们是下星期要这个产品还是下个月要这个产品？”“我们可以答应你们在 6 个月内付款的条件，这样，你们的问题就都解决了吧？”“我们明天就开始安装好吗？”“如果一个星期以后进行第一次测试，你们很快就会知道这样一来能节省多少资金了。”“你们的春季展销会正是向消费者介绍这一新款式的好机会，需要送你们两三件样品吗？”

上述这样的提问和建议可以把对方的思路引导到订货的选择上，因为对方还没有真正做出决定。可见，描述成交后的事态发展，需要谈判者认真地准备。不过，有一点需要特别注意，即不要在订货簿上玩弄花招；在对方还没有直接或间接表达决定前，不要搞“假定成交”，不要把合同和笔硬塞给对方，逼迫其就范。这叫作“此一时也，彼一时也。”在这种情况下，强行这样做，会败坏谈判者的声誉。

8. 趁热打铁结束法。如果谈判双方能够利用第一次高潮达成成交，那最理想不过了，谈判双方都可以节省很多的时间。实际上，在第一次谈判高潮时，对方做出决定的可能性最大，双方洽谈的要点也最清楚。虽然是第一次高潮，但所经历的时间往往很长。为什么会出现这种情况呢？一般来说，谈判人员怕遭到对方的拒绝，所以往往不敢诱导对方做出最终决定，而只是希望在业务洽谈继续进行时，对方会突然打断他的谈话，愉快地表示接受订货。如果对方不声不响，无所表示，谈判者就会不知所措，以为时机还不成熟，因此，就直接或间接地把本来经过努力可以成交的机会给错过了。有经验的谈判者声称：“我们不能总是把成交机会留给明天。”每当你不做明确表示，不直接诱导对方决策，而只是继续你的业务洽谈或者等待对方做出某种让步时，你就是在间接地诱导对方进行拖延，并失去了一个个的成交机会。因此，谈判者必须抓住可以成交的瞬间机会，趁热打铁，避免唠叨太多。那么，怎样发现可以结束谈判的时机呢？运用带有检查性质的提问，就能判断出对方做出决定的时机是否成熟。如果错过了一次结束的机会，那么希望就应该寄托在下一次，而且千万不要再错过。

9. 歼灭战结束法。这种结束谈判的方法是指：谈判者将力量集中在说服对方接受某一对他做出决定有重大影响的问题上，随着一两个重要问题的解决，双方也即达成交易。这是一种极其有效的方法，它可以大大缩短洽谈的时间，简化洽谈的内容。但是，使用这种方法是比较困难的，这就要求洽谈者能够掌握住运用这种方法的条件。下面将举例说明。

甲：在开始之前，我能否直接问一个问题？如果这台机器的生产效率起码比您现在使用的机器生产效率提高 12% 的话，您有兴趣购买吗？

乙：那得使我心服口服。

甲：您承认生产效率是个决定性因素吗？

乙：承认。

甲：是否可以这样说，如果我有令人信服的证据，生产效率确实可以提高 12%，您就肯定购买这台机器吗？

乙：可以这样认为！但是必须拿出证据来，而且价格要合理。

甲：我想您已从产品册子上看到了产品的价格。

乙：看过了，价格还算可以。

从上面的谈话过程来看，使用这种方法，整个洽谈就会集中在某一具体问题上。这样，谈判就没有必要对其他问题做长篇大论的介绍和解释了，而是要抓住主要矛盾，打歼灭战，只要在这一决定性问题上达到了预期的目的，谈判马上就要结束了。

10. 推延决定结束法。如果对方不能马上做出决定，而且确实有原因的话，应立即建议对方推迟做出决定，而不应错误地极力说服他马上做出决定和施加某种压力。这样做的结果可以使双方真正建立起一种信任的关系。当然，在运用这一方法的时候，首先要分清楚对方不能做出决定的真实原因，在借口和犹豫不决的情况下，就不应拖延时间了，而须做出针对性的努力。如向对方提出："您今天为什么不能做出决定呢？其实，您今天决定和您下星期决定没有什么区别的。""您现在做出决定不是很简单吗？这样，你们的问题也就全都迎刃而解了。""如果今天签了字，明天你们就能收到第一批货。""如果现在决定的话，明天就可以安装机器。"与此同时，谈判者还要做出早做决定就会早受益的提示："如果我们今天能够达成协议，您就再也不用为这个问题劳心费神了，别的事都由我来办理。"

在某些情况下，谈判者没有必要理会对方的拖延战术，坚持下去，就会发现对方是有成交意图的，只是不愿意通盘托出罢了。你甚至还可以有分寸地给对方指点，并告诉他，如果现在不做出决定，将后悔莫及或者会蒙受不同程度的损失和危害。

如果对方确实需要与公司的负责人讨论和分析有关事宜的话，你就应该充分尊重这一想法。但不要让他们的讨论或研究与你无关，在对方没有做出决定之前，你应主动与对方保持联系。具体做法可以是：请对方在娱乐场所聚会；向对方征求意见；向对方提供一些有价值的资料，然后再由自己亲自取回，以此来提示对方；可以把产品留给对方试用，或者为其试装，或者告诉对方他将得到哪些保证，或者表示在哪些方面可以做出让步。在洽谈处在危险状态时，这往往是有决定意义的因素。

11. 书面确认结束法。书面确认是一项非常得力的工具，谈判者或在洽谈期间面交意见书，或者在休会期间写确认信。这种书面的材料要以高度概括的形式重复双方在业务洽谈中已达成的协议，并把对方所能得到的好处全都叙述一遍。这样做有以下几点好处：

（1）书面形式比口头表述更为准确。经过冷静的思考以后，谈判者可以对自己曾经说过的话或者观点进行修正，可以把对方的态度以及一些特殊问题和特殊要求进行修正，或进行全面的考虑。

（2）书面材料有助于思考问题。对方拿到书面材料后，有助于他对问题进一步思考，并重新研究你的条件。虽然休会期间双方不见面，但你却可以影响他。

（3）书面材料可以增加报价的可靠感。确切的运算看上去无虚无假，令人信服，这种强烈的直观感觉比口头洽谈的效果要好得多，但这一点往往容易被人们忽略。

（4）书面材料能够影响幕后人。对方的各位负责人在讨论问题时，也可能研究你的书面材料，这样，谈判者就有机会用这种间接的方法影响一些他不可能亲自接洽的人。

实践证明，谈判者往往是不愿意写书信的，特别是那些能力甚强的谈判者更是不愿意多此一举。正是由于这种原因，企业的领导者有必要对自己的谈判者施加压力，迫使他们写书面材料或者给对方写信。

12. 结束洽谈的其他策略与方法：

（1）从开始就保证终点的目标。使用这种策略需要谈判一方有很高的信誉，并对洽谈的各要点了如指掌，从而有充分的理由可以说明没有必要对方案进行复议。但自己的要求必须强烈，提议也必须很好。"我坦率对您说，这所房子要价 20 万元是不高的。我马上就要调往南方工作，在一个月内离开这里，或是把房子卖了，或者是留着它，或者是由亲戚代为出租。当然房子的价格还可以降低两万五千元，但您必须在一个月内做出决定。"

（2）规定最后期限。从多数的商务谈判实际来看，协议基本上都是双方到了谈判的最后期限或临近这个期限才达成的，但遗憾的是很多谈判者却忽略了这一做法。

案例 1：

ALADO 公司隶属于 1995 年成立的马来西亚最大的铝合金制造商 BSA 集团。BSA 集团是马来西亚最大的铝合金出口商，是马来西亚第一个生产 18 寸、19 寸、20 寸、22 寸及 24 寸的铝合金轮圈的制造厂。奇瑞是安徽省芜湖市的地方国有企业。1996 年购买了一条发动机生产线，1999 年 12 月开始生产轿车。2003 年销售轿车 9 万多辆，其中出口 1200 多辆，占 2003 年我国轿车出口的 50% 左右。2003 年签约，为伊朗建一个年产 5 万辆轿车的整车厂，用奇瑞的品牌和散件装车，成为我国第一家到国外办合资轿车厂的企业。

自 2004 年 4 月起，奇瑞公司开始与马来西亚 ALADO 汽车公司正式就 ALADO 汽车公司在马来西亚代理销售、制造奇瑞汽车展开洽谈。根据计划，双方先期进行 CBU 整车销售合作，后期进行 CKD 散件装配。马来西亚人力资源部长拿督冯镇安说："此次合作除能开拓本地东盟汽车市场外，也能为马来西亚工人提供技术增值。同时，这项跨边合作将对许多零组件制造厂和下游供应商带来鼓励作用，并为马来西亚汽车工业创造许多就业机会。"

此后，双方在多个方面保持了良好的合作关系，最终在 2004 年 11 月 12 日，马来西亚 ALADO 公司与中国奇瑞汽车有限公司在我国人民大会堂举行了规模盛大的授权签字仪式。奇瑞汽车将全面授权马来西亚 ALADO 公司制造、组装、配售和进口代理奇瑞牌轿车。

根据协议，ALADO 公司获权制造、组装、销售和进口代理六种类型的奇瑞牌汽车。按照分阶段执行的计划，2005 年 ALADO 公司引进了奇瑞的另外 3 款全新车型，将在 2006 年完成所有 6 款车的引进工作。首款引进车型是奇瑞 QQ，奇瑞汽车于 2004 年 12 月正式登陆。同时，ALADO 公司与马来西亚的东方集团建立了合作关系，在马来西亚的柔佛装配奇瑞 QQ 和奇瑞 B14。

目前，双方已经就 CKD 合作的细节达成有关协议。为使在马来西亚生产的奇瑞轿车的质量得到保证，奇瑞公司先后派出两批技术人员奔赴马来西亚进行交流、指导，并就零件的国产化方面与 ALADO 公司达成了意向。

ALADO 公司执行主席苏锦鸿先生透露，随着中国——东盟自由贸易区的建立以及 2005 年东盟开放整车进口市场，设在马来西亚的奇瑞汽车工厂将成为奇瑞轿车进入东盟汽车市场的重要战略要地。公司将陆续在东盟国家确定 40 至 50 家奇瑞轿车特许经销商，首先在越南和印尼展开。

出席签字仪式的马来西亚交通部长陈广才指出，奇瑞汽车和 ALADO 公司的合作是马中两国经贸合作的一个典范。马来西亚政府希望更多的中国企业向马来西亚转让技术，扩大科技合作。

案例分析： 奇瑞与 ALADO 公司在初次洽谈业务后，双方开展了多方面的合作关系，并没有因为第一次的合作而将这一合作关系告一段落。最终，双方在多个领域展开了全方面合作，形成了共赢的局面。

形成长久的合作关系，就要讲究诚信。有人会认为，谈判中不存在诚信，因为一旦讲诚信，向对方袒露己方情况，将会导致谈判破裂，或让己方处于不利地位。需注意的是，这里说的诚信是在原则范围内许可的诚信，不是那种向对方一览无遗地暴露。诚信是双方在遵守原则、保守秘密前提下的诚信，毕竟双方走到谈判桌前就是要达成协议，形成合作关系。

高明的谈判者会重视任何业务伙伴，在商业社会里，顾客、合作伙伴都是自己不可多得的资源。所以，高明的谈判者会在谈判中始终坚持一个原则：把该说的东西向对方介绍。这样做的目的是让对方更好地掌握己方的情况，以期考虑一种更好的合作方式，这不失为一种积极的办法。

诚信还有一层意思就是要积极地替对方考虑，给对方提供建设性意见，帮助对方走出困境。这种方法会引起对方的好感，使往后的合作一路顺畅。

案例 2：

1989 年 4 月 4 日，香港 M 公司向 G 公司在港的代理商 K 公司发来出售鱼粉的实盘，并规定当天下午 5 时前答复有效。该公司实盘的主要内容是：秘鲁或智利鱼粉，数量 10000 吨，溢短装 5%，价格条款：M&G 上海，价格每公吨 483 美元，交货期：1989 年 5 至 6 月，信用证付款，还有索赔以及其他的条件等。当天 K 公司与在北京的 G 公司联系后，将 G 公司的意见以传真转告 M 公司，要求 M 公司将价格每公吨 483 美元减少至当时的国际市场价 480 美元，同时对索赔条款提出了修改意见，并随附 G 公司提议的惯用的索赔条款，并明确指出："以上两点若同意请速告知，并可签约"。

4 月 5 日香港 M 公司与 G 公司直接通过电话协商，双方各做让步，G 公司同意接受每公吨 483 美元的价格，但坚持修改索赔条款，即："货到 45 天内，经中国商检机构检验后，如发现问题，在此期限内提出索赔"。结果，M 公司也同意了对这一条款的修改。至此，双方在口头上达成了一致意见。4 月 7 日，M 公司在电传中重申了实盘的主要内容和双方电话协商的结果。同日，G 公司回电传给 M 公司，并告知由 G 公司的部门经理某先生在广交会期间直接与 M 公司签署合同。4 月 22 日，香港 M 公司副总裁来广交会会见 G 公司部门经理，并交给他 M 公司已签了字的合同文本，该经理表示要阅后才能签字。4 天后（4 月 26 日）当 M 公司派人去取该合同时，部门的经理仍未签字。M 公司副总裁即指示被派去的人将 G 公司仍未签字的合同索回。5 月 2 日，M 公司致电传给 G 公司，重申了双方 4 月 7 日来往的电传的内容，并谈了在广交会期间双方接触的情况，声称 G 公司不执行合同，未按合同条款规定开出信用证所造成 M 公司的损失提出索赔要求，除非 G 公司在 24 小时内保证履行其义务。

5 月 3 日，G 公司给 M 公司发传真称：该公司部门经理某先生 4 月 22 日在接到合同文本时明确表示："须对合同条款做完善补充后，我方才能签字。"在买卖双方未签约之前，不存在买方开信用证的问题，并对 M 公司于 4 月 26 号将合同索回，G 公司认为 M 公司已经改变主意，不需要完善合同条款而做撤约处理，没有必要再等我签字生效，并明确表示根本不存在要承担责任问题。5 月 5 日 M 公司只电传给 G 公司，辩称，该公司要回合同不表示撤约，双方有约束力的合同仍然存在，重申要对所受损失保留索赔的权利。

5 月 6 日，G 公司做了如下答复：

（1）买方确认卖方的报价，数量并不等于一笔买卖最终完成，这是国际贸易惯例。

（2）4 月 22 日，我方明确提出要完善、补充鱼粉合同条款时，你方只是将单方面签字的合同留下，对我方提出的要求不做任何表示。

（3）4 月 26 日，未等我方在你方留下的合同签字，也不提合同条款的完善、补充，而匆匆将合同索回，也没有提任何意见。现在贵公司提出要我开证履行，请问我们要凭其开证的合同都被你们撤回，我们怎么开证履约呢？

上述说明，你方对这笔买卖没有诚意，多日后又重提此事，为此，我们对你方的这种举动深表遗憾。因此，我们也无须承担由此而引起的任何责任。

5 月 15 日，M 公司又电传给 G 公司，告知该公司副总裁将去北京，并带去合同文本，让 G 公司签字。

5 月 22 日，M 公司又电传给 G 公司称，因 M 公司副总裁未能在北京与 G 公司人员相约会见，故将合同文本快邮给 G 公司，让其签字。并要求 G 公司答复是否签合同还是确认双方不存在合同关系，还提出如不确认合同业已存在，要 G 公司同意将争议提交至伦敦仲裁机构仲裁。5 月 23 日，G 公司电传答复 M 公司，再次重申该公司 5 月 3 日和 6 日传真信件的内容。

6 月 7 日，M 公司又致电传给 G 公司，重述了双方往来情况，重申合同业已成立，再次要求 G 公司确认并开证。6 月 12 日，G 公司在给 M 公司的传真信件中除重申是 M 公司于 4 月 26 日将合同索回，是 M 公司单方面撤销合同。并告知，G 公司的用户已将订单撤回，还保留由此而引起的损失提起索赔的权利。同时表示，时隔一个多月后，G 公司已无法说服用户接受 M 公司的这笔买卖，将 M 公司快邮寄来的合同文本退回。

6 月 17 日和 21 日，M 公司分别电告 G 公司和 K 公司，指出 G 公司已否认合同有效，拒开信用证等，M 公司有权就此所受的损害、损失要求赔偿。双方多次的协商联系，均坚持自己意见，始终未能解决问题。

1989 年 7 月 26 日，香港 M 公司通过律师向香港最高法院提起诉讼，告 G 公司违约，要求法院判令 G 公司赔偿其损失。

案例分析：在这一案例中，由于双方对合同条款争执不下，最终不得不诉诸法律。而在此之前，双方根本就没有对合同条款进行协商，也没有仔细研究共同存在的问题。

在签署合同的时候应当注意：

● 草拟合同时把握自己的优势。草拟合同的一方有巨大的优势，因为你起草合同，你会想起口头谈判时没有想到的一些问题。如果你草拟合同，你可以拟写对自己有利的条款。对方看到合同的时候，他们会绞尽脑汁地想怎么跟你谈判这些条款。

● 谈判的时候记笔记。在你认为应该包括在最后协议中的条款旁边做记号，它会提醒你不要忘掉。而且，你不会认为这些内容在谈判中已经谈过了，就不必再写进去了。

● 如果你们是谈判团队，让你们的人过目你的笔记。你急于达成协议，可能猜测对方会同意他们实际上不同意的东西。

● 签合同以前，必须从头到尾阅读当前的文本，对方可能趁你不注意时已经对合同做了一些变动。

应当注意，不得随意变更或者解除合同，除非有一个不得已的前提条件。变更和解除合同的时候已具一定的法律条件，造成损失时，应当承担相应的赔偿责任。提议变更和解除合同的一方，应给对方重新考虑所需要的时间，在新的协议未签订之前，原来的合同仍然有效。

任务二　结束时机的选择

由于几乎每个谈判都是不同的，因而结束谈判的时机也会因情况不同而有很大不同。时机的选择还会受谈判者的文化背景、交易的复杂性、谈判双方目前的关系以及彼此信任程度等因素的影响。例如，如果两家公司合作已有数年，且正在磋商有关重复订单的事宜，则他们之间迅速达成协议的可能性就非常大。但有关设立合资公司的相关事宜的讨论就有可能要花费几个月甚至几年时间了。

在最终报价时，谈判者必须确保对方有相应的决策权，否则，有可能还需要时间在对方的组织内部对报价进行讨论。在有些国家，通常要经过集体讨论才能形成决定，因此，要结束谈判也会很耗时。因为谈判者得与其组织的其他成员商量以获得对决议的认可与同意。这种谈判者在其组织内部进行的额外讨论通常会带来谈判进程的延误，甚至还会在谈判最后时刻向对方提出让步的要求。如果遇到对方提出此类要求，则报价方就必须向对方说明：如果在最终报价时，对方还有变更要求，就必须对已经达成协议的所有事项进行一个全面的回顾。

一、线索

有经验的谈判者能利用谈判中的一些线索来判断何时是谈判结束的时机。最明显的一种情况就是，如果谈判者能给出的让步都是无足轻重的，甚至不会经常做出让步的承诺，或者做出让步越来越勉强，这就表明双方很难再有妥协和让步的可能。任何超出这一点的让步都有可能导致谈判的破裂。

几乎在所有的谈判中，如果双方最初设定的谈判目标的大部分都已经实现，并且双方都不太想为了达成协议而做出更多的退让，就意味着结束的时机到了。一旦到达这一点，谈判双方就会彼此交换想法以确定他们各自的需求。他们会验证自己原先的假设，会对谈判范围以及对方最后可能要求的让步进行估计。很多让步还是直到双方讨论的最后阶段才做出，特别是在规定的谈判的最后期限。谈判中双方互相提出的所有让步的80%都发生在谈判的最后结束阶段。到了这一阶段，谈判双方已经对彼此的兴趣都非常了解，而且双方都抱着一种解决问题的态度，通常为了达成最后的协议也都在考虑做出相应的让步。

另一个结束谈判的线索就是当谈判一方认为自己已经在谈判中得到了最后的结果，并且该谈判者也给出了最终报价。在发出这种最终报价时，必须肯定而坚决，并且要求对方严格履行所做的承诺。但这一最终报价究竟是可以信赖和执行的，还是只是报价方为了形成对其有利的解决方案而使用的一种结束策略，要识别出这一点有时还是很困难的。

此外，进行一笔重大的交易还要靠谈判双方的关系与彼此的信任，还与谈判发生地的文化环境有关。在有些国家，最终报价就被看成是终极的报价；而在其他一些国家，这种最终报价被认为只是传达了一种达成最终协议的意愿。在进行最终报价的时候，如果对方拒绝接受这一报价，报价方必须愿意终止谈判。但是为了不致破坏谈判进程，最终报价方可以给对方设定一个期限，以考虑是否接受这一报价。这样就给接受方以更多的时间来重新审视提出的建议，并获得更多的事实根据，以使谈判有更大的可能继续下去。

在有些国家，如法国，谈判者开始时讨论的都是基本的原则性问题，到后来才是更加具体的相关事宜。如果谈判某一方开始转向相关的具体事宜的讨论，通常就意味着该谈判者已经表明了其逐渐结束谈判的意愿。但是在美国，谈判者一开始讨论的就是具体问题，他们会一个一个地解决这些具体问题，直到双方在所有的重要事项上达成一致。这些谈判模式的不同既表现出了文化背景在商务谈判中的影响，又对相关执行人员在结束国际谈判时所具有的灵活性提出了要求。

大家通常都会认为，在双方最终达成一致协议之前，谈判者直到最后一分钟都会提出让步的要求。在谈判中，应该预期到对方会提出这种要求，并将其看作整个谈判进程的一部分。为了对回应这些所谓的"最后一分钟的要求"有所准备，谈判者应该事先准备好并给出一些让步，以保持谈判的良好态势并促使对方结束谈判。只要成本不是太高，要求让步的谈判者都应该对对方给予的让步进行相应的评估。正因为如此，谈判者应该弄清对方的真正需求，并对谈判结束前他们所必须做出的让步进行确认，并将这些让步放入其总体的一揽子报价中。

在使用任何一种结束谈判的方法时，谈判者都应该先回答以下这些问题：

（1）达成的协议是否实现了我们的目标？

（2）我们有能力履行这一协议吗？

（3）我们是否打算投入履行这一协议所需的那些资源？

（4）我们是否认为对方有能力实现其在此协议中所做出的承诺？

（5）最高管理层/利益相关者承认这个协议吗？

只有在对每一个问题都做出了肯定的回答后，双方才到了即将结束谈判的时候。

二、谈判结束的契机

结束双方讨论的时机的最明显标志就是规定的谈判截止日期的到来。谈判双方应该提前就谈判的截止日期达成一致意见，比如，在谈判的开始阶段或者是在制定谈判日程的时候。由谈判一方在谈判进程中设定的谈判截止日期，可能会给另一方在结束谈判这一事宜上造成不必要的压力。

不过，谈判截止日期的设定应该保持一定的灵活性，即可以对截止日期进行重新协商以使谈判进程能够继续下去。尤其是对那些刚开始加入一个有着不同文化环境的复杂对话的谈判者来说，双方在为讨论进行计划时，就应该考虑到需要花费更多时间的可能性。

商务谈判何时结束可以通过察言观色，根据对方的说话方式和面部表情的变化，便可做出正确的判断。如果对方在谈判中出现下面任何一种情况，那就是说他已产生了成交的意图。比如：

（1）他向你寻问交货的时间。

（2）他向你打听新旧产品及有关产品的比价问题。

（3）他对质量和加工提出具体要求，不管他把这种意见是从正面提出来的还是从反面提出来的。

（4）他让你把价格说得确切一些。

（5）他要求你把某些销售条件记录在册。

（6）他向你请教产品保养的问题。

（7）他要求将报盘的有效期延续几天，以便有时间重新考虑，最后做出决定。

（8）他要求实地试用产品。

（9）他提出了某些反对意见。

只要有相应的心理学知识，掌握了谈判者的心理活动规律，通过系统观察对方在洽谈结尾的言谈举止，你就能洞察对方的一切。

三、结束谈判的技术准备

商务谈判结束的技术准备主要是搜索各类问题是否得到了解决、安排成交事宜、核准全部的交易条件、做好会谈记录等，这是一项重要而细致的工作。

1. 对交易条件的最后检索。在谈判者认为最后即将达成交易的会谈开始之前，有必要对一些重要的问题进行一次检索。

①明确还有哪些问题没有得到解决。

②对自己期望成交的每项交易条件进行最后的决定，同时，明确自己对各种交易条件准备让步的限度。

③决定采取何种结束谈判的战术。

④着手安排交易记录事宜。

这种检索的时间与形式取决于谈判的规模。有时可能被安排在一天谈判结束前的休息时间里进行，有时也可能安排一个正式的会议，并由本单位的某位领导主持。这样的回顾或检索会议往往被安排在本企业与对方做最后一轮谈判之前进行。

但是，不管这种检索的形式怎样，这个阶段正是谈判者必须做出最后决定的时刻，并且面临着是否达成交易的最后抉择。因此，进行最后的回顾或检索，应当以协议对谈判者的总体价值为根据，对那些本企业没有同意而未解决的问题，予以重新考虑，以权衡是做出相应让步还是失去这笔交易。在这个时候，务必防止一时的狭隘利益占优势，但这并不是提倡让步政策，它直接关系到能否实现交易目标。

2. 确保交易条款的准确无误。在商务谈判中，困难之一就是谈判双方要保证对所谈的内容有一致的理解。名词术语的不同、语言的不同等都可能引起误会。所以，最重要的是，在交易达成时，双方对彼此同意的条款应有一致的认识，保证协议名副其实。下面所列各项是最容易产生问题的地方，对于这些问题，谈判者应当特别小心。

（1）价格方面的问题：

①价格是否已经确定，缔约者是否能收回人工和材料价格增长后的成本。

②价格是否包括各种税款或其他法定的费用。

③在履行合同期间，如果行情发生了变化，那么成交的产品价格是否也随之变化。

④在对外交易中是否考虑汇率的变化。

⑤对于合同价格并不包括的项目是否已经明确。

（2）合同履行方面的问题：

①对"履约"是否有明确的解释，它是否包括对方对产品的试用（测试）。

②合同的履行能否分阶段进行，且是否已经做了明确规定。

（3）规格方面的问题：

①如果有国家标准或某些国际标准可以参考，是否已明确哪些问题运用哪些标准，而哪些标准又与合同的哪部分有关。

②对于在工厂或现场的材料与设备的测试以及他们的公差限度和测试方法，是否做了明确的规定。

（4）仓储及运输等问题：

①谁来负责交货到现场，谁来负责卸货和仓储。

②一些永久性或临时的工作由谁来负责安排与处理。

（5）索赔的处理：

①处理的范围如何。

②处理是否排除未来的法律诉讼。

上述这些问题，适用于各种谈判。对于这些问题及其他有关问题，谈判双方应彻底检查一遍，以确保双方真正能够理解一致。也许会有人反对，因为这有可能给任何一方提供一个改变原来允诺的机会，并重新协商已经谈妥了的某些问题。在谈判双方对某些问题的标准理解不一致的情况下所签订的合同，会给双方带来极大的风险。因此，重要性远胜于前者。

3. 谈判的记录。根据谈判的性质，有许多记录谈判的方法。但根本的要点是在双方离去之前使用书面记录，并由双方草签。几种常用的记录方法如下：

（1）通读谈判记录或条款以表明双方在各点上均一致同意。通常当谈判涉及商业条款及规格时需使用这一方法。

（2）每日的谈判记录，由一方在当晚整理就绪，并在第二天作为议事日程的第一个项目宣读后由双方通过。只有这个记录通过后才继续进行谈判。这项工作虽然颇费力气，但对于较长时间的谈判来说是可取的。

（3）如果只需进行两三天的谈判，则由一方整理谈判记录后，在谈判结束前宣读通过。在未经双方同意并以书面记录在案的情况下，会谈则不应草草收场。事实上，在谈判过程中所发生的事，如果没有记载则极易引起争论，而记录人员很容易犯的错误是往往会记下他所认为的事情，而不会记下实际发生的事情。

四、最后关注点

在一笔交易即将结束时，谈判者需要问自己几个问题，以免在未来的合同履行阶段彼此间出现不愉快。大多数情况下，产生问题的合同并不是突然就变得难以履行的。相反，为了保证合同的顺利履行，谈判者应该向自己提出下列问题：

（1）所有的重要事项是否都已经讨论过。

（2）已经达成的协议对双方而言是否可行。

（3）合同是否清楚地规定了双方的责任，包括支付条款、交货日程、产品规格等。

（4）交易执行中的主要障碍是否已经确认，并且就克服这些障碍的方法双方是否已经达成一致。

（5）就合同履行过程中可能存在的潜在争议，制定了什么机制来加以解决。

（6）如果谈判一方需要对合同条款进行重新协商，双方应该按照什么程序进行。

进行谈判的相关执行人员应该一直参与整个过程，直到合同的履行阶段。交易双方应该保持定期互访和彼此的沟通，按照双方一致同意的程序，密切关注合同的履行过程。保持定期的联系，保留所有交易的准确记录，以及关注微小的细节，有利于确保交易双方建立一种稳定和谐的关系。

商务谈判的收场阶段究竟要收多长，这是一个值得研究考虑的问题。道理在于如收场时间过短，没有让对方有一个如下围棋般有一个收官的过程，那么对方的心中就会出现这样的疑问——我的谈判对手是否占了很大便宜？因此，从这点出发，收场阶段不要过于仓促、匆忙，否则你会给人以占了便宜的感觉和想法。但拖拉一些也不一定好，市场行情瞬息万变，今天的行情明天可能就不复存在。今天是短缺，明天就可能过剩，今天货物紧俏，后天你可能完全卖不动，即常说的市场疲软。能恰如其分地选择一个好时机把合同固定下来，是非常重要的一件事。从这点出发，在谈判收场阶段，似乎有一个掌握时机、掌握火候的一个过程，既不能着急也不能过于拖拉，着急说你占了便宜，拖拉可能产生"煮熟的鸭子飞了"这种情形。

五、适时分手

在谈判的整个过程中都应鼓励对方大胆发表意见，包括发表错误的看法，不应因为对方提出了错误的想法就责备他们。有些谈判者在付出巨大努力或者有把握获得成功的时候，往往喜欢责备对方，这几乎会百分之百地使对方对你产生成见，而给再次的见面造成困难。如果洽谈毫无收获，但你的表现落落大方、通情达理，不因没有得到订单而失去对对方的热情，那么以后再见面的时候，你就会获得令人尊敬的资本。

谈判者往往容易过早地放弃取得成功的努力。对方在洽谈一开始就提出反对意见，使你的信心受到影响；在洽谈快要结束的时候，对方拒绝在合约上签字，谈判人员便停止工作，把对方从客户的名单上一笔勾销，然后匆匆离去，这都是不能容忍的错误。同样，在对方做出了购买决定（特别是在对方提出反对意见，但经过长时间的考虑最后决定成交）的情况下，你仍然不应仓促离开，否则就好像你在墨迹未干之前即想携订单夺路而走似的，给人留下一时得手慌忙而逃的印象。尤其是在对方犹豫不定、勉强做出决定的情况下，谈判者不仅会感到忐忑不安，而且会十分惶恐，谈判者会不由自主地问自己："我的决定对吗？我会不会太轻率了？"谈判双方分手，对方却在进行思想斗争，他为自己上当而深感懊丧。其结果可想而知：合约刚刚签订，对方便马上要求撤回。在对方对所签的合同感到后悔的情况下，对方是不会对履行合同有什么兴趣的，这种分手无疑会比失去订单付出更大的代价。

在双方签订合同之后，谈判者应该用巧妙的方法祝贺他们做了一笔好生意，指导对方怎样保养产品，重复交易条件的细节和其他一些注意事项，这样做就可以防止对方对订货感到后悔。但是，在这个阶段以后，你就不要再逗留了，不然你会前功尽弃，不得不使谈判从头开始。

案例3：11个农夫和1个农夫

在美国的一个边远小镇上，由于法官和法律人员有限，因此，组成了一个由12个农民组成的陪审团。按照当地的法律规定，只有当这12个陪审团成员都同意时，某项判决才能成立，才具有法律效力。有一次，陪审团在审理一起案件时，其中11个陪审团成员已达成一致看法，认定被告有罪，但另一个认为应该宣告被告无罪。由于陪审团内意见不一致审判陷入了僵局。其中11个企图说服另一个，但是这位代表是个年纪很大、很顽固的人，就是不肯改变自己的看法。审判从早上到下午不能结束，11个农夫有些心神疲倦，但另一个还没有丝毫让步的意见。

就在11个农夫一筹莫展时，突然天空布满了乌云，一场大雨即将来临。此时正值秋收过后，各家各户的粮食都晒在场院里。眼看一场大雨即将来临，那么11个代表都在为自家的粮食着急，它们都希望赶快结束这次判决，尽快回去收粮食。于是都对另一个农夫说："老兄，你就别再坚持了，眼看就要下雨了，我们的粮食在外面晒着，赶快结束判决回家收粮食吧。"可那个农夫丝毫不为之所动，坚持说："不成，我们是陪审团的成员，我们要坚持公正，这是国家赋予我们的责任，岂能轻易做出决定，在我们没有达成一致意见之前，谁也不能擅自做出判决！"这令那几个农夫更加着急，大家哪有心思讨论判决的事情。为了尽快结束这令人难受的讨论，11个农夫开始动摇了，开始考虑改变自己的立场。

这时一声惊雷震破了 11 个农夫的心，他们再也忍受不住了、纷纷表示愿意改变自己的态度，转而投票赞成那 1 个农夫的意见，宣告被告无罪。

按理说，11 个人的力量要比一个人的力量大。可是由于那 1 个坚持己见，更由于大雨的即将来临，使那 11 个人在不经意中为自己定了一个最后期限：下雨之前，最终被迫改变了看法，转而投向另一方。在这个故事中，并不是那 1 个农夫主动运用了最后的期限法，而是那 11 个农夫为自己设计了一个最后的期限，并掉进了自设的陷阱里。

案例分析：在众多谈判中，有意识地使用最后期限法以加快谈判的进程，并最终达到自己的目的的高明的谈判者往往利用最后期限的谈判技巧，巧妙地设定一个最后期限，使谈判过程中纠缠不清、难以达成的协议在期限的压力下，得以尽快解决。

案例 4：巧用期限艺术

一家酒店内，有个醉汉借酒劲干扰顾客用餐，还朝饭桌摔酒瓶子，严重扰乱了酒店的秩序。正当大家一筹莫展之际，酒店老板——一个瘦弱而温和的人，突然一步步地逼近那个家伙，命令他道："我给你两分钟时间，限你在两分钟之内离开此地。"而出乎意料的是，醉汉乖乖收起衣服，握着酒瓶，迈着醉步扬长而去。惊魂未定，有人问老板："如果流氓不肯走，你该怎么办？"老板回答："很简单，再延长期限，多给他一些时间不就好了。"

案例分析：只有在有新的情况发生或理由充足的情况下，才能延长期限。如果对方认为你是个不遵守既定期限的人，那么，设限对谈判对手就发挥不了什么作用。即使期限已到，也不会让人感觉到不安焦虑，因为他们早已算准了你不把期限当作一回事。在谈判时，不论提出"截止期限"要求的是哪一方，期限一旦决定，就不可轻易改变。

谈判若没有期限，那么谈判者是不会感受到什么压力存在的。很多谈判，尤其是复杂的谈判，都是在谈判期限即将截止前达成协议的。当谈判的期限愈接近，双方的不安与焦虑便会日益增加，而这种不安与焦虑，在谈判终止的那一刻，将会达到顶点，而这正是运用谈判技巧的最佳时机。在谈判中，"截止期限"有时能产生令人惊异的效果。所以，如果你能巧妙地运用，便可获预期效果。

任务三　重新谈判

一般情况下，在谈判要终止的时候，人们都会认为谈判已经结束，双方都可以期盼得到成功的结果了。但现实情况是，谈判或许只是一个开端。如果合同不能完全履行，那么谈判就还没有完成。全球市场总会发生意想不到的变化，顺利履行合同只能是一种美好的愿望，而不是一种规则。

虽然从事商务谈判的主要目的是获取利润，但频繁签约却被证明是徒劳的。对于各自的职责，谈判各方可能还存在不同的理解。因此，对合同不间断的监控是很重要的。而且当出现困难时，各方应该毫不迟疑地着手重新谈判。

一、重新谈判的原因

各种证据显示，与仅从事国内交易相比，在国际商务环境中，重新谈判更普遍。这是因为国际商务谈判涉及的情况在国内背景下并不存在。如果一方认为由于其无法控制的变化而导致交易变得难以负担或者不合理，该方就会要求重新谈判，以寻求另一种可能性，而不是完全拒绝履行合同。下面列出了可能导致重新谈判的情况。

1. 国际商务环境的维度。国际商业事务极易受政治和经济环境变化的影响，这与在本土进行交易有很大的差异。从政治方面来看，一个国家可能会面临国内冲突，如内战、政变或者政策的根本性变化等。从经济方面来看，货币贬值或自然灾害可能导致环境完全不利于履行已经谈判好的业务。

2. 争端解决机制。如果谈判一方不能有效进入谈判对方国家的法律体系，则谈判对方很可能会认为即使己方不执行难以负担的交易，也不会有任何损失。在这样的环境下，重新谈判就是保证交易继续进行的比较令人满意的解决方法。

3. 政府参与。从事国际商务时经常需要同政府部门、公共事业部门或者由政府所有和经营的公司打交道，特别是发展中国家。政府可能会拒绝履行其随后认为是负担过重的合同。为了本国人民的利益或者自己的统治权，他们可能会强制进行重新谈判。

4. 国家间的文化差异。在不同的文化背景下经商需要格外当心，以确保对合同的内容完全理解。例如，有些国家的合同很长且很详细，从而只有很小甚至没有灵活操作的空间。在这种情况下，在合同生效期内，所有可能影响交易的事项都是确定的，有关的条款也被写入合同。为了避免偏差，有必要设立一些对违约行为的处罚条款，以确保合同的严格执行。

有些文化更倾向于将合同看成是良好的商务合作关系的开端。在这样的文化中，重新进行讨论的可能性非常大。由于对谈判过程具有不同的文化观点，谈判双方对各方面的理解往往也千差万别。在不同文化环境下做生意的谈判者会认真地考虑后续阶段的情况和可能出现的谈判之后的讨论。

二、降低重新谈判的需求

在当今复杂多变的国际市场上，很难避免对商务协议的重新谈判。尽管如此，谈判人员还是会尽量降低这种事情发生的可能性。比如，通过阐明所有主要事项，引进对违约行为的处罚条款，坚持开例会以监督合同的执行，以及研究对未来业务合作机会的消极影响。这些可以提醒双方注意各自的责任和风险。

1. 预防重新谈判。如果双方可以提前预期到可能的困难并制定好预防条款，重新谈判是可以避免的（或者至少是可以最小化的）。关于重新谈判的另外一个潜在原则是，如果对于对方来说拒绝执行合同比履行合同所付出的成本更低，则拒绝执行或重新谈判的风险就会增加。因此，从战略角度来看，为了使合同更稳定，谈判人员应当确保对方能够获得足够的利润，以使交易保持下去。

2. 加入重新谈判的成本。有经验的国际商务谈判者在他们最后的提案中，会考虑到潜在的重新谈判的成本。重新谈判无论是在时间上还是在金钱上其代价都是高昂的。因此，可以在最初的报价中考虑额外的成本以弥补未来重新谈判的费用。

一种可能性是通过几个阶段分步执行合同，并且单独结算每个阶段成功履行合同后的相关费用。这种类型的协议比较适合签订篇幅较长的复杂合同，如设立合资公司。最有效的准备是对涉及过去所有事务的准确信息的充分收集和了解。这可以减少双方因偏离协议条款而互相埋怨的时间。

针对违约行为的惩罚条款的引入是使对方减少偏离协议的另外一种方式。但是，一方对惩罚条款的过分重视可能表现出其对对方信心的缺乏，这又会导致不信任和不满情绪。在一个经常变化的竞争环境中，这不是发展稳定的合同关系的基础。

三、克服对重新谈判的惧怕心理

有些公司经常会低估潜在的问题，这些问题需要对合同中涉及的一些具体事项重新讨论。如果出现什么问题，很自然地各方就要走到一起来解决问题。令人惊讶的是，产生问题的一方通常不情愿去寻求改变或修订合同。通常，负责履行合同的人会由于担心被拒绝而不愿主动提出要重新谈判的要求。

如果一项商务活动建立在合作精神的基础之上，那么一方可能会认为向对方提出特殊的要求是不合适的，因为这可能会被对方误解为是在利用彼此的关系。害怕得到别人的否定回答，有可能使自己失去改善商业关系和实施已达成一致意见的条款的机会。

在某些文化中，由于人们非常害怕尴尬，以至于只会发出一些非直接的信号来暗示自己对合同修订的需要。例如，意外的沟通不畅、含糊不清的回答或者是与对方联络的失败，包括长时间的沉默都可能预示着出现了这种问题。

一方一旦发现一个问题（例如，质量不合格的产品或者不能按期交货），就应当主动去与对方取得联系。从开始就识别出问题并提出解决方案，此时采取积极的纠正行动还比较容易。有时候，缺乏国际商务经验或者必须遵守的关于市场规范的知识意味着供应商可能无法完全掌握生产市场需要的高质量产品的具体要求。

四、重新谈判的类型

有四种常见的重新谈判类型：事前谈判，交易内重新谈判，交易外重新谈判和交易后重新谈判。每一种类型适用于不同的特定环境，可产生不同的问题，从而要求不同的解决方案。在任何重新谈判中，开放的沟通和持续的监管都是成功的关键所在。灵活性、承诺和对重新谈判必要性的充分认识应当成为谈判者策略的主要部分。

1. 事前谈判。达成一项交易之后，在其开始执行之前，可能发生一些不可预见的事情，这可能导致谈判协议执行上的困难。精明的谈判者通过事前谈判来控制谈判局面。也就是说，在干扰事件发生之前就进行重新谈判。事前谈判要求：①寻找潜在的问题；②建立一种机制来处理自发变化；③建立一种机制来解决对双方关系造成威胁的分歧和纠纷。从商务的视角来看，可能出现的问题主要分为三种类型：延期执行、有缺陷的执行和无法执行。

2. 交易内重新谈判。在合同生效期内最常见的谈判类型是由于一方不能履行义务而产生的。在这样的情况下，也就是交易内，这一方就会寻求其责任的免除。交易内重新谈判的另一个例子就是一方由于没有能力去履行合同而希望撤销合同。这类重新谈判一般见于中小型公司在第一次进入国外市场的时候。他们对于满足较高的标准、完成较大的生产量及严格遵守交货时限的能力有时比较有限，这迫使他们针对合同进行重新谈判，或者要求撤销合同。

如果初始的协议包含了一些允许他们进行重新谈判的条款，则这种交易内重新谈判会比较顺利地开展。在谈判开始时就认可那些由于不可预见的事件而需要进行重新谈判的条款，对减轻压力和减少误解大有帮助。在这种情况下，重新谈判被认为是一种合理的行为，双方都可以在良好的相互信任的基础上参与进来。

如果双方事先确定了一个具体的时限和时间框架以对合同进行回顾，则重新谈判的机会也会增加。例如，如果恰当地订立了一个长期合同，则双方可以决定举行若干次定期会晤，以到目前为止所积累的经验为基础，对交易进行审查。通过这些会面也可以发现因市场情况发生变化而出现的问题。

交易内重新谈判在一些特殊的国家可能使用较多，如将合同看成是一种关系而不仅是商务交易的国家。由于有交易内的条款，因而他们做生意的方式更加正式。也就是说，在变化期间，相关的谈判各方应当见面来决定怎样处理这种变化了的新情况。

虽然这种定期的重新谈判是有价值的，尤其是在交易要延续很长一段时间的情况下，但它确实也有其不利的方面。第一，定期的重新谈判增加了已经达成一致意见的条款的不确定性。第二，它增加了相互的猜疑，因为一方可能利用变化的环境，将其作为借口要求重新谈判，以获得对己方来说更有利的条款。第三，它质疑了合同的有效性，因为合同需要重新谈判。

3. 交易后重新谈判。合同期满后重新谈判仍有可能出现。在开始启动一个全新的谈判之前，可能出现一方或双方决定等待合同期满的情况。交易后重新谈判可能会反映出现存商业战略的变化，或者可能意味着一方不再认为继续维持目前这种商务关系还有利可图。

在某种程度上，交易后重新谈判在过程上有时与初始谈判是相似的，但还会有一些重要的差异。①双方有共同的经验，对对方都比较了解。每一方都了解对方的目标、方法、决心和可靠性，这些对于重新谈判来说是重要的信息。②很多与交易的风险和机会相关的考虑已经研究过了，不需要重新谈判时再进行研究。③各方在金钱、时间和义务上都已经做了大量投入，而且如果结果是双方都满意的，他们会有很强的继续维持关系的意愿。

4. 交易外重新谈判。这种类型的重新谈判相当于放弃了目前的合同，邀请对方来进行重新谈判。通常情况下，在合同中没有有关重新谈判的特定条款，但是如果一方声明完全不可能执行合同，就有可能出现重新谈判的情况。但对方可能会发现接受重新谈判在心理上有点无法接受，因为自己对预期收益的希望可能破灭了。更进一步地讲，交易外重新谈判通常以一种比较悲观的看法开始。即使在重新谈判是唯一可行选择的情况下，双方也不情愿勉为其难地参与其中。围绕在交易外重新谈判周围的环境被打上了一种让人感觉不好和不信任的标志。

谈判的双方都会感到不满。一方会认为另一方应该理解自己的难处，因此，在重新谈判一项交易时应该完全合作。而另一方会觉得原本可以从合同中得到的预期收益被剥夺了，并且会认为自己必须得放弃一些法律和道德上的权利。

交易外重新谈判对双方来说有着多种多样的含义。寻求重新谈判的一方可能会在商界的圈子里信誉受损。对于重新谈判的合同，对方可能会提出更严格的条款或更严厉的对违约行为的惩罚。而接受重新谈判的一方可能会落下比较弱小和承受不了压力的名声。这可能使得对方在其他合同上也要求重新谈判，提出要求更高的条款。重新谈判的这种不利影响可能会减少让步的一方今后与其他业务伙伴合作的机会。

5. 在首次谈判达不成协议后再次谈判。有时双方由于多种原因决定结束谈判，如没有进展、改变重点、利益冲突、新的竞争等。这些内部和外部因素随着时间而改变，通常会导致谈判破裂，有时需要进行新一轮谈判。

五、重新谈判的方法

以下方法也许对开展重新谈判有所帮助。

明确现存协议的不清楚之处。这种方法就是对目前存在的协议中的模糊不清之处做一个必要的补充说明，而不是重新签订一个新协议。它承认了目前协议的合理性，但是情况的改变使得必须做出修订以适应出现的新情况。

重新理解关键条款。有时候，一项合同中的条款在谈判各方不同的背景中，会导致不同的理解。在这种情况下，重新谈判相当于重新定义这些条款，以使双方对这些条款有一致的理解。

主动放弃协议中的一条或几条要求。作为重新谈判的一部分，负担过重的一方可以从必须履行的某些合同内容之中解脱出来。例如，假定一项对外贸易中规定了代理佣金应基于最小交易量。由于市场经济形势不好，这种"最小交易量"要求往往被主动放弃，以便代理商可以拿到佣金。

重新起草协议。如果合同所有条款都没实现，则双方可能会被迫宣布现存合同无效，并重新谈判一项新的交易。

案例 5：丘吉尔的智慧

1942 年 5 月，英美两国同意在年内开辟欧洲第二战场，以缓解苏联战场上的压力。但是不久，英国首相丘吉尔看到苏联战场节节胜利，又开始后悔自己做出的决定。于是，就和美国总统罗斯福商量，暂时不要在欧洲登陆，而是开辟非洲战场，即"火炬计划"。但是令丘吉尔头疼的是，该如何对苏联领导人斯大林说明这一决定。为了表示诚意，丘吉尔亲自到莫斯科与斯大林会谈。

会谈在晚上举行，丘吉尔做好了充分的心理准备，准备着看斯大林的脸色。尽管丘吉尔列举了一大堆理由，向斯大林说明不能按期开辟第二战场的原因，斯大林还是始终拉长着脸，并严厉地质问说："据我所知，你们是不能用大量的兵力来开辟第二战场，甚至也不愿意用 6 个师登陆了。""的确如此，斯大林阁下"，丘吉尔诚恳地说："事实上，我们有足够的兵力登陆，但是我觉得现在在欧洲开辟第二战场还不是时候，因为这有可能破坏我们明年的整个作战计划，战争是残酷的，不是儿戏，我们不能轻易做出某一决策。"

斯大林的脸色更加难看了，厉声说："对不起，阁下，您的战争观与我的不同，在我看来战争就是冒险，没有这种冒险的精神，何谈胜利？我真是不明白，你们为什么那么害怕德军呢？"丘吉尔反驳说："我们并不是害怕德军。您也知道，希特勒在 1940 年正值他的全盛时期，而当时我们英国只有 2 万经过训练的军队、200 门大炮、50 辆坦克。面对这样弱小的我们，希特勒并没有来攻打我们，原因很简单，跨越英吉利海峡并非易事啊。"斯大林回道："丘吉尔先生，我要提醒您一个关键的因素，希特勒在英国登陆，势必遭到英国人民的抵抗。但是，如果英军在法国登陆，必将受到法国人民的欢迎，人心向背也是决定战争胜败的关键。"

至此，谈判陷入了僵局，两国元首谁也说服不了谁。会议室内的气氛紧张起来。斯大林最后说："虽然我不能说服您改变您的决定，但是我还是坚持认为您的观念我不能认同。"丘吉尔看到斯大林的态度如此坚决，为了打破令人窒息的气氛，只好转变话题，谈谈对德国轰炸的问题。经过这番谈话后，紧张的气氛有所缓和。斯大林脸上也现出了一丝笑意。

丘吉尔认为现在是说出英美两国商定的"火炬计划"的时候，于是说："现在我们回过头来谈谈 1942 年在法国登陆的事情吧，我是专门为了这一问题而来的。事实上，我认为法国并非唯一的选择，我们和美国人制订了另外一个计划。美国总统罗斯福先生授权我把这个计划秘密地告诉您。"斯大林见丘吉尔一副神秘的表情，不禁对这个"火炬计划"产生了兴趣。丘吉尔简单地介绍了"火炬计划"的内容，斯大林还谈了他对这个计划的理解和意见，丘吉尔表示赞同。此时，虽然斯大林对英美推迟在法国登陆的事情不悦，但是气氛已经明显缓和。丘吉尔又继续说："我们还打算把英美联合空军调到苏联南翼，以支援苏军，"斯大林表示感谢，至此会谈已是云开雾散，但是对于丘吉尔来说，此时，还不是见彩虹的时候。

第二天晚上，第二轮会谈就开始了。斯大林先是拿出来此前美、英、苏三国签订的备忘录，据此谴责美国和英国没有履约如期在 1942 年开辟的第二战场，接着又责备美、英两国没有按承诺送给苏军必需的军用物资等。斯大林虽然表情严肃但是毫无怒容。他反复强调自己的观点，认为美、英军队不必害怕德军。

斯大林讲到这里，丘吉尔再也不能忍受了，他激动地说："我们千里迢迢来这里，是为了建立良好的合作关系。我们已经竭尽全力帮助你们，曾孤立无援地坚持了一年的战斗，遭受了巨大的损失，但是，我们三国已经建立联盟，我相信只要齐心协力，就一定能够取得胜利。"斯大林看到丘吉尔因为激动，以至于满脸通红，为缓解一个气氛，他开玩笑说："我很喜欢听丘吉尔首相发言的声调，真是太妙了。"因而博得会场一笑，也缓解了气氛。

次日晚上，丘吉尔出席了在克里姆林宫举行的正式宴会，宴会气氛友好而热烈。丘吉尔见斯大林心情不错，说："尊敬的阁下，您已经原谅我了吗？"斯大林哈哈一笑说："这一切都已经过去，过去的事情应归于上帝。"

案例分析： 丘吉尔借其高超的谈判技巧，抓住适当的时机，做出一些让步，终于取得了斯大林的谅解。丘吉尔的高明之处就是当谈判陷入僵局时，写上转变话题以缓解气氛，当气氛松弛时再继续谈，这样就不至于使双方陷入尴尬的境地。

本章小结

　　谈判者应为成功地结束谈判做好全面和充分的准备，包括了解何时和如何使用合适的方法结束谈判，以及如何应对对方结束谈判的策略。掌握了结束谈判的技巧，谈判者就可以达成能使双方在日后的交易履行过程中非常顺利的协议。在结束交易的时候，谈判者应该牢记，只有建立在彼此信任和公平竞争基础上的谈判才能带来重复订单和被客户推荐并宣传的机会。

　　对商务交易的重新谈判可能是非常必要的，而且已经被证明在长期中是更有利的做法，即使重新谈判会导致一些暂时的不利。在一个高度竞争的全球环境下，人际关系和相互的信任对于双方建立进行多次交易的稳固基础是非常重要的，在关系型文化中进行交易时更是如此。

阶梯实训一

　　1. 实训名称：
　　生活中的谈判。
　　2. 实训目的：
　　通过生活中谈判的收集，加深生活无处不谈判的含义，并进一步加深学习本课程的重要性。
　　3. 实训要求：
　　（1）要求每个学生收集2~3个生活中的谈判例子。
　　（2）对学生分组讨论，每组4~6个人（具有相似例子的同学组成一组），讨论并整理在日常生活中自己遇到并留下深刻印象的有关谈判实例的成败及原因。
　　（3）以PPT或模拟谈判的形式，对收集的谈判案例进行分析、总结。

阶梯实训二

　　1. 实训名称：
　　观察总结人的性格特点。
　　2. 实训目的：
　　通过观察总结自己的亲朋好友的性格特点，从而对几种性格有进一步的认识，理论联系实际，加深学习本章课程的重要性。
　　3. 实训要求：
　　（1）要求每个学生回忆1~2个生活中最熟悉的人的性格。
　　（2）对学生分组，每组4~6个人，讨论并分析自己在生活中最熟悉的人的性格特点，并进行分类比较，得出几种性格类型。

（3）以 PPT 或实训报告的形式，对收集的性格类型进行分析、总结。

案例分析一

三亚某商行与扬州某瓷厂有多年的业务合作，一直订购其茶具。商行生意一度不景气，又适逢更换了新经理，于是瓷厂与商行的交易出现了危机。

瓷厂厂长亲赴三亚与新上任的经理洽谈继续合作业务，他见新经理年轻气盛、热情外向且性格偏急躁，于是说："我非常理解你们商行的处境，说心里话真想继续和贵行建立长年业务关系，但目前商行生意不景气，新经理虽然年轻有为，但生不逢时，所以……"未等他说完，新经理觉得受到了瓷厂厂长的轻视，于是炫耀般地向对方介绍他的经营之道、上任后的宏伟目标，以及重新兴隆商行的具体措施，并表明还将继续同瓷厂保持长久的业务关系……最终，此次谈判成功了。

问题

（1）请分析商行新经理是什么气质？

（2）瓷厂厂长利用对手什么个性特征促使商行同意继续同瓷厂保持长年业务关系？

分析

（1）商行经理气质是胆汁质。

（2）瓷厂厂长结合新经理有强烈的受尊重需要的个性特征，巧妙地运用了激励法，点燃了新经理的自尊火花，达到了理想的谈判效果。

案例分析二

某公司新建的办公大楼需要添置一系列的办公家具，价值数百万元。公司的总经理已做了决定，向 A 公司购买这批办公用具。这天，A 公司的销售部负责人打电话来，要上门拜访这位总经理。总经理打算等对方来了就在订单上盖章，定下这笔生意。不料对方比预定的时间提前了 2 个小时，原来对方听说这家公司的员工宿舍也要在近期内落成，希望员工宿舍需要的家具也能向 A 公司购买。为了谈这件事，销售负责人还带来了一大堆的资料，摆满了台面。总经理没料到对方会提前到访，刚好手边又有事，便请秘书让对方等了一会儿。这位销售员等了不到半小时，就开始不耐烦了，一边收拾起资料一边说："我还是改天再来拜访吧。"这时，总经理发现对方在收拾资料准备离开时，将自己刚才递上的名片不小心掉到了地上，对方却并没发觉，走时还无意从名片上踩了过去。但这个不小心的失误，却令总经理改变了初衷，A 公司不仅没有机会与对方商谈员工宿舍的设备购买，连几乎到手的数百万元办公用具的生意也告吹了。

问题

（1）A 公司的生意为何告吹了？

（2）拜访他人应该注意哪些问题？

分析

（1）拜访一般是指前往他人的工作地点或私人居所会晤对方，或是与之进行的接触。

预约拜访时，首先，要重视三个方面的具体问题：一是约定时间；二是约定人数；三是如约而至。如约而至是指最好准时到达，既不早到，让对方措手不及；也不要迟到，令对方望眼欲穿。显然 A 公司的销售部负责人比预定的时间提前了 2 个小时，而没有提前通知对方，令对方措手不及。其次，接过他人的名片看过之后，应将其精心放入自己的名片包、名片夹或上衣口袋内，切勿放在其他地方。A 公司这位销售人员却随意存放他人名片，掉在地上浑然不知，这是对对方不敬、不尊重的表现。而且在等待客户的过程中，举止烦躁，给人一种不耐烦的感觉，这显然给人一种一是对此生意无所谓的态度，二是给对方造成不尊重对方的感觉。此生意告吹也情有可原了。

（2）拜会又称拜见或拜访。它一般是指前往他人的工作地点或私人居所会晤对方，探望对方，或是与之进行的接触。拜访他人应注意：①有约在先，一般应提前有所约定，不提倡随意进行顺访，尤其是对待一般关系的交往对象不宜充当不邀而至、打乱对方计划的不速之客。协商议定到访的具体时间与停留的具体时间长度，及届时到访的具体人数及其各自的身份，约定拜会时间之后，必须认真加以遵守，不再轻易改动。②上门有礼，抵达主人办公室或私人居所门外后，应首先采用合乎礼仪的方法，向对方通报自己的到来。与主人相见，应向对方主动问好，并与对方握手为礼。③为客有方。任何一次登门拜访，都必然有其目的性，围绕着自己进行拜会的主旨而行，别"跑题"。欲使拜会围绕主题而行，客人应自觉地限定个人的交际范围与活动范围。拜会之时，务必要注意适可而止，通常一次一般性的拜访应以一小时为限，初次拜访时，则不宜长于半个小时。

第五章　互联网谈判

学习目标

- 了解互联网谈判的优势和陷阱。
- 掌握互联网谈判的攻略。
- 掌握互联网谈判情景设定。

案例引入

深圳市政府采购中心招标公告

深圳市政府采购中心对行政公务用车谈判采购项目采用竞争性谈判（公开征集供应商）的方式进行采购，欢迎合格供应商进行谈判。供应商如确定参加谈判，首先要在深圳市政府采购网上报名；项目实行网上投标，所有投标文件应于 2012 年 2 月 9 日 9 时 30 分（北京时间）之前上传到深圳市政府采购网站。

2012 年 2 月 9 日 9 时 30 分（北京时间），以视频网上谈判方式实施谈判。

案例分析：

互联网谈判是伴随着电子商务兴起而发展起来的新的谈判方式。尽管互联网谈判出现时间很短，尚未形成成熟的理论，但所展现出来的生命力、冲击力都不容忽视。

互联网招投标是指通过专用招投标电子商务平台，将招投标过程中的各个角色，如供应商、招标机构、评标专家、政府监督机构等连接起来，企业、机关和个人在网上传递投标数据，评标、开标均采用电子手段，通过网络发布中标结果的一种招投标方式。凭借互联网的运行成本低、覆盖面广的优势，互联网招标将传统的招投标过程转变为一个简单、方便、快捷的过程，并通过无处不在的网络将招投标信息传送到各行各业。

电子商务在经历信息技术厂商和媒体为主体的第一阶段和以电子商务服务商为主体的第二阶段后，从 2001 年开始，已经进入以企业为主体的第三阶段。也就是说，如今的电子商务已经渐渐发展到一个比较成熟的阶段。

在当今的新经济条件下，互联网一直在改变着商务活动开展的方式，而且互联网也正在迅速地成为一个重要的沟通渠道。它给企业尤其是那些正在寻找市场的中小型企业，提供了大范围的商机和挑战。由于互联网具有沟通成本低、可靠性和便利性较高的特点，出口商、进口商、供应商、购买者以及代理商都日益提高了自身对互联网的使用率，以便更好地开展交易活动。因为互联网具有很多优势，所以很多跨国谈判人员都开始通过它来进行商务谈判。

虽然我们通过互联网获得的好处很多，但是如果不恰当地使用互联网仍然会犯下损失惨重的错误。实际上，大部分通过互联网开展的谈判之所以破裂，是因为缺乏清楚明了的沟通导致谈判双方之间的误解。由于谈判是建立在沟通的基础上的，因此，谈判人员务必要花费一定的时间来向对方传递明确和清晰的电子信息。只要在网上交易的谈判者能够避免犯一些常见的由于疏忽而导致的错误，他们就可以大大提高自己的绩效，而且可以将自己的收益最大化。

任务一 互联网谈判的产生背景

一、电子商务的发展

1. 电子商务的概念。电子商务是以信息网络技术为手段，以商品交换为中心的商务活动；也可理解为在互联网、企业内部网和增值网上以电子交易方式进行交易活动和相关服务的活动，是传统商业活动各环节的电子化、网络化、信息化。

电子商务通常是指在全球各地广泛的商业贸易活动中，在因特网开放的网络环境下，基于浏览器/服务器应用方式，买卖双方不谋面地进行各种商贸活动，实现消费者的网上购物、商户之间的网上交易和在线电子支付以及各种商务活动、交易活动、金融活动和相关的综合服务活动的一种新型的商业运营模式。各国政府、学者、企业界人士根据自己所处的地位和对电子商务参与的角度和程度的不同，给出了许多不同的定义。电子商务分为：ABC、B2B、B2C、C2C、B2M、M2C、B2A（B2G）、C2A（C2G）、O2O 等。

目前，国际电子商务市场已成为发展最快的市场之一，从事电子商务营销的企业已在世界经济领域崭露头角。近年来，在全球经济保持平稳增长和互联网宽带技术迅速普及的背景下，世界主要国家和地区的电子商务市场保持了高速增长的态势。

在我国，电子商务项目大量推出，几乎每天都有各类电子商务咨询网站、网上商店、网上商城、网上专卖店、网上拍卖等诞生。

2. 电子商务对贸易方式的影响。作为一种新兴的商务模式，电子商务正改变着商务市场上的营销战略、消费模式，改变着传统经济增长方式、贸易体制。电子商务的发展已经形成新的交换机制，冲破时空的限制，构架新的市场规则，较好地迎合了日益激烈的市场竞争情况下顾客的个性化需要，从而了解并迅速解决了以往难以解决的顾客的困难。

二、互联网谈判的定义

互联网谈判是指借助互联网进行协商、对话的一种特殊的书面谈判。简单地说，互联网谈判就是以互联网为手段展开的谈判活动。

三、互联网谈判的特点

互联网谈判为买卖双方的沟通提供了丰富的信息和低廉的沟通成本，因而有强大的吸引力，也是社会发展的必然。

1. 加强了信息交流。过去商务谈判函件要几天才能收到，并且有可能迟到、遗失；现在通过互联网几分钟甚至几秒钟就能收到，且准确无误。而且，网上谈判兼具电话谈判快速、联系广泛之优点，又有函电内容全面丰富、可以备查之特点，可使企业、客户掌握他们需要的最新信息。同时，有利于增加贸易机会，开拓新市场。

2. 有利于慎重决策。网上谈判以书面形式提供议事日程和谈判内容的，能几秒钟抵达，使得谈判双方既能仔细考虑本企业所提出的要点，又能使谈判双方有时间同自己的助手或企业领导及决策机构进行充分的讨论和分析，甚至可以在必要时向那些不参加谈判的专家请教，有利于慎重地决策。

3. 降低了成本。采用网上谈判方式，谈判者无须四处奔走，就可向国内外许多企业发出 e-mail，分析比较不同客户的回函，从中选出对自己最有利的协议条件，从而令企业大大降低了人员开销、差旅费、招待费以及管理费等，甚至比一般通信费用还要省得多，降低了谈判成本。

4. 改善了服务质量。降低谈判成本还不是商务谈判的主要目的和收获，改善与客户的关系才是最大的收获，这样才能获取丰厚的回报。网上谈判所提供的是一年 365 天，每天 24 小时的全天候沟通方式。

5. 增强了企业的竞争力。任何企业，无论大小，在网站上都是一个页面，面对相同的市场，都处于平等的竞争条件。互联网有助于消除中小企业较之大企业在信息程序化方面的弱势，从而提高中小企业的竞争力。

6. 提高了谈判效率。互联网谈判，由于具体的谈判人员不见面，他们互相代表的是本企业，双方可以不考虑谈判人员的身份，不必揣摩对方的性格，而把主要精力集中在己方条件的洽谈上，从而避免因谈判者的级别、身份不对等而影响谈判的开展和交易的达成。

当然，互联网谈判也有其弊端，主要表现在：①商务信息公开化，导致竞争对手的加入；②互联网的故障病毒等会影响商务谈判的开展。

四、互联网谈判的主要形式

1. e-mail 谈判。与面对面谈判相比，e-mail 谈判有以下优点：首先，它能够在谈判双方之间制造一个"缓冲区"，使得谈判者有时间和空间进行更周密的思考。另外，e-mail 谈判可以提高各方谈判者的平均参与程度，从而提高多点谈判的可能性，而多点谈判对谈判的整合性具有重要意义。研究发现，由于借助电脑网络进行联系和沟通，人们无法找到较多的社会阶层线索，因此，更倾向于畅所欲言，提供更多的解决方案。另外，McGuire 等人的研究发现，在面对面的情况下，男性首先提出可行决策的比率是女性的 5 倍，而在电子沟通的情况下，男性和女性的比率趋向平均。最后，不可忽视的是，在一些特殊的情况下，如双方已经通过先前的谈判或其他社会交往而建立起信任关系，如此，便可在一定程度上减少 e-mail 谈判的不利因素，使 e-mail 发挥更大的作用，也可以在很大程度上节省谈判成本。

同时，e-mail 谈判也存在一些不足。首先，谈判双方不容易建立信任关系，冲突和误会更容易升级。由于利用电子媒介进行沟通，双方缺乏进行非正式交流的机会，如谈判间隙的随意聊天，因此，难以促进对彼此的积极看法，误会也不容易被消除。第二，双方无法利用非语言的沟通，如身体语言、微笑，来进行更多的自我展露。自我展露是指把有关自己个人的信息告诉他人。第三，反馈不及时。由于 e-mail 谈判并不是实时的，因此，谈判者无法从对方那里获得立即的反馈，这会降低谈判者的动机水平。最后，在谈判中，电子邮件造成的匿名感使谈判者更容易使用威胁、虚张声势等手段，不利于长期关系的建立。

2. 利用聊天工具的谈判。聊天工具又称 IM 软件或者 IM 工具，主要提供基于互联网络的客户端进行实时语音、文字传输，是一种可以让使用者在网络上建立某种私人聊天室的即时通讯服务。

其优点主要为：能进行及时的信息交流，信息交流量大，方便快捷，使用聊天工具的谈判可以 24 小时全天进行，不受时间和空间的限制。

其缺点主要为：谈判双方不容易建立信任关系，双方交流和沟通存在障碍，很容易产生误会和矛盾。另外，使用聊天工具进行谈判会使谈判结果更趋向于破裂。在使用聊天工具进行谈判时，成本远远小于面对面的谈判，选择的余地也更多，所以只要稍不满意，一方就可能结束谈判，转而寻找下一个谈判对象。

五、互联网谈判的报文

互联网谈判作为一种特殊的书面谈判，其报文（书面）构成为如下所述。

1. 主数据：

（1）参与方信息。参与方信息报文是商业往来开始时贸易伙伴第一次交换的报文，用于把地址和相关的经营管理、商业和财务信息传递给贸易伙伴。如果在以后的商务往来的各个阶段信息有变化，参与方信息应重新更换，以保持贸易伙伴的主数据最新。

（2）价格/销售目录。价格/销售目录报文由卖方传送给买方，是以目录或列表形式给出供货方产品变化的预先通知。该报文有时给出产品的一般信息，对所有买主都适用；有时给一个单独买主提供一个专门信息，如特殊价格。

2. 商品交易报文：

（1）报价请求。报价请求报文是由买方向一个或者多个卖方发出的要求提供商品或劳务信息的报文，表明买方向卖方提出他们所要求的答复内容，如买方欲购得价格。买方可以同时向几个供方发送报价请求，以便进行衡量，获取最满意的货物和购价。

（2）报价。报价报文是由供货方发送给买方的，对买方报价请求的答复。该报文包括对买方要求的商务或服务以及有关信息的详尽答复。

（3）定购单。定购单报文是由买方向供方发送的定购货物或劳务并提出相关数量、日

期和发货到达地等的报文。

（4）定购单应套。定购单应套报文是由供方发送给买方，告知买方他已收到定购单，提出补充货通知，买方可以拒绝或接受全部或部分定购单内容。

（5）定购单变更请求。定购单变更请求报文是由买方向供方提供的对定购单的修改，买方可以请求变动或取消某项货物或劳务信息。

任务二　互联网谈判的流程

借助于互联网的商务谈判方式，是使谈判双方之间的相互联系，交往以及商务活动完全在网上进行，从而提高客户、合作伙伴的满意度，降低成本，提高灵活性，缩短谈判时间，提高工作效率。

互联网谈判的流程：

第一步，寻找谈判对象。买家或卖家进入互联网，查看企业和商家的网页，或者进入专门的电子商务网站。比如，阿里巴巴、易趣、淘宝等，依据自己的需求，寻找合适的交易对象。当满足第一条件的对象出现时，通过进一步的筛选将范围缩小，经过比较选择，最终选定谈判对象。

第二步，信息调研。首先，了解谈判对象的根本性需要，以在谈判中抓住对方的根本性需要，在满足其需要的前提下，获得自己的最大利益。其次，考察谈判对象的资信状况和履约能力。信息调研可以通过查看该公司网站的登录流量、完善程度和查看一些统计数据进行。

第三步，选择合适的互联网谈判系统组织谈判，进行询盘、发盘、还盘。

第四步，接受和签订合同，网络签约。互联网谈判签约的方式是采用电子合同，电子合同是指在网络条件下当事人之间为了实现一定目的，通过电子邮件和电子数据交换明确相互权利义务关系的协议。

任务三　互联网谈判的风险

一、信用风险

互联网谈判的信用风险是由于网络交易的虚拟化和特殊性，其主体的信用信息不能为对方了解所引发的风险。

互联网谈判有三个重要的支撑点：①迅速快捷的网络技术成为整个交易过程的基础；②存在完成商务交易所必需的参与者；③建立起一个完整的社会信用体系。

二、信息的安全性风险

信息的安全性风险主要体现在：互联网的不安全性、计算机病毒传播迅速、数据的保密性和完整性等。

三、法律风险

互联网谈判将传统的纸面交易虚拟化，因而主要用以调整纸面交易的传统法律规范亟待得到变化和修正。而在这种修正尚未完成之前，这种现状便给电子商务的发展带来了极大的不确定性，从而产生法律风险。

任务四　互联网谈判的攻略

一、互联网谈判的优势

因为网上沟通费用相对较低，具有友好的用户界面，而且信息传达迅速，所以谈判者易于与谈判对方一直保持联系。互联网还给各个公司提供了一个在世界各地推销其产品或服务的有效手段。如果一个公司有自己的网址，那么在全球范围内都可以立即搜索到它，看到它的网页，更重要的是还可以激发潜在消费者对其产品或服务的兴趣。通过互联网我们能够了解到市场上的消费需求，而且通过迅速的信息交换可以使供需双方的相互作用一直处于动态变化之中。网上沟通还可以使商务谈判迅速达到最后的缔结和约阶段。但是，尽管互联网谈判具有以上这些优势，我们还是要特别注意以下两点：①要确定买方的实际需求；②发盘要具有竞争力，这样才更有可能促成与买方之间的对话，并且使这一对话的成果更为丰富。类似地，买方在考虑要做出让步或还盘之前，也要从卖方那里获得关键性的信息。综上所述，互联网不仅是一个中性的沟通媒介，它还克服了各种传统的贸易壁垒，并且在全球范围内大大增强了各个企业与其潜在商业伙伴之间的互动。

互联网谈判的优势主要有：消除了时区和距离的障碍，缩小了社会地位的差别，消除了性别偏见，提高个人的谈判力，支持同步的多方谈判并且可以通过新技术来拓展观众群。

二、互联网谈判的陷阱

依靠互联网联系现有的买家和寻求进入新市场的谈判人员要加倍小心，因为缺乏经验的互联网谈判人员容易犯许多错误，所以要时刻保持警觉。虽然互联网给我们提供了全球范围的机遇，但是它也导致了更大的风险，因为电子商务市场上竞争激烈。进入全球市场和在网上从事商务活动的公司不仅增加了贸易机会，而且赋予了买方更强大的谈判力。换句话说，买卖双方在通过电子邮件回复对方时都必须十分谨慎。如果一个进口商得不到想要的发盘，或者得到了出口商不友好的答复，该进口商就会转向竞争对手以寻找更好的报价。

1. 冲突的产生。网上谈判的风险之一就是谈判双方可能会互相对立起来，因为当双方不是面对面地谈判时，就容易互不让步，很难达成一致意见。通常情况下，因为在网上不会与谈判对方面对面地接触，所以网上谈判就很可能转化为"接受发盘或者搁置不理"。因此，谈判人员在签订长期合约时就不宜使用这种谈判战略和战术。

2. 对价格的特别强调。谈判人员可以在对方毫不知情的情况下，通过互联网实现多方谈判。在网上，买方也可以与多个卖方谈判以使自己的收益最大化。因此，互联网谈判通常会表现出以下特征：首先是谈判双方互不合作，其次是体现竞争力的行为往往只通过一种形式表现出来，那就是价格。一个谈判者与多方同时谈判可能会使其获得更好的收益，但大体上都是一次性交易。多方谈判有时还可用来检测市场情况或者确定一方的报价是否处于合理的范围内。但是一般来说，这些初始的联系都不可能发展成全面的谈判。

三、互联网谈判的瓶颈突破

在办公室里谈判和交换信息是一种既轻松又舒适的洽谈方式。阅读电脑屏幕上的电子信息并通过电子邮件加以答复已经迅速成为企业对顾客、企业对企业的电子商务实践所普遍采用的一种实践方式。除非谈判者注意到了互联网上谈判所引发的风险，否则他们就会缺乏远见或视野狭隘。换句话说，谈判者参与到了一个人际关系的博弈中，在这场博弈里，一方或多方通过发送和接收信息，力求能够签订最有利的合约。谈判双方交手几个回合之后，就很可能陷入以下的困扰：①不计代价地要赢得谈判；②冒更大的风险，采用更具冲突性的谈判战略。参与到这场博弈之中的谈判人员常常会忘记考虑交易发生的环境，不咨询他人的建议，也不会想到他们的所作所为会产生怎样的长期后果或利益。这也就对网上谈判的高失败率做出了很好的解释。

四、制订好互联网谈判计划

在真正与对方沟通之前，谈判人员应该花些时间全面地考虑一下互联网谈判潜在的所有问题。一旦信息发送出去，特别是把信息打印出来以后，它就会被接收者看成是具有法律效力的或者是具有约束力的文件。除此以外，对方还会仔细研究信息中所写的内容，以后还有可能再把它拿出来质询发出信息的一方，尤其是当这个信息中有否定的或令对方不愉快的内容时，更有可能成为对方手中的把柄。人们通常会在毫无计划或者还没有考虑其行动的长期影响时，就已经在网上把信息发送出去了。没有经过充分准备和仔细思考就发送的信息很可能会被对方误解，那么在之后的谈判中，双方就会相互交换无效信息，这些信息无益于达成任何协议。在这种情况下，谈判双方就会一直坚持己见，不但不会寻找共同的话题，相反还会更加集中精力地扩大分歧。

谈判人员主要考虑的往往是尽快地回复对方。在实际操作中，大量的电子商务操作手册也都建议谈判人员应该在48小时之内回复对方。但是，对于某些商业交易来说，48小时或许太长了，而对于另一些交易来说，48 小时又可能不够用。因为许多经理人员都把做出决策的速度看作具有出色管理技能的标志，所以他们都倾向于迅速地行动和决策。迅速行动在互联网上是很容易做到的，因为谈判人员直接面对的是电脑屏幕而不是谈判对方。对于一个企业的谈判代表来说，最重要的是要全面完整地考虑所收到和发出的每一条信息，其中包括要评估长期的风险性如何，还要仔细思考这些信息将会对本企业和本企业的竞争对手所处的形式产生怎样的影响。谈判人员要是不想被他所接收到的大量信息弄得手忙脚乱、不知所措的话，就应该全面仔细地筛选所有接收到的信息，并且把重要的信息排在前面，这样就可以只对那些有诚意的询盘做出回复了。如果谈判人员在回复之前需要多一点时间进行考虑，就可以先给对方发送一个过渡性的信息，这样就可以争取到一些时间。

身为一个谈判人员必须要有一定的常识和良好的商务习惯，这样其与潜在客户之间的沟通才能一直畅通无阻。与此同时，他还要花些时间为即将到来的谈判做好准备。

1. 把互联网谈判与面对面讨论结合起来。为了获得电子商务的全部收益，谈判人员往往期望把网下面对面的洽谈和网上沟通结合起来。虽然在网上从事商务活动有着诸多的好处，但是当我们提到商务谈判的时候，绝大多数的谈判人员还是更愿意采用面对面的沟通方式，特别是当交易的价值远远超过面谈所花费的时间、人力、物力、财力等成本的时候更是如此。在更重视人际关系的文化环境中，互联网谈判应该只限于信息交换，主要条款则应该面谈。网上谈判具有一种不受个人情感影响的属性，而这对于谈判人员来说，应该算是一种需要他们时刻警惕的风险。仅仅依靠互联网进行的谈判一般都存在这样一个问题，那就是谈判双方彼此之间的信赖感和信任度很难建立起来，即使建立起来也很难保持下去。当谈判一方只对定价感兴趣的时候，就更容易产生这个问题了。由于存在竞争压力，买卖双方的信息交换仅限于发盘和还盘，而且发盘和还盘的核心议题就只有价格这一个条款。绝大多数的谈判都是以上述这一情节为核心的，不论谈判双方在网下是否进行过面对面的谈判，这种情况都会发生。

2. 互联网谈判中的合作方式和竞争性手段。从根本上来说，双方的竞争性行为支配了整个互联网谈判过程。因为互联网谈判不受个人情感影响，这已经是一个既定的事实，所以网上谈判人员往往不太注意人际关系和合作策略。这些都是通过以下行为体现出来的：互联网谈判的双方会经常使用刺激性和否定性的表达和挑衅的言辞。而且，由于互联网谈判人员观察不到对方的肢体语言，这就更缺少了一个有助于理解和表达的关键性辅助手段。因此，大量的通过非语言方式传达的信息就没有用武之地了。

新技术对互联网谈判的实施方式产生了很大的影响，特别是使谈判的速度大大加快。因为互联网谈判实质上就是双方或多方之间的信息交换，直到各方的需求都得到满足为止，所以电子信息就成为沟通的主要手段。但是，向对方发出最后通牒或者一报还一报并不是建立一种长期商务关系的最好的办法。在所有面对面的谈判中，其策略都是竞争性策略和合作性策略的结合，而且在谈判即将结束时，也就是缔结合约阶段，谈判双方会更加互相配合以最终达成协议。

为了确保谈判成功，互联网谈判人员在初始的几个信息交换回合中就不能与对方过度地对抗，因为如果这样就会导致沟通中断。所以在谈判初期，互联网谈判人员必须相互支持、配合，彼此交换信息，这样才能使双方共同研究解决问题的方法，最终使谈判圆满结束。

任务五　互联网谈判的情景设定

在电子商务还没有普及时，互联网谈判最初只限于交换信息，阐明关键性的议题以及在特殊条款上达成一致意见。其实，互联网还是一个特别方便的媒介，便于谈判者为即将开始的面对面谈判做好准备。比如，可以利用互联网预订酒店、机票等差旅相关事宜，可以安排好谈判议程，选择谈判地点，还可以让双方提前商定好出席谈判的人数。此外，如果双方所谈的是以前曾经谈过的订单，或者是一个小额交易，根本不值得花费时间、人力、物力和财力进行面谈，通过互联网来谈判同样是一个好办法。

对于一个经理人员来说，互联网不仅可为其提供有关市场竞争情况和买方对生产工艺要求的最新信息，还可提供很多适时的营销情报。每一个企业都必须知道自己的竞争对手是谁，还必须了解购买者想要什么样的产品。只有这样，他们的雇员才能对电子邮件中买方的需求做出很好的答复。

因为网上沟通具有容易掌握和传递迅速的特点，所以人们经常还没花时间好好思考、准备，就马上答复了。其实，互联网谈判和面对面的谈判没有什么不同，二者都需要仔细计划、充分准备，要有耐心，要理解对方，清楚对方的需求，还要运用说服技巧，拿出解决问题的能力来。

因为在互联网上，企业所得到的询盘是由在世界各地运营的企业发送过来的，所以具体到与某一地区的贸易时，企业就要特别注意当地的商务习惯、相关的法律法规以及财务因素。支付条件和安全性都是敏感问题，企业要仔细认真地加以考虑，在不熟悉的市场上或者对发出询盘的一方不甚了解时，更应该如此。

任务六　互联网谈判的注意事项

互联网谈判归属于书面谈判方式，与函电谈判一样，其谈判程序也包含着询盘、发盘、还盘、接受和签订合同等五个步骤。这种借助于互联网的新的商务谈判方式，关键不在于更好地提供信息，而在于建立起与客户、合作伙伴之间的新的关系和沟通方式。也就是说，通过无所不在的网上连接，使得相互间联系、交往以及商务活动完全可以网上进行，从而达到提高客户、合作伙伴的满意度，降低成本，提高灵活性，缩短谈判时间，提高工作效率等目的。但要达到这些，有几方面值得注意。

一、加速互联网谈判人才的培养

实行互联网谈判方式，需要谈判人员既有商务知识与谈判技巧，又有 IT 技术。而目前的事实往往是谈判人员善于从事商务谈判，但缺乏 IT 技术，或者有 IT 技术，而对商务谈判知识与技巧了解偏少。所以，面对电子商务的快速发展，要加速网上谈判人才的培养。

二、加强与客户关系的维系

由于互联网上公开的大众媒体，使用网上谈判也就意味着你与客户、合作伙伴之间的关系公开化。竞争对手可以通过互联网随时了解到你的报价、技术指标以及你的客户、合作伙伴的需求，甚至你与客户、合作伙伴之间存在的分歧等。通过这些资料的分析，竞争对手有可能抢走你的客户。所以，借助于互联网进行商务谈判，还应注意情感的担心，提高服务水准，以便更好地维系与客户、合作伙伴的关系。

三、加强资料的存档保管工作

互联网容易受病毒侵害甚至黑客的破坏。由于网上谈判所使用的 e-mail 需要互联网的传递，如果一旦网络发生故障或遭遇病毒、黑客，往往就会影响谈判双方的联系，甚至会丧失合作机会，无法实施谈判方案。因此，商务谈判过程中的发盘、还盘、确认等资料要及时下载，打印成文字，以备存查。

四、必须签订书面合同

互联网谈判达成的成交，一经确认或接受，一般即认为合约成立，交易双方均受其约束，不得任意改变。但为了明确各自的权利与义务，加强责任心，双方必须签订正式的书面合同，促使双方按照合同办事。

此外，开展互联网谈判，如何进行品牌管理？如何吸引新的客户？如何争取客户的信任？如何进行组织管理？这些新的问题也有待进一步研究与确认。

面对面谈判、电话谈判、函电谈判和互联网谈判各有优点和缺点，谈判中具体采用哪种方式，应视情况不同而灵活选择，如表 5-1 所示。

表 5-1　谈判的几种方式

	面对面谈判	电话谈判	函电谈判	网上谈判
接触方式	直接	间接	间接	间接
表达方式	语言	语言	文字	文字
商谈内容	深入、细致	受限制	全面、丰富	全面、丰富
情感氛围	利用	无法利用	无法利用	无法利用
个性心理	有影响	有影响	不影响	不影响

续表

	面对面谈判	电话谈判	函电谈判	网上谈判
联系方式	慢、窄	速、广泛	较慢、较窄	快速、广泛
费用	最大	较大	较少	很少
适用范围	一对一团体谈判 大型项目	一对一 小型项目	日常交易 国际贸易	日常交易 国际贸易

案例：

中方某公司向韩国某公司出口丁苯橡胶已一年，第二年中方又向韩方报价，以期能够继续供货。中方公司根据国际市场行情，将价格从前一年的成交价每吨下调了120美元（前一年为1200美元/吨）。韩方感到可以接受，建议中方到韩国签约。中方人员一行二人到了首尔该公司总部，双方谈了不到20分钟，韩方说："贵方价格仍太高，请贵方看看韩国市场的价，三天以后再谈。"中方人员回到饭店感到被戏弄，很生气，但人已来，谈判必须进行。中方人员通过有关协会收集到的韩国海关进口丁苯橡胶的资料，发现韩国从哥伦比亚、比利时、南非等国进口的量较大，从中国进口的也不少，中方公司是占份额较大的一家。价格水平南非最低但高于中国，哥伦比亚、比利时价格均高于南非。韩国市场的批发和零售价均高出中方公司现报价的30%～40%，市场价虽呈降势，但中方公司的给价是目前世界市场最低的。为什么韩国人员还这么说？中方人员分析，对手以为中方人员既然来了首尔，肯定急于签好合同回国，他们可以借此机会再压中方一手。那么韩方会不会不急于订货而找理由呢？中方人员分析，若不急于订货，为什么邀请中方人员来首尔？再说韩方人员过去与中方人员打过交道，有过合同，且执行顺利，对中方工作很满意。这些人会突然变得不信任中方人员了吗？从态度看不像，他们来机场接中方人员，且晚上一起喝酒，气氛良好。据上述分析，中方人员共同认为：韩方意在利用中方人员出国心理，再压价。经过商量，中方人员决定在价格条件上做文章。总体来讲，中方态度应强硬（因为来前对方已表示同意中方报价），不怕空手而归。其次，价格条件还要涨回市场水平（即1000美元/吨左右）。再者，不必用两天给韩方通知，仅一天半就将新的价格条件通知韩方。

一天半后的中午前，中方人员电话告诉韩方人员："调查已结束。得到的结论是，我方来首尔前的报价低了，应涨回去年成交的价位，但为了老朋友的交情，可以每吨下调20美元，而不再是120美元/吨。请贵方研究，有结果请通知我们。若我们不在饭店，请留言。"韩方人员接到电话后一个小时，即回电话约中方人员到其公司会谈。韩方认为，中方不应把过去的价再往上调。中方认为，这是韩方给的权利，他们按韩方要求进行了市场调查，结果应该涨价。韩方希望中方多少降些价，中方认为原报价已降到底。经过几回合的讨论，双方同意按中方来首尔前的报价成交。这样，中方成功地使韩方放弃了压价的要求，按计划拿回合同。

案例分析：

一、双方进行的谈判准备

1. 中方对谈判信息的积累和收集。从案例中韩的谈判中"中方公司根据国际市场行情，将价格从前一年的成交价每吨下调了120美元（前一年为1200美元/吨）"可以知道，中国首先掌握了市场行情，并根据市场行情进行了价格调整，说明中方对于谈判进行了初步的准备。

接着，"中方人员通过有关协会收集到韩国海关进口丁苯橡胶的资料，发现韩国从哥伦比亚、比利时、南非等国进口的量较大，从中国进口的也不少，中方公司是占份额较大的一家。价格水平南非最低但高于中国，哥伦比亚、比利时价格均高于南非。韩国市场的批发和零售价均高出中方公司现报价的30%~40%，市场价虽呈降势，但中方公司的给价是目前世界市场最低的"可以看出，中方已经收集了大量的谈判信息，为谈判者做好了充分论证。

2. 韩方谈判物质条件的准备。案例中"中方人员通过有关协会收集到韩国海关进口丁苯橡胶的资料"说明，中方谈判人员所采用的信息是从国内在本单位有联系的当地商会组织那里收集到的；而且从"韩国市场的批发和零售价"也可以看出，中方采用了市场调查这一信息收集方法。

二、谈判者素质与谈判心理

把对方的愤怒视为一种谈判技巧，而非情绪反应。在中方将经过调查后提出的价格通知韩方后，韩方对此表示极大不满，认为中方不应再把过去的价格往上调。这样，首先中方可以提出"我们明白您对这个提议不满意"，接着就可以站在对方的立场上提出"那您希望我们给出什么价位？"这样一来，韩方提出的一定是比新的报价低的价格，也就更接近之前的报价。

三、中方所采用的谈判策略

1. 中方采用的战略策略。中方运用了信息收集、信息分析（"中方人员分析，对手以为中方人员既然来了首尔，肯定急于签好合同回国，他们可以借此机会再压中方一手。"）、方案假设（"这些人会突然变得不信任中方人员了吗？"）、证论（"从态度看不像，他们来机场接中方人员，且晚上一起喝酒，气氛良好。"）和选取（"经过商量，中方人员决定在价格条件上做文章。"）五个步骤，以小范围形式确定，属于战略性决策。

2. 分梯次捍卫决策的实行方法。中方在执行决策时，采用分梯次捍卫决策的实行方法，先电话后面谈，先业务后领导。同时，运用时间效益加强执行力度，把原本三天回复韩方的期限缩短为一天半回复，使己方态度变得更强硬。

四、中方所采用的谈判技巧

1. 利益交集法。中方原先的定价是在前一年定价的基础上降低120美元/吨，而此次赴韩的目的则是成功以双方之前协议的价格签订合同；韩方之前一直以1200美元/吨与中国做最低价格的交易，但是仍希望获得更低的进货价格，因此，韩方的目的是以更低的价格签订合同。中方在谈判过程中合理找到了双方利益的交集点，既没有低于之前在中国商定的价格，也在一定程度上满足了韩方低价进购的要求，以低于前一年120美元/吨的价格成交。

2. 中方为韩方预留让步空间。中方在经过一天半的商讨后，提出了高于之前协商的价格，以预留让步空间。当中方提出的供货价格高于之前协商的价格时，韩方一定会认为之前协商的价格比现在的要好，这样就在心理上战胜了韩方，使其同意并主动接受之前协商的价格。

3. 让对方觉得是胜利的一方。优秀的谈判定义之一，就是在谈判完成时，双方都很有成就感。所以优秀的谈判者会使对方感觉自己已经快被逼到底线了，让对方做最后的提议，而非自己（同样的方案让对方开口，对方会觉得是你答应他的要求）。在案例中，中方的谈判人员提出下调20美元/吨而不再是120美元/吨的报价，这让韩方无法接受。因为这样一来，韩方的逼近空间就小了很多。其次，韩方在措手不及的情况下会更容易主动提出之前降低120美元/吨的报价。

本章小结

互联网已经改变了竞争环境，它给买方提供了更强大的交易能力，同时也给供应商和出口商提供了更多的商业机会，使他们不再受时区和距离的限制。因此，互联网谈判的竞争就更为激烈，更不受个人情感的影响，对抗性更强，而且常常会导致谈判破裂。由于电子商务鼓励了竞争，因而从事企业对企业电子商务交易的公司将面临更大的价格压力、更高的客户流失率和难以预测的市场环境。

总体来说，互联网谈判最适合洽谈重复性的交易，接受或确认订单，表达交易意向，测试市场行情，阐明细节性问题，提供附加信息，提供售后服务，给出运输和交货的具体细节，与现有顾客沟通，检查竞争情况，以及为面对面的谈判做准备等。但是，要想使互联网谈判获得成功，就必须要周密思考之后再发送电子信息，要考虑谈判的长远影响，在回复之前还要向他人咨询和征求建议，要认真检查一下写好的信息再发送，要有选择性地进行回复，要避免使用否定性或容易激怒对方的表述，要多用合作性的策略，不要从谈判一开始就讨论定价问题，更不要缺乏远见。

阶梯实训

1. 实训名称：

生活中的谈判艺术。

2. 实训目的：

通过对生活中谈判技巧的收集，进一步理解谈判中语言交流技巧的重要性。

3. 实训要求：

（1）要求每个学生收集2~3个生活中的谈判例子。

（2）学生分组讨论，每组4~6个人（具有相似例子的同学组成一组），讨论并整理日常生活中自己遇到并留下深刻印象的有关谈判实例的成败及原因。

（3）以 PPT 或模拟谈判的形式，总结收集谈判案例中的谈判技巧的运用。

案例分析

上海某招聘现场，某外贸公司的老总亲自负责招聘，展台前有很多求职者。突然老总接到一个电话，可能是电话那方说话很快，身边又没有翻译，所以老总也听不太清楚。情急之下，该老总要在场的应聘人员前来帮忙。可是三个应聘者接了电话后都表示对方专业用语太多，没办法交谈下去；有的应聘人员回答得很不耐烦、缺乏礼貌。在老总十分着急的情况下，有一个小伙子很有礼貌地向老总打过招呼并说他可以试一试。报价、走货、订单，流利的口语和礼貌的态度让人刮目相看。老总当场表示录取他，更让人大吃一惊的是，他只是上海某中职学校报相关专业的毕业生。

问题

这位中职学校的毕业生胜出的原因何在？

分析

这位中职学校毕业生胜出的原因是因为他具有很强的自我情绪控制能力、专业能力和礼貌修养。通过现场短短几分钟的电话交谈，基本上该毕业生能够做到不卑不亢、客气作答，服务周到，随和应变，属于实用性的人才。尤其是他谦虚优秀的品质更是商务谈判中不可或缺的一种品质。学习是为了应用，如果空有学历没有能力发挥不出来，不能运用到实际中也是白费。此毕业生虽然学历一般但是能力超群，解决问题的能力突出，能学以致用，所以能胜出。

第六章 谈判中的最佳实践

学习目标

- 理解谈判既是一门艺术，又是一门科学。
- 探讨所有谈判者为了在谈判中获得成功能够使用的 10 种最佳实践。

谈判是日常生活中不可或缺的一部分，我们周围有各种各样的谈判活动。尽管有些人看起来似乎天生就适合当谈判者，但实际上每个人都能学会谈判的分析和交流技能。本章从谈判的各个阶段的实践中，为谈判者选取了 10 种最佳的谈判技巧实践，如表 6-1 所示。

表 6-1 谈判者的 10 种最佳实践

1. 准备充分	（4）诚实、公开与封闭、不透明
2. 对谈判的基本结构进行分析	（5）信任与不信任
3. 研究最佳替代方案	6. 牢记无形因素的存在
4. 随时准备中止谈判	7. 积极管理联盟
5. 抓住谈判的主要矛盾	8. 享用并维护声誉
（1）索取价值和创造价值	9. 牢记理性与公开是相对的
（2）坚持原则与顺势而为	10. 不断汲取经验教训
（3）坚持战略与寻求新选择的机会	

任务一 准备充分

准备的重要性不言而喻，所有谈判者都要为他们将要进行的谈判做好合适的准备（见第四章）。准备工作虽然并不是一项费时或艰巨的活动，但它却是每位谈判者的最佳谈判时间清单中最重要的实践。那些做好准备的谈判者拥有数不清的优势，包括更有效地分析其他谈判者的报价，理解做出妥协过程的微妙之处，以及更好地获得他们的谈判目标。准备工作应该在谈判开始前进行，以便使费时的谈判能够更有成果。准备意味着理解自己的目标和利益，同时尽可能巧妙地将其向其他谈判者进行描述。准备还包括理解对方的需求以寻找能够同时满足双方利益的协议。几乎没有谈判能在双方没有同时达到部分目标的情况下圆满结束，提前确定自己的需求并理解对方的需求是提高谈判成功可能性的关键步骤。

好的准备工作同样意味着要为谈判结果设定较高的但可达到的期望值。那些将期望值设定过低的谈判者通常只能达成不理性的协议，而将期望值设定过高的谈判者则更有可能陷入僵局，并在沮丧中终止谈判。谈判者还要仔细设计开幕词并选好自己的立场，这样他们才会在谈判的开始阶段做好充分的准备。但很重要的一点是，应避免预先对整个谈判进程进行计划，因为即使谈判遵循广泛的阶段式进行，也会存在各种随机的变化，提前对谈判各个阶段的具体战术进行过多计划并不是对准备时间的有效利用。更好的做法是，谈判者尽可能地去了解自己和对方各自的优势和劣势、需求和利益、相关情境，以便能够随着谈判进程的进行而随时调整策略。

任务二　对谈判的基本结构进行分析

谈判者应该对他们究竟面临的是分配式谈判还是整合式谈判或是两者兼有有一个清楚的判断，并据此来选择策略和战术。使用不合适的策略和战术会带来不理想的谈判结果。例如，在一个基本的整合式情境中使用过度竞争性的战术很可能使整合式的潜力得不到开发，因为谈判者这时倾向于对那些能使整合式谈判成功的信息进行保密。在这些情况下，金钱和机会往往被遗留在谈判桌上。

类似地，在分配式情境中使用整合式策略也可能得不到最佳结果。例如，王先生最近购买了一辆新车销售人员花了大量的时间和精力了解这位作者的家庭情况，并保证将尽力给他最高的折扣。不幸的是，在作者询问有关车的标价以及制造商最近的促销广告信息时，这位销售人员要么保持沉默，要么转移话题。对于作者来说，这是一个完全分配式的情境，他并没有被销售人员企图采用"整合式策略"的促销所愚弄。作者最后从一位能够以直接的方式提供所需信息的销售人员那里购买了同一款汽车，价格比最初那位销售人员提供的价格低了 1500 美元。

谈判者还需要记住很多谈判是由整合式和分配式的元素同时组成的，因此，对这些谈判需要采用相机策略，这一点在不同阶段之间进行过渡时尤为重要，因为转换策略时的失误会迷惑对方，并导致僵局。

最后，折中、回避和妥协有时也是合适的策略（见第一章）。好的谈判者能定义情景，并由此选择合适的策略和战术。

任务三　研究最佳替代方案

谈判力的一个重要来源就是如果不能达成协议，谈判者可利用的替代方案。谈判者的最佳替代方案尤为重要，因为这代表着协议不能达成时谈判者可能的选择。谈判者应该对自己的最佳替代方案保持警醒。他们需要了解自己的最佳替代方案和可能达成的协议之间的关系，并对最佳替代方案进行改进以便达成更好的协议。

例如，从独家供应商那里购买商品的购买者会清晰地发现，由于可行的最佳替代方案的缺乏，他们很难获得积极的谈判结果。但是，即使在这种情形下，谈判者仍然能够长期提高自己的最佳替代方案。比如，只有独家供应商的组织通常会对自己的产品进行纵向整合，开始在公司内部生产部分类似零件，或者重新对产品进行设计，减少对独家供应商的依赖。这些都是长期的替代选择，因此，在当前进行的谈判中并不可行。然而，当独家供应商进行谈判时可以提及这些长期的替代选择，以提醒对方你不会永远依赖他。

谈判者同样需要清楚地了解其他谈判者的最佳替代方案，并与自己的最佳替代方案进行比较。当谈判者所能提供的协议中潜在条款要明显优于对方的最佳替代方案时，就能在谈判中获得很多优势。相反，当你提供的条款与对方的最佳替代方案差别很小时，谈判者回旋的余地就会很小。想要与其他谈判者的最佳替代方案进行比较，谈判者需要做三件事：①仔细观察，以便理解和保持相对于其他谈判者替代方案来说的优势；②提醒对方你提供的条款相对于他的最佳替代方案的优势所在；③以一种微妙的方式告诉对方，他的最佳替代方案可能并没有想象得那么好（这一点可以通过两种途径进行：正面途径——强调己方优势，负面途径——突出对方劣势）。

任务四　随时准备中止谈判

大多数谈判的目的不仅仅是达成一致协议，而在于取得有价值的谈判结果。强势的谈判者总是记住这个要点，当达不成一致协议比达成一个低效的谈判协议来得好时，或当谈判过程不顺利到不值得继续谈判进程时，他们可以果断中止谈判。这个建议听起来似乎很容易实施，实际上，谈判者可能由于过分专注于达成一致而暂时忘记自己实际上的谈判目标（有效的谈判成果并不一定是达成协议）。谈判者可以把谈判的进展效果与谈判的计划阶段所制定的目标不断进行比较、不断与最佳替代方案进行比较，甚至决定是否中止谈判来锁定谈判目标。

即使在缺乏最佳替代方案的情境下，谈判者也会应该很清楚地了解何时停止谈判会对自己想法的产生更为容易，有时，将很轻易得到的想法写下或者与他人交流可以使得谈判者在不同的谈判状态下将这个想法牢牢记下。

任务五　抓住谈判的主要矛盾

出色的谈判者将谈判看作是一系列矛盾的集合——看似矛盾的因素可以同时发生。下面将讨论谈判者经常面对的五种矛盾。谈判者在处理这些矛盾时所面临的挑战是在这些矛盾中寻求平衡。在矛盾中人们总是本能地倾向于选择其中一个或另一个，但管理矛盾的最好方式是在相反的力量中获取平衡。强势的谈判者知道如何管理这种倾向。

一、索取价值和创造价值

所有的谈判都有一个价值索取的阶段，其中谈判双方决定了谁能获取多少价值；许多谈判也包含了一个价值创造的阶段，谈判双方共同努力扩大在谈判中的资源。每个价值阶段适用的技能和战略也大不相同。一般来说，分配式的谈判技能适用于价值索取阶段，而整合式的谈判技能适用于价值创造阶段。价值创造阶段往往在价值索取阶段之前，谈判者要面对的挑战就是平衡两个不同阶段所关注的重点，并能实现两个阶段的转换。但是，实际谈判中不存在区分两个阶段的明显标志，谈判者必须谨慎地处理从而避免破坏在价值创造阶段与谈判对手形成合作型关系。有效管理这种转换的一个方式就是明确表达自己的观点。例如，谈判者可以这样说："看来我们应该用许多想法和替代方案来打下良好的基础，不然怎么可以继续讨论如何对预期收益进行公平分配？"此外，研究表明，多数谈判者在确定谈判性质时都会存在一种偏见，认为谈判对手更多地是在索取价值而非创造价值。因此，有效管理矛盾可能需要人们探讨如何创造价值。

二、坚持原则与顺势而为

谈判的节奏与走势可以从对财务问题的激烈争论，转向同样激烈的关于公平与否或对错的讨论。这些转变形成了谈判的第二种矛盾。一方面，有效的谈判需要谈判者通过灵活应变、对新的信息进行正确评估来调整对当前谈判情势的理解。任何谈判协议的达成都需要谈判双方的妥协和让步。而另一方面，谈判者进行谈判时所遵循的核心原则是不会轻易改变的。有效率的谈判者会在必须坚持的原则性问题和为了获得双方都能接受的结果而做出妥协或让步的其他问题之间取得平衡。一个复杂的谈判有的时候也会同时包含上述问题。

三、坚持战略与寻求新选择的机会

在谈判中经常会融入新的信息，因此，谈判者要处理好坚持原有的战略与把握谈判过程中出现的新时机之间的矛盾。由于新"机会"实际上可能是一个暗藏杀机的特洛伊木马，所以这是谈判者需要处理的很具有挑战性的矛盾。另一方面，谈判环境不断变化，稍纵即逝的交易也的确存在。谈判者必须能够分清假机会和真机会。而这种辨别能力是经验丰富的谈判者的一个特征。

充足的准备对于有效处理"战略与机会"这对矛盾来说很重要。对谈判做了充分准备和对谈判环境有笃定把握的谈判者能准确定位矛盾。我们同样建议谈判者密切关注自己的"直觉"。如果感觉一项交易不对劲，或者太好了以至难以令人相信，那么这项交易很可能就不是真的，或者不是一个可以把握的机会。如果谈判者对谈判的进展方向感到不安，那么最好的方式是暂停谈判，并向他人咨询对当前谈判环境的意见。经常将机会解释给同事、朋友或委托人有助于帮助区分真正的机会和"特洛伊木马"。

四、诚实、公开与封闭、不透明

谈判者会遇到"诚实困境"：我应该在多大程度上向谈判对手表现出诚实与开放呢？谈判者如果完全坦诚，向谈判对手说明所有相关的问题，就会面临被谈判对手利用的风险。事实上，研究表明，向对方提供超过他们所需要的信息反而会使谈判结果不尽人意。另一方面，完全封闭不仅会对声誉带来负面影响，而且是一个无效的谈判战略，因为你没有提供足够的信息来为达成一致的谈判创造基础。处理这对矛盾的挑战是决定透漏多少信息、保留多少信息——既要出于对实际的考虑，又要出于对道德的考虑。

出色的谈判者早就已经意识到了这对矛盾，并找到了平衡点，而这也同样取决于谈判对手的情况。谈判者应该记住谈判是一个动态发展的过程。如果谈判进展顺利，谈判者就会与其对手建立起互相信任的关系，并有向对方透露更多信息的强烈意愿，这将对谈判者产生不利影响。也就是说，不论谈判进展如何，谈判者都不应该透露太多的信息（如分配式谈判中个体的底线）。

五、信任与不信任

与"诚实困境"一样，谈判者也同样会面临"信任困境"：对于谈判对手所提供的信息应该相信多少。如果谈判者相信谈判对手所说的所有事情，那么就很容易被对方利用。相反，如果谈判者不相信谈判对手所说的任何事情，那么他们就很难达成协议。就如"诚实困境"所说的一样，谈判者应该牢记谈判是一个随着时间而不断变化的过程。首先，通过互相的坦诚与信息共享可以获取对方对你的信任，进而对方也会使你信任他们以及为你提供可靠的信息。其次，不同的个体存在着信任差异。有些谈判者在谈判初期会比较信任谈判对手，但是如果谈判过程中发现对方的信息并不值得信任，那么相互之间的信任就会急剧下降。其他谈判者在对方获得了对自己的信任后会觉得很舒服，但在初期却会疑神疑鬼。虽然处理这一矛盾在方法上没有对错可言，但是卓越的谈判者能够认识到这一困境，并密切关注环境变化，不断提高自己应对相应挑战的能力。

六、牢记无形因素的存在

谈判者在谈判的过程中应该牢记一些无形因素并注意它们的潜在影响。这些无形因素时常会产生负面影响，并让谈判者措手不及。如第一章所述，无形因素指的是深层的心理因素，主要包括成功、避免损失、比别人强、公平等。例如，当你和具有上述特征的人员就某一职位进行谈判时，你会发现他很难对付，因为他会在老板面前设法留下好印象。然而，他并不会告诉你这是他想做的，事实上也许他自己都没有意识到。辨别存在哪些无形因素的最好方法是确认哪些因素不存在。换句话说，就是当你对对方的情况做了充分的分析后，发现没有什么有形因素可以解释他的行为——在特定问题上不让步、不接受别人的建议、行为很荒唐等，那么，这时你就要找一些无形因素了。

比如，几年前，刘先生帮助一位朋友买车，其中有一家经销商开价比其他的经销商低

2000 美元。唯一的感觉就是那辆车必须得那天卖出去。表面看起来这像是一个骗局，但是没有明显的有形因素可以解释他为什么开价这么低。这位朋友以前从来没有在经销商手中买过车，这辆车看起来是新的，而且还有保险，并且经过他多次考察知道这个价钱已经是很低的了。随着谈判的继续进行，销售员显得有些紧张，额头都出汗了。最终这位朋友决定买下这辆车，此时，销售员立马打电话告诉妻子这一好消息。原来是这位销售员获得了一个全家人去加勒比海度假两周的奖励，但前提是 1 个月内必须卖出 10 辆车。所以其实当这位朋友表现出犹豫时，销售员是非常焦虑的，因为他已经打了很多折扣了。

上述例子中，为了得到奖励的这个无形因素解释了销售员的有形行为。而消费者也只是在销售员给妻子打电话后才知道的。通常，谈判者并不清楚无形因素正在影响着对方，直到这种无形因素被公开。但是，通常比较谈判者在多次谈判中的行为，以及在谈判前对对方信息的收集还是可以知道一些对方的无形因素的。比如，你的对手有一个他不喜欢的新老板，而且你们后来的谈判显得异常困难，那么，那个他不喜欢的新老板可能就是影响谈判的无形因素。

至少有两种方法可以发现影响对方的无形因素。一种揭露对方的无形因素的方法是提问题。这些问题应该能说明对方为什么就某个问题会有这样的看法。要注意的是，潜在的价值观或利益这些无形要素的根源。所以，揭露无形因素可能会引起不安和焦虑。提问题的过程也应该有礼貌、非正式。如果问题带有攻击性，那么对方为了自我防卫也会产生其他一些无形因素，使得谈判更加复杂和没有效率。第二种方法是带一个观察者或倾听者和你一起谈判，倾听者也许可以解读对方说话的情绪、语调以及其他的肢体语言，并且可以站在对方的角度考虑问题（角色转换）。然后，谈判者再与自己所带来的倾听者沟通，有助于了解对方的无形因素，从而提出新的问题。

谈判者也必须谨记，无形因素也会影响他们自己（我们通常意识不到导致我们生气、影响谈判进展以及产生某种观点的无形因素）。你有没有因为对方不尊重你而觉得谈判异常困难？你有没有尝试给下属上课？或者有没有想赢得一次谈判使自己看起来比其他经理厉害？暂不讨论这些想法是否正确，但这些想法背后的无形因素是值得关注的。经常和别人交流，就仿佛一个具有同情心的倾听者，这样可以帮助你了解一些无形因素。优秀的谈判者会意识到影响谈判的不止是有形因素，还有无形因素，并且他们在评估结果时，也会同时考虑这两种因素。

七、积极管理联盟：反对你的、支持你的、不确定的

联盟对谈判的过程和结果具有显著影响。谈判者应该区分三种联盟以及它们的潜在影响：①反对你的联盟；②支持你的联盟；③不确定的联盟，既有可能支持你也有可能反对你。优秀的谈判者能辨别联盟并设法使其为自己服务。如果不能，那么就应该阻止对方利用此联盟来对付自己。当谈判者是联盟中的一员时，应该和联盟沟通并确保联盟和自己的目标一致。同样，如果谈判者是联盟的代理人，那么他应该对此过程格外关注。

当有联盟反对自己时，达成协议是一项艰巨的任务。确认联盟什么时候会反对你，并

设法反击。通常，谈判者可以采取各个击破的战略，就是使联盟内部成员意见不一致，使他们失去稳定性，从而逐步瓦解他们。

联盟经常出现在许多正式的谈判中，如环境评估、行业协会的决策制定等。联盟在一些较不正式的环境中也有重要影响，如企业中的工作团队和家庭等，在这些群体中不同的子群体可能会拥有不同的利益。当谈判者需要依靠他人来达成协议时，管理联盟就变得尤为重要。在大多数人都不赞成时，谈判者虽然有可能促成一项协议，但是想要该协议得到贯彻执行却非常困难。老练的谈判者需要主动监控和管理联盟，这项工作虽然在谈判过程中会花费大量的时间，但却能为谈判者在协议施行阶段带来巨大收益。

八、享用并维护声誉

声誉就像鸡蛋一样易碎，建立它很重要却易受损，而且声誉一旦遭到破坏就很难重建。声誉传播迅速，并且人们往往比你想象中的要更了解你。以良好的声誉展开谈判是必要的，而且谈判者应当注意维护自己的声誉。相对于那些具有诚实公平声誉的谈判者而言，拥有言而无信、不诚实声誉的谈判者在未来的谈判中可能会遇到更大的麻烦。考虑如下两种截然不同的声誉，"难缠，但很公正"和"难缠又狡诈"。与这两种声誉不同的人谈判时，谈判者会做不同的准备工作。与难缠公正的人谈判，就意味着要为潜在的艰难谈判做好准备，同时也要意识到对方会极力向你兜售他们的观点，但是他们的行为还是会理性公正的。与难缠又狡诈的人谈判，意味着谈判者需要核实对方所言是否属实，警惕对方使用卑鄙的伎俩，在共享信息时要更加小心。

在他人眼中你是一位怎样的谈判者？此时你的声誉如何？你希望拥有什么样的声誉？想象一下你最尊重的谈判者的声誉。你钦佩他们哪些行为？同样也想象一下臭名昭著的谈判者。为了改变在你心中的形象，他们应该做什么？

谈判者可以通过一致的和公正的风格行事来塑造和加强他们的声誉，而不该听天由命。一致性能使你的谈判对手清晰地预见你的行为模式，从而形成可靠的声誉。公正表明你是一位有原则和理性的人。老练的谈判者还会不断地从别人那里搜寻关于自己行事方式的反馈信息，并利用这些信息来增强自己在市场中的信誉和可信赖度。

九、牢记理性与公正是相对的

关于谈判者感知和认知的研究清楚表明（见第五章）：人们倾向于以自我服务偏见的方式看待这个世界，并以自利的方式来定义理性的事情或公正的程序和结果。首先，谈判者要意识到他们自己和谈判对方都有这种倾向。谈判者可以做三件事来主动地管理这些感知：第一，质疑自己对公平的感知，并将其建立在清晰的原则基础上；第二，寻找彰显公平结果的外部标准和示例；第三，谈判者可以阐明谈判对手所持有的关于公平的定义，并与对方展开对话，就当前环境下的公平性标准达成一致协议。

另外，谈判者经常会把共同定义什么是正确的或公正的作为谈判过程的一部分。通常情况下，没有任何一方对什么是绝对的正确、合理或公平持有要点。理性的人可以表达自己的反对意见，但是通常情况下谈判双方所能取得的最重要的结果是一个普遍同意的观点、事实的解释、观察问题的正确方式的认可、衡量公平的结果和程序的标准等。谈判者需要就这些原则的谈判做好充分准备，就像为议题的讨论所做出的充分准备一样。

十、不断汲取经验教训

谈判活动体现了人们终身学习的理念。最优秀的谈判者不断从经验中汲取教训。他们知道谈判中存在如此多的不同变量和细微差别，以至于根本不可能存在完全相同的两个谈判活动。这些差异意味着谈判者如果想继续保持敏锐，他们就必须不断地练习谈判艺术和技巧。此外，最优秀的谈判者在每次谈判结束后都会花一定的时间对此次谈判进行分析和总结，反思谈判中发生的事以及他们学到的知识。谈判结束后还要做到以下四点：

（1）每次谈判结束后都要留出反思的时间。

（2）定期从培训人员或指导人员那里学习（去参加研讨会和谈话会，读一本新书，向有经验的谈判者请教那些你发现和询问到的问题或者是怎么发现问题）。

（3）用笔记记录自身的优势和劣势，制造机会弥补劣势。

（4）如果你经常与同一个人或者团体进行谈判，你应该注意记录以及注重谈判的发展，与此同时，你也应该注意其他的谈判者，等等。

这种分析不会花费大量的成本和时间。但每次重要谈判结束后都要进行，应该集中在那些有关"什么"和"为什么"的问题上，如谈判期间发生了什么事情、为什么会发生、我学到了什么，等等。能够花时间停下来反思自己的谈判者将会发现，他们的谈判技能在持续不断地提高，并在未来的谈判中保持敏锐和专注。此外，即使是最优秀的运动员——几乎所有体育运动中的——也有一位或多位教练，必要的时候他们会停下手边的工作补充学习。谈判者也可以参加那些能加强自己谈判技巧的研讨会，阅读与谈判相关的书籍，聘请能帮助他们改善谈判技巧的专家等。

本章小结

本章通过探讨谈判者在谈判中获得成功的 10 种最佳实践，让谈判者知悉并能熟练运用。

阶梯实训一

1. 实训名称：
中美贸易模拟谈判。

2. 实训目的：
通过模拟谈判让学生初步了解谈判的语言、问、答的艺术以及非语言的艺术。亲身体验商务谈判对谈判人员各方面能力素质的要求，为顺利学习本课程奠定基础。

3. 实训步骤：

（1）将全班同学每6个人一组划分为若干组，每组作为一个谈判队伍。

（2）每个队伍中的6个人分别担任谈判负责人、商务人员、技术人员、财务人员、法律人员、翻译和记录人员；由学生商量好分工，或由教师指定。

（3）随机抽取两个队伍进行模拟谈判，一个队作为卖方，另一个队作为买方。

（4）教师在模拟谈判前向学生说明整个谈判的步骤，也可参考教材国际商务谈判步骤的内容。

4. 实训背景资料：

我国深圳蛇口工业区党委书记一次出访某国，在同某财团谈判关于合资经营新型玻璃厂的问题时，对方自认为设备先进，漫天要专利价，谈判一度陷入僵局。而在另一轮谈判中，这位善于同外商斗智周旋的党委书记若有所指地说："中国是个文明古国，文明祖先早在1000多年以前，就将指南针、造纸术、印刷术、火药等四大发明的生产技术无条件地贡献给全人类，而他们的子孙后代，从未埋怨他们的祖先不要专利权是愚蠢的。相反，我们却盛赞祖先为推进世界科学的进步做出了杰出贡献。现在中国在与各国的经济往来中，并不要求各国无条件地转让专利权，只要价格合理，我们一个钱也不会少给。"一席精彩的言辞，赢得了在座人的赞赏，那个财团的决策人当场表示愿意降低价格，从而近亿美元的经济合作协议圆满地达成了。

5. 实训任务：

实训过程中突出谈判的内容，完成谈判的目标，完成谈判对话的艺术。完成问、答、说、非语言的艺术。最后谈判顺利成功。

6. 实训考核：

将各方谈判中运用谈判技巧的熟练程度，作为评判哪组获胜的标准；同时，根据谈判其他目标的达成情况和谈判过程中各队的表现给予最终成绩。

阶梯实训二

买方：森瑞达公司

卖方：华西涡轮机公司

以下是根据实际谈判案例改编的角色扮演练习，划分为甲乙两方（甲方：森瑞达公司采购代理商、生产工程师以及泰克公司咨询设计工程师；乙方：华西涡轮机公司销售代表、地区销售经理与设备工程师），不同谈判角色领取不同的角色扮演卡。

乙方角色1：华西涡轮机有限公司销售代表

你将扮演华西涡轮机有限公司的销售代表，该公司是一家工业燃气涡轮机和天然气压缩机制造商。现在已经安排了你们公司的谈判代表团（包括一位销售经理、一位设备工程师，再加上你）和森瑞达天然气公司的客户代表们的一次会议。此次会议的目的在于就合同的最终细节问题进行谈判。该合同是你过去六个月持续为之奋斗并努力争取在近期使之得以实现的。这份特殊的合同对你个人来说非常重要，因为它将使你今年的销售业绩达到分红标准。

经过总部批准，你已经向你的客户提供了一份报价单。森瑞达公司经要求比原报价降低一些。对于标准协议中的部分条款和条件，你也有机会定机器价格。华西公司的标准条款作为报价单附属的一部分列出来。过去你发现坚持标准在公司看来为最重要的，特别是在海外安装时，保障标准工作的劳力成本是很难预测的。而且在最近的销售会议上，你的经理也指出了付款条款和在高通货膨胀环境下的通货调整的重要性。森瑞达公司选择的产品对于你来说并不是特别重要。你关心的是在基本的机器上达成协议，因为这会影响到你的年终奖，而额外的产品对你的绩效考核和补偿并没有什么影响。

你有30分钟时间和谈判组其他成员商量谈判战略，以上部分或全部信息可以用以支持你的战略选择，如果需要的话你也可以创立其他论点来支持你的立场。尽力扮演好分配给你的角色是非常重要的，因为这可以使所有参与者学到更多的东西。你可以就表格内容交换信息，但是请不要与谈判组内的其他成员交换表格。你将有1小时的时间用来和森瑞达谈判代表团达成协议，并在这些表格上做记录，如果对谈判规则不清楚可以提问。最终协议条款将被记录在后面所附的合同中，并由双方公司的代表签署。

华西涡轮机有限公司报价单	
福建省厦门市	安装：
林荫道7号	
森瑞达天然气有限责任公司	南沙群岛海上6号生产平台
JR2000型天然气压缩机	25000000元
产品选择：	
定制海洋掩体	4000000元
还原器	5000000元
盐水喷雾空气过滤器	1000000元
服务协议（提供两年正常维护、零部件更换和劳务）	1500000元
总价合计	36500000元
标准条款和条件	
交货时间	6个月
延迟交货罚金	100000元／月
取消费用（如果客户取消订单）	合计价格的10%
保证（对于不完善的机器）	一年内保证提供部件
付款方式	货到付款
通货调整	每年15%
最终合同条款	
JR2000型压缩机	

续表

产品选择（在选项里打钩） （　）掩体 （　）还原器 （　）过滤器　　　合计　　元 服务条款（列举条件） 　　　　价格　　元	
条款和条件： 交货时间 延迟交货罚金 取消费用（如果客户取消订单） 保证（对于不完善的机器） 付款方式 通货调整 保证 仲裁条款（选项里打钩）	 零部件劳务年限 包括　不包括
签署人 ————————　　———————— 森瑞达公司达标　　华西公司代表	

乙方角色 2：华西涡轮机有限公司地区销售经理

你将扮演华西涡轮机有限公司地区销售经理的角色。你将带领华西公司的销售代表们和森瑞达天然气公司围绕价值 3650 万元的压缩机设备进行最终的一次销售谈判。你的销售人员已经就销售和技术问题与对方进行了初步讨论，在这次和客户的最终谈判里，你必须做出一些决策，争取和森瑞达公司达成协议。

在过去几周里，你们公司和其他公司的一些大宗合同都被竞争对手抢走，因此，这次能否与森瑞达公司合作变得很重要。再者，由于谈判标的涉及还原器产品，就使得此次交易变得更加重要了，因为该类型还原器是一种新型节能器，也是目前华西公司正在力推的重点产品。你的销售人员已经向森瑞达公司提交了一份产品报价单。公司允许你根据具体情况最多可以有 10% 的让价，更多的折扣价则需要向总部汇报同时说明充分的理由。另外，你的大部分年薪是根据你在公司完成的利润指标来计算的。最后，根据市场调查发现，华西公司的竞争者近来提高了相应产品的价格，这也使得你的报价更有吸引力。最近，一些客户要求把仲裁列为合同的补充条款和条件。你们公司的法律部门感觉这样的条款没有必要。事实上，过去每当华西公司和客户纠纷案被提交到第三方仲裁时，华西公司总是输掉。因此，法律部门要求你尽量避免任何仲裁条款。

你有 30 分钟时间和谈判组其他成员商量谈判战略，以上部分或全部信息可以用以支持你的战略选择，如果需要的话你也可以创立其他论点来支持你的立场。尽力扮演好分配给你的角色是非常重要的，因为这可以使所有参与者学到更多的东西。你可以就表格内容交换信息，但是请不要与谈判组内的其他成员交换表格。你将有 1 小时的时间用来和森瑞达谈判代表团达成协议，并在这些表格上做记录，如果对谈判规则不清楚可以提问。

华西涡轮机有限公司报价单	
福建省厦门市 林荫道 7 号 森瑞达天然气有限责任公司	安装： 南沙群岛海上 6 号生产平台
JR2000 型天然气压缩机 产品选择：	25000000 元
定制海洋掩体	4000000 元
还原器	5000000 元
盐水喷雾空气过滤器	1000000 元
服务协议（提供两年正常维护、零部件更换和劳务）	1500000 元
总价合计	36500000 元
标准条款和条件	
交货时间	6 个月
延迟交货罚金	100000 元/月
取消费用（如果客户取消订单）	合计价格的 10%
保证（对于不完善的机器）	一年内保证提供部件
付款方式	货到付款
通货调整	每年 15%

* 表示如果因为客户的原因推迟交货，报价单价格每年增加 15%，以月为单位计。

乙方角色 3：华西涡轮机有限公司设备工程师

你将扮演华西涡轮机有限公司设备工程师的角色。考虑到客户欲购买 JR2000 型天然气压缩机设备，公司选择你参加和森瑞达天然气公司代表的谈判。一份基本机器和相关产品选择的报价单附后。

作为你们公司设备工程部门的一员，你对跟顾客交流所列产品选择这一点非常感兴趣。华西公司提供的这些产品选择，在安装和使用机器时会遇到少许困难，这已经是你们部门经历过的。

在提供服务时，应避免客户由于不正确操作导致设备不能正常工作。华西公司认识到，在提供海上安装设备方面，包括抗腐浊掩体和盐水喷雾过滤器，它们都是该行业的领先者。还原器（一项充分利用多余的热量来减少燃料消耗的设备）是该项目特别重要的一部分，因为这是由华西公司提供的一项新产品。因此，你们公司正积极地探索安装和服务该产品的经验，并且在以后销售使用中提供经验记录。由于天然气成本经常增加，你们的客户将会更加关注你们产品关于燃料消耗方面的特性。

　　你有 30 分钟时间和谈判组其他成员商量谈判战略，以上部分或全部信息可以用以支持你的战略选择，如果需要的话你也可以创立其他论点来支持你的立场。尽力扮演好分配给你的角色是非常重要的，因为这可以使所有参与者学到更多的东西。你可以就表格内容交换信息，但是请不要与谈判组内的其他成员交换表格。你将有 1 小时的时间用来和森瑞达谈判代表团达成协议，并在这些表格上做记录，如果对谈判规则不清楚可以提问。

华西涡轮机有限公司报价单	
福建省厦门市 林荫道 7 号 森瑞达天然气有限责任公司	安装： 南沙群岛海上 6 号生产平台
JR2000 型天然气压缩机 产品选择： 　定制海洋掩体 　还原器 　盐水喷雾空气过滤器 服务协议（提供两年正常维护、零部件更换和劳务）	25000000 元 4000000 元 5000000 元 1000000 元 1500000 元
总价合计	36500000 元
标准条款和条件	
交货时间	6 个月
延迟交货罚金	100000 元/月
取消费用（如果客户取消订单）	合计价格的 10%
保证（对于不完善的机器）	一年内保证提供部件
付款方式	货到付款
通货调整	每年 15%
＊表示如果因为客户的原因推迟交货，报价单价格每年增加 15%，以月为单位计。	

　　甲方角色 1：泰克公司咨询设计工程师

　　你将扮演来自泰克公司的咨询设计工程师的角色。你现在正在给森瑞达天然气有限责任公司设计一座海上天然气生产平台。作为你的部分责任，你将出席一份价值 3650 万元合同的谈判，因为该协议涉及华西公司 JP2000 型天然气压缩机，该机器是提供给由你负责设计的海上工程的。你已经和华西公司销售代表在这项工作中共同工作 6 个月了，前几年也从事过其他几份工作。你很信任华西公司在产品和工作人员方面的质量。

　　关于 JR2000 型天然气压缩机和相关产品选择的价格报价单，你感觉该报价还是比较合理的，总体来说物有所值。从你的观点来看，最近三个月之内交货是关键的问题。按照你提出的每期计划表，为了完成整个天然气产品平台的安装、调试和生产，华西公司需要早于预期的交货期提交机器。由于其他产品设备部件的交货已经被拖延，所以要给华西公司及早地安装机器设备空出时间来。

最后，你强烈地感觉到还原器燃气涡轮机（还原器是一项用涡轮机多余的热量来减少燃料消耗的设备）是未来的发展方向。你确信在购买华西公司的产品中包含这项重要的革新产品也符合森瑞达公司的最大利益。另外，你个人对这项先进技术和它的使用也比较感兴趣。

你有 30 分钟时间和谈判组内的其他成员商量谈判战略，以上部分或全部信息可以用以支持你的战略选择。如果需要的话你也可以创立其他论点来支持你的立场。尽力扮演好分配给你的角色是非常重要的，因为这可以使所有参与者学到更多的东西。你可以就表格内容交换信息，但是请不要与谈判组内的其他成员交换表格。你将有 1 小时的时间用来和华西公司谈判代表团达成协议，并在这些表格上做记录，如果对谈判规则不清楚可以提问。

华西涡轮机有限公司报价单	
福建省厦门市	安装：
林荫道 7 号	
森瑞达天然气有限责任公司	南沙群岛海上 6 号生产平台
JR2000 型天然气压缩机	25000000 元
产品选择：	
定制海洋掩体	4000000 元
还原器	5000000 元
盐水喷雾空气过滤器	1000000 元
服务协议（提供两年正常维护、零部件更换和劳务）	1500000 元
总价合计	36500000 元
标准条款和条件	
交货时间	6 个月
延迟交货罚金	100000 元/月
取消费用（如果客户取消订单）	合计价格的 10%
保证（对于不完善的机器）	一年内保证提供部件
付款方式	货到付款
通货调整	每年 15%

*表示如果因为客户的原因推迟交货，报价单价格每年增加 15%，以月为单位计。

甲方角色 2：森瑞达有限责任公司采购代理商

你将扮演森瑞达天然气公司采购代理商的角色。该公司是一家在南沙群岛海域生产天然气的生产商。你将带领森瑞达公司代表团对价值 3650 万元的合同进行最后谈判。该合同是为一套新的海上生产设备提供华西公司生产的 JR2000 型的天然气压缩机。一位来自华西公司的销售代表已经提交了一份协议报价单，你感觉该协议有可能解决你们的购买问题。然而，最终的细节仍需商榷。你认为华西公司提出的价格和对应的产品不一致。你认识到华西涡轮机是目前为止在需要的时间段内提供的最好的产品。然而，因为华西公司最近在销售方面输给了竞争对手，所以你期望劝说华西公司能从实质上降低你先前制定的购买价格水平。

在最初的投标包含的条款和条件中，你感觉有三项对森瑞达公司特别重要。首先，最近几个月内，华西公司在交货日期方面有些困难。因此，在讨论过程中对延迟交货的处罚将会是一个重要的议题。其次，公司一项延期付款的政策已经公布了。除了那些已经在购买目标中列出来的条款以外，森瑞达公司的管理员强烈反对其他购买商同意的付款条款。最后，你们公司最近削减了法律部门，并采用了一项在协议辩论中采取第三方仲裁的政策。第三方仲裁条款也是和华西公司协议的关键部分。最后关心的条款是还原器项目。从事平台项目设计的咨询公司感觉还原器是必须确定增加的燃料成本。作为选择，生产部门预测主要令人头痛的机器问题是使用没被证明的项目，比如还原器。

你的任务很明确，就是解决谈判中的这些问题，这样，工程才可以准时完成。你有30分钟时间和谈判组内的其他成员商量谈判战略，以上部分或全部信息可以用以支持你的战略选择。如果需要的话你也可以创立其他论点来支持你的立场。尽力扮演好分配给你的角色是非常重要的，因为这可以使所有参与者学到更多的东西。你可以就表格内容交换信息，但是请不要与谈判组内的其他成员交换表格。你将有1小时的时间用来和华西公司谈判代表团达成协议，并在这些表格上做记录，如果对谈判规则不清楚可以提问。

华西涡轮机有限公司报价单	
福建省厦门市 林荫道7号 森瑞达天然气有限责任公司	安装： 南沙群岛海上6号生产平台
JR2000型天然气压缩机 产品选择：	25000000元
定制海洋掩体	4000000元
还原器	5000000元
盐水喷雾空气过滤器	1000000元
服务协议（提供两年正常维护、零部件更换和劳务）	1500000元
总价合计	36500000元
标准条款和条件	
交货时间	6个月
延迟交货罚金	100000元/月
取消费用（如果客户取消订单）	合计价格的10%
保证（对于不完善的机器）	一年内保证提供部件
付款方式	货到付款
通货调整	每年15%
＊表示如果因为客户的原因推迟交货，报价单价格每年增加15%，以月为单位计。	

甲方角色 3：森瑞达有限责任公司生产工程师

你将扮演森瑞达天然气公司生产工程师的角色。在最近的几个月内，你一直都和华西公司的销售代表从事整个工程的细节的洽谈。你将参与该产品的日常使用，因此，你主要关心的是该产品的性能。商业细节对你来说就不那么重要了。

根据你运行海上生产设备 20 年的经验，你认为 JR2000 型天然气压缩机是能够在海上生产的最好的产品。从你的观点来看，海上掩体和盐水喷雾过滤器是关键产品项目。然而，你感觉还原器（还原器是一项用涡轮机多余的热量来减少燃料消耗的设备）是一个潜在的令人头痛的大问题和一项没有必要的装饰品。根据你的经验，其他这样的产品革新需要两到三年的时间才能测试出存在的机械漏洞，这是一个明显的时间段。最后，你认为在华西公司的设备报价单中，服务协议明显是过高的要价。那些被计算在森瑞达公司购买目标中的机器服务成本，你自己就可以搞定。考虑这些条款和条件，包含劳务保障是非常重要的。到海上生产平台和离开海上生产平台的时间是花在障修理工作中的三倍，你感觉买主应该对这些费用负责。

你有 30 分钟时间和谈判组内的其他成员商量谈判战略，以上部分或全部信息可以用以支持你的战略选择。如果需要的话你也可以创立其他论点来支持你的立场。尽力扮演好分配给你的角色是非常重要的，因为这可以使所有参与者学到更多的东西。你可以就表格内容交换信息，但是请不要与谈判组内的其他成员交换表格。你将有 1 小时的时间用来和华西公司谈判代表团达成协议，并在这些表格上作记录，如果对谈判规则不清楚可以提问。

华西涡轮机有限公司报价单	
福建省厦门市 林荫道 7 号 森瑞达天然气有限责任公司	安装 南沙群岛海上 6 号生产平台
JR2000 型天然气压缩机 产品选择：	25000000 元
定制海洋掩体	4000000 元
还原器	5000000 元
盐水喷雾空气过滤器	1000000 元
服务协议（提供两年正常维护、零部件更换和劳务）	1500000 元
总价合计	36500000 元
标准条款和条件	
交货时间	6 个月
延迟交货罚金	100000 元/月
取消费用（如果客户取消订单）	合计价格的 10%
保证（对于不完善的机器）	一年内保证提供部件
付款方式	货到付款

续表

通货调整	每年 15%
*表示如果因为客户的原因推迟交货，报价单价格每年增加 15%，以月为单位计。	

案例分析一

在第二次世界大战时期，英国首相丘吉尔到美国会见美国总统罗斯福，要求共同打击德国法西斯。一天，美国总统罗斯福去看他，事先未通报，总统进入内室，正逢丘吉尔一丝不挂地在洗澡。罗斯福大感困窘，进退两难。丘吉尔见状，咧嘴一笑，拍着肚皮说："总统先生，您瞧，大英帝国在阁下面前可什么也没隐瞒啊！"一句话说得罗斯福也乐了。后来双方谈判得很成功，英国得到了美国的援助。丘吉尔借助幽默，既摆脱了窘境，又乘机暗示了英国对美国的态度。

当交谈时面对尴尬的局面，应如何以幽默诙谐的语言调节气氛？

分析

当交谈时面对尴尬的局面，丘吉尔借助幽默诙谐的语言，化解了罗斯福的窘境，又乘机暗示了英国对美国的态度，为以后英国得到美国的援助奠定了基础。因此，商务谈判不仅是科学，也是一门艺术，尤其是要学会善于运用谈判中的语言技巧。

案例分析二

一名教士在做礼拜时觉得烟瘾难熬，便问主教："我祈祷时可以抽烟吗？"结果，这一请求得到了主教的断然拒绝。而另外一名同样是烟瘾十足的教士，则用另一种方式问主教："我吸烟时可以祈祷吗？"主教竟莞尔一笑，欣然同意。

分析

谈判中提问的技巧对于提问的效果有着直接的影响。在本案例中，同样一件事情，由于两位教士的提问方式不同，最终产生了截然不同的效果。因此，谈判者应充分了解提问的类型，注意提问的有关事项，把握提问的时机，灵活、艺术地运用提问的技巧。

第七章 商务谈判的语言艺术

学习目标

- 了解商务谈判语言的类型、运用的原则。
- 了解影响商务谈判语言运用的因素。
- 掌握谈判有声语言、无声语言运用的技巧。

任务一 商务谈判语言

商务谈判的语言多种多样，从不同的角度或依照不同的标准，可以把它分成不同的类型。同时，每种类型的语言都有其运用的条件，在商务谈判中必须相机而定。

一、商务谈判语言的类型

（一）依据语言的表达方式分类

在商务谈判中，各种语言都可以归类为有声语言和无声语言。

有声语言是通过人的发音器官来表达的语言，一般被理解为口头语言。这种语言借人的听觉传递信息、交流思想。

无声语言又称为行为语言或体态语言，是指通过人的形体、姿态等非发音器官来表达的语言，一般被理解为身体语言。这种语言是借人的视觉传递信息、表示态度、交流思想等。

在商务谈判中巧妙地运用这两种语言，可以产生相辅相成、珠联璧合的绝妙效果。

（二）依据语言的表达特征分类

依据语言的表达特征，商务谈判语言可分为专业语言、法律语言、外交语言、文学语言、军事语言等。

1. 专业语言。专业语言是指在商务谈判过程中使用的与业务内容有关的一些专用或专门术语。谈判业务不同，专业语言也有所不同。例如，在国际商务谈判中，有到岸价、离岸价等专业用语。在产品购销谈判中有供求市场价格、品质、包装、装运、保险等专业用语。在工程建筑谈判中有造价、工期、开工、竣工交付使用等专业用语。这些专业语言的特征是简练、明确、专一。

2. 法律语言。法律语言是指商务谈判业务所涉及的有关法律规定的用语。商务谈判业务内容不同，要运用的法律语言则不同。每种法律语言及其术语都有特定的内涵，不能随意解释和使用。通过法律语言的运用可以明确谈判双方各自的权利与义务、权限与责任等。

3. 外交语言。外交语言是一种具有模糊性、缓冲性和圆滑性等特征的弹性语言。在商务谈判中使用外交语言既可以满足对方自尊的需要，又可以避免己方失礼；既可以说明问题，还能为谈判决策的进退留有余地。例如，在商务谈判中常说"互利互惠""可以考虑""深表遗憾""有待研究""双赢"等语言，都属外交性语言。外交语言要运用得当；否则，容易让对方感到缺乏诚意。

4. 文学性语言。具有明显的文学特征的语言属于文学性语言。这种语言的特征是生动、活泼、优雅、诙谐，富于想象，有情调，范围广。在商务谈判中运用文学性语言既可以生动明快地说明问题，还可以调节谈判气氛。

5. 军事性语言。带有命令性特征的用语属于军事性语言。这种语言的特征是干脆、利落、简洁、坚定、自信、铿锵有力。在商务谈判中，适时运用军事性语言可以起到提高信心、稳定情绪、稳住阵脚、加速谈判进程的作用。

二、商务谈判语言运用的原则

（一）客观性原则

客观性原则要求在商务谈判中运用语言艺术表达思想、传递信息时，必须以客观事实为依据，并且运用恰当的语言为对方提供令其信服的证据。这一原则是其他原则的基础。离开了这一原则，无论谈判者是一个有多高水平的语言艺术家，他所讲的也只能是谎言，商务谈判也就失去了存在和进行的意义。

以产品购销谈判为例。作为产品销售方不可避免地要对产品的情况做介绍，这时销售方要遵循客观性原则，对自己的产品性能、规格、质量等做客观介绍。为了使对方相信，必要时还可通过现场试用或演示。相反，如果采取涂脂抹粉、蒙混过关的做法，这次谈判也许过得了"关"，得到了暂时的利益，但可能因此使自己的产品信誉下降，长远的利益受到损失。

作为产品的购买方，也要实事求是地评价对方产品的性能、质量等。讨论价格问题时，提出压价要有充分根据。如果双方都能这样遵循客观性原则，都能让对方感到自己富有诚意，就可以使谈判顺利进行下去，并为以后长期合作打下良好的基础。

（二）针对性原则

谈判语言的针对性是指语言运用要有的放矢，对症下药。谈判要看对象，不同谈判议题与不同的谈判场合都有不同的谈判对手，需要不同的谈判语言。即使是同一谈判议题，考虑不同的谈判对手的接受能力、性格、知识水平以及需求的侧重不同，也要求应用不同的谈判语言。再者，对于同一谈判对手来说，不同的时间和场合，其需要、价值观等也会有所不同，在谈判中要有针对性地使用语言。

另外，谈判的内容五花八门。仅以贸易谈判而言，就包括商品买卖谈判、劳务买卖谈判、租赁谈判等。商品种类不同，谈判内容也会截然不同。在每次谈判内容确定下来后，除了认真准备有关资料以外，还要考虑谈判时使用的语言，反映出以上提到的这些差异。从使用语言的角度看，如果能把这些差异透视得越细，就越能在谈判中有针对性地使用语言，以保证每次洽谈的效果和整个谈判的顺利进行。

（三）逻辑性原则

逻辑性原则要求在商务谈判过程中运用语言艺术要概念明确、判断恰当，证据确凿，推理符合逻辑规律，具有较强的说服力。

要想提高谈判语言的逻辑性，既要求谈判人员具备一定的逻辑学知识，又要求在谈判前做充分准备，详细占有相关资料，并加以认真整理。然后，在谈判席上以富有逻辑的语言表达出来，为对方所认识和理解。

在商务谈判中，逻辑性原则反映在对问题的陈述、提问、回答、辩论、说服等方面。陈述问题时，要注意术语概念的同一性，问题或事件及其前因后果的衔接性、全面性、本质性和具体性提问时要注意察言观色、有的放矢，要注意和谈判议题紧密结合。回答要切题，除特殊策略的使用外，一般不要答非所问。说服对方时要使语言、声调、表情等恰如其分地反映人的逻辑思维过程。此外，还要善于利用对手在语言逻辑上的混乱和漏洞，及时驳击对手，增加自己语言的说服力。

（四）说服性原则

说服性是谈判语言的独特标志。这一原则要求谈判人员在谈判沟通过程中无论语言表现形式如何，都应该具有令人信服的力量和力度。比如，是否引起了对方的共鸣，是否达成了协议，是否建立了谈判各方的长期友好合作关系等。谈判语言是否具有说服性，最终要用实际效果来检验。

（五）隐含性原则

谈判语言的隐含性要求谈判人员在运用语言时要根据特定的环境与条件，委婉而含蓄地表达思想，传递信息。虽然我们强调谈判语言的客观性、针对性、逻辑性和说服力，但并不是说在任何情况下都必须直而不弯、露而不遮。相反，在谈判中要根据不同的条件，掌握和灵活运用"曲曲折折、隐隐约约"的语言表达，以起到良好的甚至是意想不到的效果。隐含性的要求除了表现在口头表达语言中，还直接表现在无声语言中，即无声的行为本身就隐含着某种感情和信息。

（六）规范性原则

谈判语言的规范性是指谈判过程中的语言表述要文明、清晰、严谨、精确。首先，谈判语言必须坚持文明礼貌的原则，必须符合商界的特点和职业道德要求。无论出现任何情况，都不能使用粗鲁、污秽或攻击辱骂的语言。其次，谈判所用语言必须清晰易懂。口音应当标准化，不能用地方方言或黑话、俗语之类与人交谈。再次，谈判语言应当注意抑扬顿挫，轻重缓急，避免吐舌挤眼，语不断句，大吼大叫等。最后，谈判语言应当准确、严谨，特别是在讨价还价等关键时刻，更要注意一言一语的准确性。在谈判过程中，由于一言不慎，导致谈判走向歧途，甚至导致谈判失败的事例屡见不鲜。因此，必须认真思索，谨慎发言，用严谨、精当的语言准确地表述自己的观点、意见。如此，才能通过商务谈判维护或取得自己的经济利益。

三、影响商务谈判语言运用的因素

各类谈判语言在谈判沟通过程中具有不同的作用，因此，合理、有效地运用谈判语言是谈判语言沟通中的重要问题。合理地运用谈判语言就是有效地组合各种谈判语言，使谈判语言系统的功能达到最大化。谈判语言运用问题，是以对谈判语言运用的影响因素分析为前提的。影响谈判语言运用的因素主要有以下几个方面。

（一）谈判内容

不同的谈判内容，也即谈判过程中不同的谈判议题，对谈判的语言要求差异较大。在谈判开局阶段的相互介绍中，双方通常使用交际语言和文学语言来相互交换信息，以交际语言的礼节性和文学语言的生动性及感染力渲染出良好的谈判开局氛围；在涉及谈判价格及谈判合同等谈判实质性议题时，谈判语言要起缓冲作用，一些军事语言作为支持力量；在涉及谈判分歧时，多以交际语言、文学语言的运用为主，插入适当的商业与法律语言。运用交际语言和文学语言是为了缓解谈判气氛，以交际语言的缓冲性和文学语言的优雅、诙谐性缓解心理压力，降低对立程度，适时地运用商业、法律语言以明确阐述自己的观点、立场和条件。在分歧面前，军事语言应谨慎运用，适当地以有节制的军事语言对付对方的出言不逊、傲慢无礼亦有必要。

（二）谈判对手

谈判对手对谈判语言运用的影响，与谈判对手的心理与行为状态以及谈判对手对所用语言的反应有关，即谈判对手的心理与行为状态、谈判对手对所用语言的反应是确定谈判语言运用的依据。因此，分析谈判对手对谈判语言运用的影响，就需要考虑谈判对手特征、谈判双方实力对比、与谈判对手关系这三个涉及谈判对手的因素。谈判对手特征是谈判对手具有的社会的、文化的、心理的与个性的特点，如社会角色、价值取向、性格、态度、性别、年龄等特征。谈判者社会的、文化的、心理的与个性的特征是形成并引起谈判者心理与行为状态变化的主要因素，这就要求谈判者必须依据对手特征做出自己的语言选择。

在谈判中，双方的实力对比既影响双方在特定谈判氛围中呈现出的行为与心理状态，也制约着一方对另一方所用语言的反应。一般地，当双方实力相当时，谈判一方对所用语言的反应对另一谈判语言的选择影响较小，因而，谈判双方语言的选择与组合的空间都比较大；当双方实力对比存在差距时，实力弱的一方在确定谈判语言运用时，必须考虑对手可能会做出的语言反应，从而使语言的选择自由度受到限制。与谈判对手的关系对谈判语言选择与运用的影响表现在：当谈判双方存在着良好关系时，谈判进行过程中双方对语言的选择都有较大的自由度，一般地，可以选择文学语言和商业、法律语言为语言主体，以进一步巩固双方已建立的良好关系；当谈判双方过去没有发生过关系而是第一次接触时，语言的选择则通常有一定的程式，即随着谈判过程的推移而发生相应的语言转换。

（三）谈判进程

商务谈判从正式开局到达成协议，要经历一个过程。在这个过程中，谈判要经过相互磋商、讨价还价，最终形成观点一致的协议。显然，在谈判过程的不同阶段，谈判进行的实质内容与所要达到的目标是不同的，因而，谈判者选择的借以传播的符号——语言，也就有着差异。谈判过程的不同阶段，语言运用的差异一般呈现在：①在谈判开局阶段，以文学语言、交际语言为谈判语言的主体，旨在创造一个良好的谈判氛围。②在谈判进入磋商阶段后，谈判语言主体宜为商业与法律语言，穿插文学语言、军事语言。谈判磋商阶段涉及的是谈判实质性问题，双方将就谈判议题、交易条件等进行辩论或磋商。因此，谈判基础语言应为商业与法律语言。但在阐述观点时，可用文学、军事语言，以求制造有利的谈判气氛。

在谈判终结阶段，谈判的中心议题是签订协议，因此，适宜运用军事语言表明己方立场和态度，并辅之以商业、法律语言确定交易条件。

（四）谈判气氛

谈判的结果从本质上讲是没有输赢之分的。但是，谈判的各方都尽力地设法在谈判过程中争取优势，即从各自的角度去区别地接受谈判的条件，这就不可避免地会产生谈判过程的顺利、比较顺利与不顺利的现象，从而也导致了不同的谈判气氛。谈判者应该把握各种谈判气氛，正确地运用谈判语言以争取谈判过程中的主动。如遇到在价格问题上争执不休时，可以考虑使用幽默的、威胁的、劝诱性的语言；在谈判的开始与结束时用礼节性的交际语言等。总之，随时观察、分析谈判气氛，适时地以各种语言调节气氛给谈判带来积极的影响。

（五）双方的关系

谈判的双方就关系来讲，如果是经常接触并已成功地进行过多次交易，那么双方不仅互相比较了解，而且在谈判中戒备、敌对心理比较少，这时除了一些必要的礼节性的交际语言外，则应该以专业性的交易语言为主，配之以幽默、诙谐的语言使相互间关系更加密切。而对于初次接触或很少接触，或虽有过谈判但未成功的双方来讲，应该以礼节性的交际语言贯穿始终，以使对方感到可信，从而提高谈判兴趣。此外，在谈判中应以专业性的交易语言来明确双方的权利、义务关系，用留有余地的弹性语言来维持与进一步地发展双方关系，使对方由不熟悉转变为熟悉，进而向友好过渡。

（六）谈判时机

谈判中语言的运用很讲究时机。时机是否选择得当，直接影响语言的运用效果。如何把握好时机，这取决于谈判者的经验。就一般情况而言，当遇到出乎本方的意料，或者一下子吃不准而难以直接地具体明确地予以回答的问题时，应选择采用留有余地的弹性语言；当遇到某个己方占有优势，而双方又争执相持不下的问题时，可以选择采用威胁、劝诱性语言；当双方在某一问题上争执激烈，形成僵局或导致谈判破裂时，不妨运用幽默诙谐性的语言；当涉及规定双方权利、责任、义务关系的问题时，则应选择专业性的交易语言。

总之，谈判者要审时度势，恰当地运用各种谈判语言来达到自己的谈判目的。

任务二 商务谈判有声语言的沟通艺术

一、倾听的技巧

倾听是人们交往活动的一项重要内容。据专家调查，人在醒着的时候，至少有三分之一的时间是花在听上，而在特定条件下，倾听所占据的时间会更多。谈判就是需要更多倾听的交际活动之一。"多听少说"是一个谈判者应具备的素质和修养。通过听，可以发掘材料，获得信息，了解对方的动机、意图并预测对方的行动意向。从某种意义上讲，"听"比"说"的重要性更大。谈判中的有效倾听就是指要能够完整地、准确地、正确地、及时地理解对方讲话的内容和含义。

谈判中的倾听，不仅指用耳朵这个器官去听，而且还指用眼睛去观察对方的表情、反应，用心去感觉谈判的气氛及对手的心情，用脑去分析对方所表述的含义，即在倾听中要做到耳到、眼到、心到和脑到。

【拓展视野】

交际中的倾听可以分为积极和消极两种。在重要的交谈中，倾听者会聚精会神，调动知识、经验储备及感情等，使大脑处于紧张状态。这种与谈判者密切呼应的倾听，就是积极倾听。积极倾听既有对语言信息的反馈，也有对非语言信息即表情、姿势等的反馈。对一般性质的谈话，倾听者会处于比较松弛的状态，如闲聊、一般性介绍等。这时，人们处在一种随意状态中接受信息，这就是消极倾听。

一般地讲，积极倾听有助于我们更多地了解信息，启发思考。但在多数情况下，消极倾听也是一种必要的自我保护形式。人们由于生理上的限制，不可能在任何情况下都能做到全力以赴、全神贯注地倾听，人们的注意力集中的时间是有限度的。因此，消极倾听有助于人们放松神经，更好地恢复体力、精力。

（一）倾听的障碍

一般人在倾听中常犯的毛病有以下几种：

1. 急于发表自己的意见，常打断对方的讲话。好像不尽早反对就表示了自己的妥协。
2. 当谈论的不是自己所感兴趣的事时，不注意去听。

3. 心中有先入为主的印象。如对某人的看法不佳。

4. 有意避免听取自己认为难以理解的话。

5. 一般人听人讲话及思考的速度大约是讲话速度的四倍，所以在听他人讲话时常会分心思考别的事情。

6. 容易受外界的干扰而不能仔细地去听。

7. 根据一个人的外表和说话的技巧来判断是否听他讲话。

8. 急于记住每件事情，反而忽略了重要的内容。

9. 当对方讲出几句自己所不乐意听的话时，拒绝再听下去。

10. 有的人喜欢定式思维，不论别人说什么，他都用自己的经验去联系，用自己的方式去理解。这种方式使人难以接受新的信息，不善于认真倾听别人在说什么，而喜欢告诉别人自己的想法。当听对方讲话时，总是在思考如何回答，而不太注意听这个人后面所说的话。

（二）倾听的技巧

1. 耐心地、专心致志地倾听。积极而又有效的倾听的关键在于谈判双方在谈判过程中要有足够的耐心倾听对方的阐述，不随意打断对方的发言。在对方发言时，要精力集中，不能心不在焉，也不能思想"开小差"。一般来讲，人听话及思索的速度要比说话的速度快四倍多。因此，在倾听时，要把这些多余的时间放在围绕对方发言进行思考和使自己的注意力始终集中在对方发言的内容上。

2. 主动地倾听。在谈判中积极有效地倾听不等于只听不说，主动地倾听，就是在听的过程中，不仅应当对对方已做出的阐述做某些肯定性的评价，以鼓励对方充分发表其对有关问题的看法，而且还要恰当地利用自己的提问，加深强化对对方有关表达的理解，引导谈判的方向。主动地倾听必须建立在专心致志地倾听的基础上，否则的话无从鉴别对方发出的信息哪些为真，哪些为假，哪些有用，哪些没用。倾听的过程也是一个去粗取精，去伪存真的过程。

3. 注意对方的说话方式。一个合格的谈判者应该是观察人的行家，有敏锐的洞察力。在谈判中，对方的措辞、表达方式、语气、语调，都能为己方提供线索，去发现对方一言一行背后隐藏的含义。这时，要克服先入为主的印象，否则会扭曲对方本意，从而导致己方判断不当，接受信息不真，以至于选择行为失误。务必抱着实事求是的态度，从客观实际出发，合理客观地分析对方的言行。

4. 倾听过程中，谈判者还应学会使用一些倾听的技巧。首先，在倾听时不要抢话和急于反驳，这样不仅会打乱别人的思路，还会耽误自己倾听。即使要反驳对方的某些观点，也应在听完对方阐述之后。对别人讲话的全貌和动机尚未全面了解就急于反驳，不仅会使自己显得浅薄，而且往往会使己方陷入被动。其次，在倾听的过程中要学会忍耐。当对方说出你不愿意听，甚至冒犯你的话时，只要对方未表示已经说完，都应当倾听下去，切不可打断其说话，甚至反击或离席，以免掉入对方为你设下的"陷阱"。再次，在倾听过程中，要适当地做记录。尤其是在长时间的比较复杂的谈判中，谈判者应当对所获得的重要信息做适当的记录，作为后继谈判的参考，不要过分相信自己的理解力和记忆力。最后，在倾听的同时，还应结合其他渠道获得的信息，理解所听到的信息。把从不同途径、不同方法获得的信息综合起来进行全面理解，判断对方的真实意图。

5. 给自己创造倾听的机会。一般人往往以为在谈判中讲话多的一方占上风，最后一定会取得谈判的成功。其实不然，如果谈判中有一方说话滔滔不绝，垄断了大部分时间，那也就没有谈判可言了。因而，应适当地给自己创造倾听的机会，尽量多地给对方说话的机会。通常在简明地表达自己的意见以后，加上一句："我很想听听贵方的高见。"或"请问您的意见如何？"从而把发言的机会让给对方。

二、问的技巧

（一）发问的方式

进行谈话，必然有问有答。发问和应答，都有一定的艺术。问话首先要有一定的目的，然后通过一定的方式表达出来。谈判者若想组织一次讨论会，邀请别人参加，谈话中很自然要问对方对某类问题有没有兴趣，愿不愿意参加等。想开办一个股份公司，需要征募股东，谈话中自然要问对方是否乐意参加某种联营，可否投放一定资金等，这都是和一定的目的联系在一起的。在一般的谈判场合的发问主要有封闭式问句和开放式问句两大类。

1. 封闭式问句。封闭式问句是指特定的领域带出特定的答复的问句。一般用"是"或"否"作为提问的要求。例如，"前天谈判会场没见你，你是否回家了？""你有没有向谈判对手借一本书？"等，这类问句，可以使发问者得到特定的资料或信息，而答复这类问题也不必花多少思考功夫。但这类问句含有相当程度的威胁性，往往会令人们不舒服。这类问句还有以下情况：

（1）选择式问句——给对方提出几种情况让对方从中选择的问句。例如，"你的专业是文科，还是理科？""毕业后，你是去政府机关，还是到厂矿企业，还是留校工作？"等。这些都是给出两个或两个以上的假设，供对方加以选择，对方只是在这指定的范围内选择，不能在范围以外寻找答案。

（2）澄清式问句——针对对方答复重新让其证实或补充的一种问句。例如，"你说想考北京大学，决定了没有？""你说完成这项谈判任务有困难，现在有没有勇气承担这项任务？"等。这种问句在于让对方对自己说的话进一步明确态度。

（3）暗示式问句——这种问句本身已强烈地暗示了预期的答案。例如，"一个共产党员，必须无条件地服从革命需要，你说是吗？""学习中国女排的拼搏精神，就能克服困难，你说对不对？""他一贯表现很好，应不应该受到表扬？"等。这类问句中已经包含了答案，无非是谈判中敦促对方表态而已。

（4）参照式问句——以第三者意见作为参照系提出的问句。例如，"老李认为谈判小组要把中心放在成交日期上，你以为如何？""经理说，今年把营业额提高 10%，大伙认为怎么样？"

2. 开放式问句。开放式问句是指在广泛的领域内带出广泛答复的问句，通常无法采用"是"或"否"等简单的措辞做出答复。例如，"你对自己当前工作表现有什么看法？""你看我们的谈判工作应当怎样开展更好？""你对明年的计划有什么考虑？"等。这类问句因为不限定答复的范围，所以能使谈判对方畅所欲言，获得更多的信息。开放式问句还有以下一些句式：

（1）商量式问句——这是和对方商量问题的句式。例如，"下月与上海某厂有一项业务洽谈，你愿意去吗？""工厂要搞一项技术革新，你有这方面的基础和经验，你愿意参加吗？""我校新兴学科缺乏教师，要公开招聘，你愿意报考吗？"等。这类问句，一般和对方的切身利益有关，属于征询对方意见的发问形式。

（2）探索式问句——是针对对方答复内容，继续进行引申的一种问句。例如，"你谈到谈判上存在困难，你能不能告诉我主要存在哪些困难？""你刚才讲不适合做这项工作，你能不能做进一步说明？""你说小张有才华，可以重用，你能不能进一步谈谈理由？"等。探索式问句，不但可以发掘比较充分的信息，而且可以显出发问者对对方谈的问题的兴趣和重视。

（3）启发式问句——它是启发对方谈看法和意见的问句。例如，"现在接近年末了，你能不能谈谈你对今年工作的评价？""你在报刊发表了不少有关谈判学方面的专题学术论文，对于学术研究有什么窍门？""明年的物价还要上涨，你有什么意见？"这类问句主要启发对方谈出自己的看法，以便吸引新的意见和建议。

（二）不应发问的问题

提出问题要求对方做出回答是我们获取信息、发现对方需要的一个有效手段，但并非可以随便就任何方面提出问题。一般在谈判中不应提出下列问题：

1. 不应该提问有关对方个人生活、工作的问题，这对大多数国家与地区的人来讲是一种习惯，如对方的收入、家庭情况、女士或太太的年龄等。也不要涉及对方国家或地区的政党、宗教方面的问题（国内谈判则不一样。中国人既希望介入别人的生活圈子，也希望别人来关心自己。因此，问候对方个人生活以及家庭情况往往容易博得对方的信任感、亲切感）。

2. 不要提出含有敌意的问题。一旦问题含有敌意，就会损害双方的关系，最终会影响交易的成功。

3. 不应提出有关对方品质的问题，例如，指责对方在某个问题上不够诚实等。这样做非但无法使对方变得更诚实，反而会引起他的不愉快，甚至怨恨。事实上，谈判中双方真真假假，很难用诚实这一标准来评价谈判者的行为。如果要想审查对方是否诚实，可以通过其他途径进行。当你发现对方在某些方面不诚实时，你可以把你所了解或掌握的真实情况陈述一下，对方自会明白的。

4. 特别是与谈判内容无关的问题。

（三）发问的技巧

为了获得良好的提问效果，需掌握以下发问要诀：

1. 提问是为了要从对方那里得到有用的信息，因此，提出的问题必须能引起对方注意，使对方认真思考。应该预先准备好问题，最好是一些对方不能够迅速想出适当答案的问题，以期收到意想不到的效果。同时，预先有所准备也可预防对方发问。

2. 为了取得有利的商务谈判条件，提问的时机必须把握好，既不能太早，又不能太晚。太早容易过早地将谈判意图暴露给对方，太晚又影响商务谈判的进程。在对方发言时，如果我们脑中闪现出疑问，千万不要中止倾听对方的谈话而急于提问题。这时我们可先把问题记录下来，等待对方讲完后，有合适的时机再提出问题。通过总结对方的发言，可以了解对方的心态，掌握对方的背景，这样发问才有针对性。此外，不要在对某一话题的讨论兴致正浓时提出新的问题，而要先转移话题的方向，然后再提出新的问题，这样做有利于对方集中精力构思答案。

3. 因人而异，抓住关键。由于商务谈判对手的年龄、职务、职业、性格、文化程度、商务谈判经验等的差异，要想取得理想的提问效果，提问时就必须因人而异。对于文化水平低的商务谈判对手，提问时不能使用过多的专业名词；对于年龄大、职位高的商务谈判对手，提问的问题要婉转含蓄，不能过于直接。

4. 如果对方的答案不够完整，甚至回避不答，这时不要强迫地问，而是要有耐心和毅力等待时机到来时再继续追问，这样做以示对对方的尊重。同时，在追问时就要注意变换一个角度，以激发对方回答问题的兴趣。只要转换的角度合适，时机也合适，对方一般总会给出一个回答。

5. 适当的时候，我们可以将一个已经发生，并且答案也是我们知道的问题提出来，验证一下对方的诚实程度，及其处理事物的态度。同时，这样做也可给对方一个暗示，即我们对整个交易的行情是了解的，有关对方的情况我们掌握得也很充分。这样做可以帮助我们进行下一步的合作决策。

6. 避免提出那些可能会阻止对方让步的问题，这些问题会明显影响谈判效果。

7. 不要以法官的态度来询问对方，也不要问起问题来接连不断。

8. 要以诚恳的态度来提出问题。这有利于谈判者彼此感情上的沟通，有利于谈判的顺利进行。

9. 注意提出问题的句式应尽量简短。

10. 提出问题后应保持沉默、闭口不言、专心致志地等待对方做出回答。

三、答的技巧

（一）回答的方式

商务谈判中的回答有三种类型，即正面回答、迂回回答和避而不答。在商务谈判过程中，这三种类型又演变成多种具体回答方式。常用的商务谈判回答方式有：

1. 含混式回答。这种回答方式既可以避免把自己的真实意图暴露给对方，又可给对方造成判断上的混乱和困难。这种回答由于没有做出准确的说明，因而可以做多种解释，从而为以后的国际商务谈判留下回旋的余地。

2. 针对式回答。这种回答方式是针对提问人心理假设的答案回答问题。这种回答方式的前提是要弄清对方提问的真实意图，否则回答的答案很难满足对方的要求，而且免不了要泄露自己的秘密。

3. 局限式回答。这种回答方式是将对方问题的范围缩小后再回答。在商务谈判中并不是所有问题的回答对自己都有利，因而在回答时必须有所限制，选择有利的内容回答对方。例如，当对方提问产品的质量时，只回答几个有特色的指标，利用这些指标给对方留下质量好的印象。

4. 转换式回答。这种回答方式是指在回答对方的问题时把商务谈判的话题引到其他方向去。这种方式也就是我们常说的"答非所问"。但这种答非所问必须是在前一问题的基础上自然转来的，没有什么雕琢的痕迹。例如，当对方提问价格时可以这样回答："我想你是会提这一问题的，关于价格我相信一定会使您满意，不过在回答这一问题之前，请先让我把产品的几种特殊功能说明一下。"这样就自然地把价格问题转到了产品的功能上，使对方在听完自己的讲话后，把价格建立在新的产品质量基础上，这对己方无疑是有利的。

5. 反问式回答。这种回答方式是以提问对方其他问题来回答对方的提问的。这是一种以问代答的方式，它为自己以后回答问题留下喘息的机会，对于一些不便回答的问题也可以用这一方法解围。

6. 拒绝式回答。这种回答方式是指对那些棘手和无法回答的问题，寻找借口拒绝回答。运用借口拒绝回答对方的问题，可以减轻对方提问的压力。

（二）回答的技巧

1. 回答问题之前，要给自己留有思考时间。为了使回答问题的结果对自己更有利，在回答对方的问题前要做好准备，以便构思好问题的答案。有人喜欢将生活中的习惯带到谈判桌上去，即对方提问的声音刚落，这边就急着马上回答问题。在谈判过程中，绝不是回答问题的速度越快越好，因为它与竞争抢答是性质截然不同的两回事。

【拓展视野】

人们通常有这样一种心理，就是如果对方问话与我方回答之间所空的时间越长，就会让对方感觉我们对此问题欠准备，或以为我们几乎被问住了；如果回答得很迅速，就显示出我们已有充分的准备，也显示了我方的实力。其实不然，谈判经验告诉我们，在对方提出问题之后，我们可通过点支香烟或喝一口茶，或调整一下自己的坐姿和椅子，或整理一下桌子上的资料文件，或翻一翻笔记本等动作来延缓时间，考虑一下对方的问题。这样做既显得很自然、得体，又可以让对方看得见，从而减轻和消除对方的上述那种心理压力。

2. 把握对方提问的目的和动机，才能决定怎样回答。谈判者在谈判桌上提出问题的目的是多样的，动机也是复杂的。如果我们没有深思熟虑，弄清对方的动机，就按照常规来做出回答，往往效果不佳。如果我们经过周密思考，准确判断对方的用意，便可做出一个独辟蹊径的、高水准的回答。

3. 部分回答。谈判中有一种"投石问路"的策略，即谈判方借助一连串的发问来获得己方所需要的信息和资料。此时不应对其所有问题都进行回答，以免使其获得己方许多重要的情报而使己方谈判处于不利地位。这时可只做局部的答复，使对方不了解己方的底牌。

商务谈判中并非任何问题都要回答，有些问题并不值得回答。在商务谈判中，对方提出问题或是想了解己方的观点、立场和态度，或是想确认某些事情。对此，我们应视情况而定。对于应该让对方了解或者需要表明己方态度的问题要认真回答，而对于那些可能会有损己方形象、泄密或一些无聊的问题，不予理睬是最好的回答。当然，用外交活动中的"无可奉告"一语来拒绝回答，也是回答这类问题的好办法。总之，我们回答时可以自己对回答的前提加以修饰和说明，以缩小回答范围。

4. 当没有弄清楚问题的确切含义时，不要随便做答。可以要求对方再具体说明一下。

5. 答非所问。当有些问题不好回答时，回避答复的方法之一是"答非所问"，即似乎在回答该问题，而实际上并未对这个问题表态。答方谈论的是与原题相关的另一个问题的看法，目的是避开对方锋芒，使谈判能顺利进行下去。如果在一些特殊场合，必须回答一些难以回答或挑衅性的问题时，也可以以某种巧妙的非逻辑方式做出解答，从而摆脱困境。

6. 拖延答复。谈判中有时在表态时机未到的情况下可采取拖延答复的方式。拖延答复有两种形式：一是先延后答，即对应该回答的问题，若做好准备后感到好答时，不妨做恰当的回答；二是延而不答，即经过考虑后觉得没有必要回答或者不应回答时，则来个"不了了之"。你可用"记不得了"或"资料不全"来拖延答复。有时还可以让对方寻找答案，也即让对方自己澄清他所提出的问题。例如，可以这样说："在回答您的问题之前，我想先听一听您的意见。"

7. 模糊答复。这种答复的特点是借助一些宽泛模糊的语言进行答复，使自己的回答具有弹性，即使在意外情况下也无懈可击。它可以起到缓和谈判气氛，使谈判顺利进行，同时保护己方机密的使用。比如："这件事我们会尽快解决。"这里的"尽快"就很有弹性，具体时间到底是什么时候，并没有说清楚，有很大的回旋余地。

8. 反问。对方常会提出一些诸如试探性、诱导性、证实性的问题，在这种情况下，我方不想泄露自己的底牌，同时又想缓和气氛，抑制对方的发问，反过来探明对方虚实，则可采用此种方式。其特点是在倾听完对方的问题后，通过抓住关键的问题向对方反问以掌握主动。例如，买方："请谈一下贵方价格比去年上涨 10% 的原因。"卖方："物价上涨与成本提高的关系是不言而喻的。当然如果您对这个提价幅度不满意的话，我很乐意就您觉得不妥的某些具体问题予以解释澄清，请问什么方面使您觉得不妥?"

9. 沉默不答。有些不值得回答的问题完全可以不予理睬。你可以不说话，也可以环顾左右而言他。有时沉默会无形中给对方造成一种压力，获得己方所需的情报。

10. 对于不知道的问题不要回答。参与谈判的所有人都不是全能全知的人。谈判中尽管我们准备充分，但也经常会遇到陌生难解的问题。这时，谈判者切不可为了维护自己的面子强作答复。因为这样不仅有可能损害自己的利益，而且对自己的面子也是丝毫无补。在答复时，若对方打岔，则让他这样做下去，不要干涉他。这会对你以后的答复提供有用的信息。

总之，回答问题的要诀在于知道该说什么，不该说什么，回答到什么程度，不必过多考虑所回答的是否对题。谈判毕竟不是做题，很少有"对"或"错"那么确定而简单的回答。

四、叙述的技巧

商务谈判中的"叙"是一种不受对方提出问题的方向、范围的制约，是带有主动性的阐述，是商务谈判中传递大量信息、沟通情感的方法之一。商务谈判中的叙述，尤其是开局叙述的语言运用直接关系着对方的理解。所以，应从谈判的实际需要出发，灵活掌握有关叙述应遵循的原则。

（一）叙述应简洁，独立进行

商务谈判中的叙述要尽可能简洁、通俗易懂。因为叙述的目的在于让对方听了立即就能够理解，以便对方准确、完整地理解己方的观点和意图，而不是表明自己的观点与别人的观点有什么联系和差异，因而在叙述时必须独立进行。独立叙述包括三层含义：其一是不受别人的影响，不论别人的语言、情绪有什么反应，陈述中都要坚持自己的观点；其二是不与对方的观点和问题接触，不谈是否同意对方的观点等，而是按自己的既定原则和要求进行陈述；其三是只阐述自己的立场。

（二）叙述应具体而生动

为了使对方获得最佳的收听效果，在叙述时应注意生动而具体。叙述时一定避免令人乏味的平铺直叙，以及抽象的说教；要特别注意运用生动、活灵活现的生活用语，具体而形象地说明问题。有时为了达到生动而具体，也可以运用一些演讲者的艺术手法，声调抑扬顿挫，以此来吸引对方的注意，达到己方叙述的目的。

（三）叙述应层次清楚

商务谈判中的叙述，为了能让对方方便记忆和理解，应在叙述时使听者便于接受；同时，分清叙述的主次及其层次，这样可使对方心情愉快地倾听己方的叙说，其效果应该是比较理想的。

（四）叙述应客观真实

在叙述基本事实时，不要夸大事实，同时，也不要缩小事实。因为万一自己对事实真相加以修饰的行为被对方发现，就会大大降低己方的信誉，从而使己方谈判实力大为削弱。

（五）叙述的观点要准确

在叙述观点时，应力求准确无误，避免前后不一致，否则就会露出破绽。当然，谈判过程中观点有时可以依据谈判局势的发展需要而发展或改变，但在叙述的方法上，要能够令人信服。这就需要有经验的谈判人员来掌握时局，不管观点如何变，都要以准确为原则。因为既要说明自己的观点，又要对方接受自己的观点，所以在陈述时所使用的语言必须准确，并使对方容易接受。为了准确，要求谈判者在谈判关键内容时使用专业语言；当对方听不懂这些语言时，就要对所使用的专业术语进行解释，以免对方产生误会。同时，为了使对方容易接受自己的观点，在谈判叙述中要注意使用"中性"语言，而不要使用极端语言和粗俗的语言。

（六）叙述时发现错误要及时纠正，有时可以重复叙述

谈判人员在商务谈判的叙述当中，会由于种种原因而出现叙述上的错误，谈判者应及时发现并加以纠正，以防造成不应有的损失。有些谈判人员，当发现自己在叙述中有错误时，便采取文过饰非的做法，结果对自己的信誉和形象损而无益，更重要的是可能会失去合作伙伴。

商务谈判叙述过程中，时常会遇到对方不理解、没听清楚或有疑问等情况。这时，对方会以有声语言或动作语言来向我们传递信息。这就要求谈判人员应在叙述的同时，注意观察对方的眼神和表情，一旦觉察对方有疑惑不解的信息传出，就要放慢语速或重复叙述。商务谈判人员必须慎重地对待对方在自己叙述时的反应，发现有不理解或误解的地方应及时加以引导和纠正。

五、辩论的技巧

（一）辩论中应避免采用的方式

在商务谈判中，辩论的目的是为了达成协议，为此应避免使用以下几种方式：

1. 以势压人。辩论各方都是平等的，没有高低贵贱之分。所以，辩论时要心平气和、以理服人；切忌摆出一副"唯我独尊"的架势，大发脾气，耍权威。

2. 歧视揭短。在商务谈判中，不管对方来自哪个国家或地区，属什么制度、什么民族，有什么风俗传统、什么文化背景等，都应一视同仁，不存任何歧视。不管辩论多么激烈，都不搞人身攻击，不损人之短，不在问题以外做文章。

3. 预期理由。任何辩论都应以事实为根据。要注意所提论据的真实性，道听途说或未经证实的论据会给对方带来可乘之机。

4. 本末倒置。谈判不是进行争高比低的竞赛，因此，要尽量避免发生无关大局的细节之争。那种远离实质问题的争执，不但白白浪费时间和精力，还可能使各自的立场愈发对立，导致不愉快的结局。

5. 喋喋不休。在商务谈判中，谈判者不能口若悬河、独占讲坛。切记：谈判桌前不是炫耀表达能力的地方。

（二）辩论的原则

1. 观点明确，事实有力。谈判中辩论的目的就是要论证自己的观点，反驳对方的观点。论辩的过程就是通过摆事实、讲道理，说明自己的观点和立场。辩论不是煽动情绪，

而是讲理由、提根据。为了能更清晰地论证自己的观点，必须做好材料的选择、整理、加工工作，在论辩时运用客观材料以及所有能支持己方观点的证据，增强自己的论辩效果，反驳对方的观点。

2. 思路敏捷，逻辑严密。商务谈判中的辩论，往往是双方在进行磋商遇到难解的问题时才发生的。一个优秀的辩手，应该头脑冷静、思维敏捷、论辩严密且富有逻辑性。只有具有这些素质的人，才能应付各种各样的困难，摆脱困境。辩论中应遵循的逻辑规律是同一律、矛盾律、排中律、充足理由律。如果违背了这四条基本规律，思维的确定性就会受到破坏，进而使辩论脱离正常轨道。任何成功的论辩都具有思路敏捷、逻辑性强的特点。为此，谈判人员应加强这方面基本功的训练，培养自己的逻辑思维能力，以便在谈判中以不变应万变，立于不败之地。

3. 掌握大原则，不纠缠细枝末节。在辩论过程中，要有战略眼光，掌握大的方向、前提及原则。辩论过程中不要在枝节问题上与对方纠缠不休，但在主要问题上一定要集中精力，把握主动。在反驳对方的错误观点时，要能够切中要害，做到有的放矢。

4. 掌握好进攻的尺度。辩论的目的是要证明己方立场、观点的正确性，反驳对方立场观点的不足，以便能够争取利于己方的谈判结果。切不可认为辩论是一场对抗赛，必须置对方于死地。因此，辩论时应掌握好进攻的尺度，一旦达到目的，就应适可而止，切不可穷追不舍、得理不饶人。在谈判中，如果某一方被另一方逼得走投无路，陷入绝境，往往会产生强烈的敌对心理，甚至反击的念头更强烈。这样即使对方可能暂时认可某些事情，事后也不会善罢甘休，最终会对双方的合作不利。

5. 态度客观公正，措辞准确严密。文明的谈判准则要求不论辩论双方如何针锋相对、争论多么激烈，谈判双方都必须态度客观公正，措辞准确严密。切忌用侮辱诽谤、尖酸刻薄的语言进行人身攻击。如果某一方违背了这一准则，其结果只能是损害自己的形象，降低己方的谈判质量和谈判实力。这不但不会给谈判带来丝毫帮助，反而可能置谈判于破裂的边缘。

（三）辩论的具体技巧

论辩具有较高的技巧性，作为一名谈判者，要不断提高自己的思辨能力，在论辩中取得良好的效果。

1. 要观点明确。谈判中的论辩就是论证自己的观点、反驳对方观点的过程。因此，必须做好材料的选择、整理、加工工作。论辩中，事实材料要符合观点的要求，以免出现漏洞。在充分讲理由、提根据的基础上，反驳对方的观点，从而达到"一语中的"的目的。

2. 要逻辑严密。谈判中的论辩过程常常是在相互发难中完成的。一个优秀的谈判者应该保持头脑冷静、思维敏捷，才能应付各种各样的局面。在论辩时要运用逻辑的力量。真理是在相互论辩中产生的，在谈判条件相差不多的情况下，谁在论辩中能保持思维敏捷，逻辑严密，谁就能取得胜利。

3. 态度要客观公正。谈判中的论辩要充分体现现代文明，不论双方的观点如何不同，态度要客观，措辞要准确，要以理服人，决不能侮辱诽谤、尖酸刻薄和进行人身攻击。

4. 不纠缠枝节。参加论辩的人要把精力集中在主要问题上，而不要陷入枝节问题的纠缠中。反驳对方的错误观点要抓住要害，有的放矢，坚决反对那种断章取义、强词夺理等不健康的论辩方法。论证自己的观点时要突出重点、层次分明、简明扼要，不要东拉西扯、言不对题。

5. 适可而止。谈判中论辩的目的是证明自己观点的正确，以争取有利于自己的谈判结果。因此，论辩一旦达到目的，就要适可而止，不可穷追不舍。切记，谈判不是进行争高比低的竞争。

6. 处理好优势和劣势。论辩一旦占上风时，要以强势压顶，气度恢宏，并注意借助语调、手势的配合，渲染自己的观点。但不可轻妄、放纵、得意忘形、口若悬河、独占讲坛。需知，谈判中的优势和劣势是相对的，而且是可以转化的。谈判桌前不是显示表达能力的地方，那种不看场合、不问对象的做法，反而会弄巧成拙。

7. 注意举止气度。谈判中的论辩应注意举止气度。这样不仅能给人留下良好的印象，而且在一定程度上能促使论辩气氛的健康发展。需知，一个人的良好形象有时会比他的语言更有力。

六、说服的技巧

在说服艺术中，运用历史经验或事实去说服别人，无疑比那种直截了当地说一番大道理要有效得多。善于劝说的谈判者懂得人们做事、处理问题都是受个人的具体经验影响的，抽象地讲大道理的说服，远远比不上运用经验和例证去进行劝说。

（一）说服的基本要求

概括地说，说服除了理由充分这一重要要求以外，还应符合以下几个基本要求：

1. 要冷静地回答对方。不论对方何时提出何种反对意见，都要镇定自如、轻松愉快地解答，并且要条理清楚、有根有据，不可感情用事或带有愤怒、责备的口吻。否则，既难以说服对方，也难以阐述自己的观点，从而破坏融洽的谈判气氛。

2. 不要直截了当地反驳对方。因为直接反驳会使对方难堪，永远不可能说服对方，所以一般应设法用一些间接的方式来反驳对方的反对意见。

3. 要重视、尊重对方的观点。对于对方的反对意见，即使你认为它是错误的，也不应该轻视或给予嘲弄，而要持认真态度，予以慎重对待。只有使对方感到你在尊重他的意见时，说服才会有力、有效。

4. 要设身处地地体谅、理解对方。对方有许多反对意见，哪怕是非常不合理的反对意见，往往都有一定的原因和背景或反映了对方的难处。对此，谈判者要以大局为重，体谅和理解对方。尤其是在次要问题上，不妨以同意对方看法为主，加以解释和补充。不体谅对方，置对方于死地而后快的做法，在说服中是不可取的。

5. 不要随心所欲地提出个人的看法。谈判者之间的洽谈不是个人之间的事情，而是一个组织或法人之间的事。因此，在洽谈中，如果对方不需要你说明个人看法，或没有把你当作参谋和行家来征求你的意见时，应当避免提出个人的看法和意见。随心所欲地提出个人的看法是一种不严肃、不负责的做法。

6. 答复问题要简明扼要、紧扣谈判主题。如果回答问题长篇大论，不得要领，偏离主题，不仅没有说服力，而且可能出现漏洞，授人以柄，引起对方的反感和反驳。

7. 不要过多地纠缠某一问题。在洽谈中，不应过多地集中讨论某一反对意见，尤其是开始遇到的一些棘手的问题。在适当的时候可以变换一下洽谈的内容，以使谈判继续下去。在处理了反对意见以后，应立即把话题岔开，讨论其他议题，争取尽快促成交易，否则就会使对方提出更多的意见，陷入新的僵局。

（二）说服的技巧

1. 说服他人的基本要诀主要包括：

（1）取得他人的信任。信任是人际沟通的基石。只有对方信任你，才会理解你友好的动机。

（2）站在他人的角度设身处地地谈问题，从而使对方对你产生一种"自己人"的感觉。

（3）创造出良好"是"的氛围，切勿把对方置于不同意、不愿做的地位，然后再去批驳他、劝说他。商务谈判事实表明，从积极的、主动的角度去启发对方、鼓励对方，就会帮助对方提高自信心，并接受己方的意见。

（4）说服用语要推敲。通常情况下，在说服他人时要避免用"愤怒""怨恨""生气"或"恼怒"这类字眼，这样才会收到良好的效果。

2. 说服"顽固者"的方法。在商务往来过程中，"顽固者"往往比较固执己见，性格倔强。仔细分析可以发现他们中多数人是通情达理的。在说服"顽固者"时，给他一个"台阶"，采取"下台阶"法、等待法、迂回法、沉默法等。

3. "认同"的要诀。在商务谈判中，"认同"是双方相互理解的有效方法，是人们之间心灵沟通的一种有效方式，也是说服他人的一种有效方法。认同就是人们把自己的说服对象视为与自己相同的人，寻找双方的共同点。寻找共同点可以从以下几个方面入手：

（1）寻找双方工作上的共同点，如共同的职业、共同的追求、共同的目标等。

（2）寻找双方在生活方面的共同点，如共同的国籍、共同的生活经历、共同的信仰等。

（3）寻找双方兴趣、爱好上的共同点，如共同喜欢的电视剧、体育比赛、国内外大事等。

（4）寻找双方共同熟悉的第三者，作为认同的媒介。比如，在同陌生人交往时，想说服他，可以寻找双方共同熟悉的另一个人，通过各自与另外一个的熟悉程度和友好关系，相互之间也就有了一定的认同，从而也就便于交谈、说服对方了。谈判活动中也是如此。

4. 说服的具体技巧。

（1）谈判开始时，要先讨论容易解决的问题，然后再讨论容易引起争论的问题，这样容易收到预期的效果。

（2）多向对方提出要求，多向对方传递信息，影响对方的意见，进而影响谈判的结果。

（3）强调与对方立场、观点、愿望的一致，淡化与对方意见、观点、愿望的差异，从而提高对方的共识程序与接纳程序。

（4）先谈好的信息、好的情况，再谈坏的信息、坏的情况。但要注意避免只报喜不报忧。要把问题的好坏两面都和盘托出，这比只提供其中一面更具有影响力。

（5）强调合同中有利于对方的条件。

（6）待讨论过赞成和反对意见后，再提出你的意见。

（7）说服对方时，要注意精心设计开头和结尾，以便给对方留下深刻印象。

（8）结论要由你明确地提出，不要让对方揣摩或自行下结论，否则可能背离说服的目标。

（9）多次重复某些信息、观点，可促进对方对这些信息和观点的理解和接纳。

（10）充分了解对方，以对方习惯的能够接受的方式、逻辑去展开说服工作。

（11）不要奢望对方一下子接受你提出的突如其来的要求，要先做必要的铺垫，最后再自然而然地讲出你在一开始就已经想好的要求，这样对方比较容易接受。

（12）强调互相合作、互惠互利的可能性、现实性，激发对方在对自身利益认同的基础上来接纳你的意见和建议。

（三）说服的条件

说服不同于压服，也不同于欺骗，成功的说服结果必须要体现双方的真实意见。采取胁迫或欺诈的方法使对方接受己方的意见，会给谈判埋下危机，因为没有不透风的墙，也没有纸能包得住的火。因此，切忌用胁迫或欺诈的手法进行说服。事实上，这样做也根本达不到真正的说服。谈判中说服对方的基本原则是要做到有理、有力、有节。有理，是指在说服时要以理服人，而不是以力压人；有力，是指说服的证据、材料等有较强的力量，不是轻描淡写；有节，是指在说服对方时要适可而止，不能得理不让人。这些原则说明，要说服对方，不仅要有高超的说服技巧，还必须运用自己的态度、理智、情怀来征服对方，这就需要掌握说服对方的基本条件。

1. 要有良好的动机。说服对方的前提是不损害对方的利益。这就要求说服者的动机端正，既要考虑双方的共同利益，更要考虑被说服者的利益要求，以便使被说服者认识到服从说服者的观点和利益不会给自己带来什么损失，从而在心理上接受对方的观点。否则，即使暂时迫于环境或对方的压力接受了说服者的观点，也会"口服心不服"，并且作为以后谈判中的武器向你开火，使你防不胜防。

2. 要有真诚的态度。真诚的态度是指在说服对方时尊重对方的人格和观点，站在朋友的角度与对方进行坦诚的交谈。对被说服者来说，相同的语言从朋友嘴里说出来他认为是善意的，很容易接受；从对立一方的口中说出来则认为是恶意的，是不能接受的。因此，要说服对方必须从与对方建立信任做起。

3. 要有友善的开端。谈判者要说服对方，首先必须给人以良好的第一印象，才能使双方在一致的基础上探讨问题。友善的开端，一是要善意地提出问题，使对方认识到这是在为他自己解决困难，这就要求说服者不是随心所欲地谈自己的看法，而要经过周密的思考，提出成熟的建议；二是要有友善的行为，即在说服中待人礼貌，晓之以理，动之以情，使对方自愿接受说服。

4. 要有灵活的方式。要说服对方，方式是重要的条件，而不同的人所能接受的方式是不相同的，只有针对不同的人采用不同的方式，才能取得理想的效果。

案例：

第二次世界大战期间，一些美国科学家试图说服罗斯福总统重视原子弹的研制，以遏制法西斯德国的全球扩张战略。他们委托总统的私人顾问、经济学家萨克斯出面说服总统。但是，不论是科学家爱因斯坦的长信，还是萨克斯的陈述，总统一概不感兴趣。为了表示歉意，总统邀请萨克斯次日共进早餐。第二天早上，一见面，罗斯福就以攻为守地说："今天不许再谈爱因斯坦的信，一句也不谈，明白吗？"萨克斯说："英法战争期间，在欧洲大陆上不可一世的拿破仑在海上屡战屡败。这时，一位年轻的美国发明家富尔顿来到了这位法国皇帝面前，建议把法国战船的桅杆砍掉，撤去风帆，装上蒸汽机，把木板换成钢板。拿破仑却想：船没有帆就不能行走，木板换成钢板就会沉没。于是，他二话没说，就把富尔顿轰了出去。历史学家们在评论这段历史时认为，如果拿破仑采纳了富尔顿的建议，19 世纪的欧洲史就得重写。"萨克斯说完，目光深沉地望着总统。罗斯福总统默默沉思了几分钟，然后取出一瓶拿破仑时代的法国白兰地，斟满了一杯，递给萨克斯，轻缓地说："你胜利了。"萨克斯顿时热泪盈眶，他终于成功地运用实例说服总统作出了美国历史上最重要的决策。

任务三　商务谈判无声语言的沟通艺术

美国心理学家艾伯特·梅拉比安曾经通过实验得出这样一个结论：一个信息完整地传递给对方，55%靠面部表情，36%靠语音，而真正的有声语言的效果，只占到 7%。这个结论告诉我们，无声语言在信息传递中起着十分重要的作用。

一、特殊的语音现象

特殊的语音现象是伴随着有声语言出现的。它包括语气、语调、语速、停顿等，是语言表达中不可缺少的部分。

（一）语气

同样一句话语气不同，所赋予的含义也就不同。谈判者应以准确表达自己的观点为出发点，来把握自己的语气，从而达到让对方准确理解自己的目的。

（二）语调

谈判者使用不同的语调，可以表达出各种错综复杂的感情。一句话用 10 种不同的语调来念，就会有 10 种不同的意思表达效果。一个字、一个词、一个句子的写法只有一种，可说法却可能有许多种。复杂多变的语调是具有很强意思表达功能的口语艺术。语调的构成比较复杂，语速的停转连续、音量的轻重强弱、音调的抑扬顿挫及音质都会影响语调。

在谈判中可以通过对方说话声音高低抑扬的变化来窥探其情绪的波动。同样一句话，由于语调的高低升降不同，可以表达出不同的含义。谈判者在讲话时要充分利用不同的语调变化，根据语言表达的不同内容和不同需要变换不同的语调。这样，谈判语言层次分明，感染力大大加强。

（三）语速与节奏

语速对阐述效果的影响很大。语速过快，对方听不清楚，表现出紧张、激烈的情绪，会让对方感到压力；语速过慢，又会使对方难辨主次，而且觉得犹豫、沉重。在谈判中说话过快或过慢都是不好的。应该合理变换语速，有些话说得快些，有些话则说得慢些，快慢结合，这样才能充分调动对方，吸引对方。

节奏是音量的大小、强弱、音调的高低升降、音速的快慢缓急等因素组合的有秩序、有节拍变化、有规律的声音。节奏过于缓慢，很难引起对方的注意和兴趣，常使对方分心；节奏过快，很难使人立即接受并理解其具体真正的含义，给信息沟通带来麻烦。所以，节奏技巧的处理是让它有张有弛，有抑有扬。该平和的地方就放慢节奏，娓娓道来；该展示气度胸怀时，就要有高屋建瓴的气势，使整席话就如同一首好听的歌一样和谐。

（四）重音

重音就是说话时着重突出某个字、词，以示强调。一般来说，重音有三种类型：

（1）逻辑重音。根据谈判者目的不同而强调句子中不同的词语。它在句中没有固定的位置。

（2）语法重音。根据一句话的语法结构规律而说成重音。定语、状语常是语法重音。

（3）感情重音。为了表达思想感情，谈判者在一句话、几句话，甚至一段话中对某些音节加重音量。

（五）停顿

停顿是因内容表达和生理、心理的需要而在说话时所做的间歇。谈判者为了表示某种特定的意思而有意安排的停顿，可以引起对方的注意，强调己方的重点，达到"此时无声胜有声"的境界。在谈判过程中，谈判者可以用停顿来突出、强调自己的观点或意图，吸引对方的注意力；也可以通过恰当的停顿，给对方留下一定的思考时间，促使对方更充分、深入地分析、思考这些话的内涵，便于他接受己方的观点，达到对所讨论问题的共识。

总体来说，语音的停顿、升降、快慢并不是互相孤立的，它们是密切联系、相互渗透、同时出现的。它们的使用也必须从谈判语言运用的实际出发，灵活地加以变化，从而有效地增强语言的说服力和感染力，起到促进谈判双方相互沟通的作用。

【拓展视野】

无声语言的有以下四个"美"：

（1）真实美。一个人的非言语行为更多的是一种对外界刺激的直接反应，基本都是无意识反应，所以它表达的对象、情感具有真实美。

（2）心灵美。由于语言信息受理性意识的控制，容易作假，人体语言则不同，人体语言大都发自内心深处，极难压抑和掩盖，所以它具有一种心灵美。

（3）形体美。一个人的肢体语言，同说话人的性格、气质是紧密相关的，每个人都有自己独特的肢体语言，所以它具有一种形体美。

（4）永恒美。无声语言是在不知不觉中养成，除非在刻意学习或是刻意改变的情况下，它一般不会改变，所以它具有一种永恒美。

二、面部表情的语言

（一）眼睛的动作语言

眼睛是心灵的窗户。这句话道出了眼睛具有反映深层内心世界的功能。眼睛的动作最能够明确地表达人的情感世界。人的一切情绪、情感和态度的变化都可以由眼神显示出来。人可以对自己的某些外显行为做到随意控制，可以在某些情境中做到口是心非，却很难对自己的目光做到有效控制。一般情况下，你越喜欢接近的人，就越爱用眼睛与之"交谈"，商务谈判中也如此。

1. 在谈判中，对方的视线经常停留在你的脸上或与你对视，说明对方对谈判内容很感兴趣，想急于了解你的态度和诚意，成交的希望程度高。

2. 交谈涉及关键内容如价格时，对方时时躲避与你视线相交，一般说明，对方把卖价抬得偏高或把买价压得过低。

3. 对方的视线时时脱离你，眼神闪烁不定，说明对你所谈的内容不感兴趣但又不好打断，产生了焦躁情绪。

4. 对方眨眼的时间明显地长于自然眨眼的瞬间时（正常情况下，一般人每分钟眨眼5至8次，每次眨眼一般不超过1秒钟），表明对方对你谈的内容或对你本人已产生了厌倦情绪，或表明对方感觉有优越感，对你不屑一顾。

5. 倾听对方谈话时几乎不看对方的脸，那是试图掩饰什么的表现。

6. 眼神闪烁不定，常被认为是掩饰的一种手段或不诚实的表现。

7. 眼睛瞳孔放大而有神，表示此人处于兴奋状态；瞳孔缩小无神，神情呆滞，表示此人处于消极、戒备或愤怒状态。

8. 瞪大眼睛看着对方是对对方有很大兴趣的表示。

9. 对方的视线在说话和倾听时一直环顾，偶尔瞥一下你的脸便迅速移开，通常意味着对生意诚意不足或只想占大便宜。

10. 下巴内收，视线上扬注视你，表明对方有求于你，成交的希望程度比你高，让步幅度大；下巴上扬，视线向下注视你，表明对方认为比你有优势，成交的欲望不强，让步幅度小。

眼神传递的信息远不止这些。人类眼睛所表达的思想，有些确实是只能意会而难以言传，这就要靠谈判人员在实践中用心加以观察和思考，不断积累经验，争取把握种种眼睛的动作所传达的信息。

（二）眉毛的动作语言

眉毛是配合眼睛的动作来表达含义的，二者往往表达同一个含义。但单纯眉毛也能反映出人的许多情绪。

1. 人们处于惊喜或惊恐状态时，眉毛上耸，"喜上眉梢"。

2. 处于愤怒或气恼状态时，眉角下拉或倒竖。

3. 眉毛迅速地上下运动，表示亲近、同意或愉快。

4. 紧皱眉头，表示人们处于困惑、不愉快、不赞同的状态。

5. 眉毛高挑，表示询问或疑问。

6. 眉宇舒展，表示心情舒畅。

7. 双眉下垂，表示难过和沮丧。

上述有关眉毛传达的动作语言是不容忽视的，人们常常认为没有眉毛的脸十分可怕，因为它给人一种毫无表情的感觉。

（三）嘴巴的动作语言

人的嘴巴除了说话、吃喝和呼吸以外，还可以有许多动作，借以反映人的心理状态。

1. 嘴巴张开，嘴角上翘，常表示开心、喜悦。

2. 撅起嘴，常表示生气和赌气，是不满意和准备攻击对方的表现。

3. 撇嘴，常表示讨厌、轻蔑。

4. 咂咂嘴，常表示赞叹或惋惜。

5. 努努嘴，常表示暗示或怂恿。

6. 嘴角稍稍向后拉或向上拉，表示听者是比较注意倾听的。

7. 嘴角向下拉，是不满和固执的表现。

8. 紧紧地抿住嘴，往往表现出意志坚决。

9. 遭受失败时，人们往往咬嘴唇，这是一种自我惩罚的动作，有时也可解释为自我嘲解和内疚的心情。

三、肢体动作的语言

（一）上肢的动作语言

上肢包括手和臂膀。通过对上肢的动作或者自己与对方手与手的接触，我们可以判断分析出对方的心理活动或心理状态，也可以借此把自己的意思传达给对方。

1. 握拳是表现向对方挑战或自我紧张的情绪。握拳的同时使用指关节发出响声或用拳击掌，都是向对方表示无言的威吓或发出攻击的信号。握拳使人肌肉紧张、能量集中，一般只有在遇到外部的威胁和挑战而准备进行抗击时才会产生。

2. 用手指或铅笔敲打桌面，或在纸上乱涂乱画，表示对对方的话题不感兴趣、不同意或不耐烦的意思。这样做一是打发消磨时间，二是暗示和提醒对方。

3. 吸手指或指甲的动作是婴儿行为的延续，成年人做出这样的动作是个性或性格不成熟的表现，即所谓"乳臭未干"。

4. 两手手指并拢并置于胸的前上方呈尖塔状，表明充满信心，这种动作多见于西方人，特别是会议主持人、领导者、教师在主持会议或上课时，用这个动作以示独断或高傲，以起到震慑学生或与会者的作用。

5. 手与手连接放在胸腹部的位置，是谦逊、矜持或略带不安心情的反应。歌唱家、获奖者、等待被人介绍时常用这样的姿势。

6. 两臂交叉于胸前，表示防卫或保守，两臂交叉于胸前并握拳，则表示怀有敌意。

7. 握手。握手的动作来自原始时代的生活。原始人在狩猎或战争时，手掌中持有石块和棍棒等武器。陌生者相遇，若互相之间没有恶意，就要放下手中的东西，并伸开手掌，让对方摸掌心，表示手中未持武器。久而久之，这种习惯逐渐演变成今日的"握手"动作。

【拓展视野】

握手的原始意义不仅表示问候，也表示一种保证、信赖和契约。标准的握手姿势应该用手指稍稍用力握住对方的手掌，对方也应该用手指稍稍用力回握，用力握的时间为 1~3 秒。如果发生与标准姿势有异的情况，便有了除问候与礼貌以外的附加意义。主要有以下几种情况：

（1）握手时对方手掌出汗，表示对方处于兴奋、紧张或情绪不稳定的心理状态。

（2）若某人用力回握对方的手，表明此人具有好动、热情的性格，凡事比较主动。美国人大都喜欢采用这种方式的握手；反之不用力握手的人，若不是个性懦弱、缺乏气魄，便是傲慢矜持、摆架子。

（3）凝视对方再握手，是想将对手置于心理上的劣势地位。先注视一下对方，相当于审查对方是否有资格与其握手的意思。

（4）向下握手，表示想取得主动、优势或支配地位，手掌向下，是居临高下的意思；相反，手掌向上，是性格软弱，处于被动、劣势或受人支配的表现。手掌向上有一种向对方投靠的含意。

（5）两只手握住对方的一只手并上下摆动，往往是热情欢迎、真诚感谢、有求于人、肯定契约关系等意义。在日常生活中，我们常常可以看到，为了表示感谢对方或欢迎对方，或恳求对方等，一方会用两只手去握住对方的一只手。

（二）下肢的动作语言

1. "二郎腿"。与对方并排而坐时，对方若架着"二郎腿"并上身向前向你倾斜，意味着合作态度；反之则意味着拒绝、傲慢或有较强的优越感。相对而坐时，对方架着"二郎腿"却正襟危坐，表明他是比较拘谨、欠灵活的人，且自觉处于很低的交易地位，成交期望值很高。

2. 架腿（把一只脚架在另一条腿的膝盖或大腿上）。对方与你初次打交道时就采取这个姿势并仰靠在沙发靠背上，通常带有倨傲、戒备、怀疑、不愿合作等意味。若上身前倾同时又滔滔不绝地说话，则意味着对方是个热情但文化素质较低的人，对谈判内容感兴趣。如果频繁变换架腿姿势，则表示情绪不稳定、焦躁不安或不耐烦。

3. 并腿。交谈中始终或经常保持这一姿势并上身直立或前倾的对手，意味着谦恭、尊敬，表明对方有求于你，自觉交易地位低下，成交期望值很高。时常并腿后仰的对手大多小心谨慎，思虑细致全面，但缺乏自信心和魄力。

4. 分腿。双膝分开、上身后仰者，表明对方是充满自信的、愿意合作的、自觉交易地位优越的人，但要指望对方做出较大让步是相当困难的。

5. 摇动足部，或用足尖拍打地板，或抖动腿部，都表示焦躁不安、无可奈何、不耐烦或欲摆脱某种紧张情绪。

6. 双脚不时地小幅度交叉后又解开，这种反复的动作表示情绪不安。

四、腰部动作的语言

腰部在身体上起"承上启下"的支持作用，腰部位置的"高"或"低"与一个人的心理状态和精神状态是密切相关的。

（一）弯腰动作

鞠躬、点头哈腰属于低姿势，把腰的位置放低，精神状态随之"低"下来，向人鞠躬表示某种"谦逊"的态度或表示尊敬。如在心理上自觉不如对方，甚至惧怕对方时，就会不自觉地采取弯腰的姿势。

从"谦逊"再进一步，即演变成服从、屈从，心理上的服从反映在身体上就是一系列在居于优势的个体面前把腰部放低的动作，如跪、伏等。因此，弯腰、鞠躬、作揖、跪拜等动作，除了礼貌、礼仪的意义之外，都是服从或屈从对方，压抑自己情绪的表现。

（二）挺腰板

经常挺直腰板站立，行走或坐下的人往往有较强的自信心及自制和自律的能力，但为人可能比较刻板，缺少弹性或通融性。

（三）手叉腰间

表示胸有成竹，对自己面临的事物已做好精神上或行动上的准备，同时，表现出某种优越感或支配欲。有人将这视作领导者或权威人士的风度。

五、腹部动作的语言

腹部位于人体的中央部位，它的动作带有极丰富的表情与含义。在我国，一直重视腹部的精神上的含义，把腹、肚、肠视为高级精神活动与文化的来源以及知识、智慧的储藏所。若某人有学问，就称之为"满腹经纶"；作家构思叫作打"腹稿"等。

1. 凸出腹部，表现出自己的心理优势，自信与满足感，可谓腹部是意志与胆量的象征。这一动作也反映了意在扩大自己的势力圈，是威慑对方使自己处于优势或支配地位的表现。

2. 抱腹蜷缩，表现出不安、消沉、沮丧等情绪支配下的防卫心理，病人、乞丐常常这样做。

3. 解开上衣纽扣而露出腹部，表示开放自己的势力范围，对于对方不存戒备之心。

4. 系皮带、腰带的动作与传达腹部信息有关。重新系一下皮带有无意中振作精神与迎接挑战之意。反之，放松皮带则反映出放弃努力和斗志开始松懈，有时也意味着紧张气氛中的暂时放松。

5. 腹部起伏不停，反映出兴奋或愤怒；极度起伏，是由兴奋与激动引起的呼吸困难所至。

6. 轻拍自己的腹部，表示自己有风度、雅量，同时也包含着经过一番较量之后的得意心情。

需要指出的是，在商务谈判过程中，对方完全可能会利用某些动作、姿态来迷惑我们，这就需要我们从对方连续一贯的动作来进行观察，或者与对方前后所做的动作以及当时对方讲话的内容、语音、语气和语调等相联系，以便从中找到破绽，识别其真伪，然后采取必要的措施。

无声语言需要注意的事项

（1）沟通空间：亲密空间为两个人的距离小于 0.5 米；朋友空间为两个人在 0.5~1.25 米之间；社交空间为两人在 1.25~2 米之间；陌生空间基本大于 3 米。应把握适当的沟通空间，避免使对方产生压迫或距离感。

（2）沟通时间：最兴奋和状态最好的时间，如 9：00 或者 10：00，15：00 或者 16：00，因人而异。不建议 14：00 左右和 17：00 左右约客户谈重要事项。

（3）环境布置：好的沟通环境首先有利于理财师树立专业形象，所以摆设要简约不简单，颜色不宜过多，色调以企业标准色为主，一定要干净，东西的使用要有层次感。

（4）环境温度：人们一般在 18℃~26℃感觉比较舒服。

所以，了解无声语言的优点和可用之处，避免它的误区，这样能在商务谈判中，可以运用好无声语言的技巧，使得谈判进行得更加顺利。

六、其他姿势的语言

1. 交谈时，对方头部保持中正，时而微微点点头，说明他对你的讲话既不厌烦，也非大感兴趣；若对方将头侧向一边，尤其是倾向讲话人的一边，则说明他对所讲的事很感兴趣；若对方把头垂下，甚至偶尔合眼似睡，则说明他对所讲的事兴趣索然。

2. 谈话时，对方不断变换站、坐等体位，身体不断摇晃，常表示他焦躁和情绪不稳，不时用一种单调的节奏轻敲桌面，则表示他极度不安，并极具警戒心。

3. 交谈时，对方咳嗽常有许多含义，有时是焦躁不安的表现，有时是稳定情绪的缓冲，有时是掩饰说谎的手段，有时听话人对说话人的态度过于自信或自夸表示怀疑或惊讶而用假装清清喉咙来表示对他的不信任。

4. 洽谈时，若是戴眼镜的对方将眼镜摘下，或拿起放在桌上的眼镜把镜架的挂耳靠在嘴边，两眼平视，表示想用点时间稍加思考；若摘下眼镜，轻揉眼睛或轻擦镜片，常表示对争论不休的问题厌倦或是喘口气准备再战；若猛推一下眼镜，上身前倾，常表示因某事而气愤，可能进行反攻。

5. 拿着笔在空白纸上画圈圈或写数字等，双眼不抬，若无其事的样子，说明已经厌烦了；拿着打火机，打着了火，观看着火苗，也是一副烦相；放下手中物品，双手撑着桌子，头向两边看看后，双手抱臂向椅子上一靠，暗示对方：没有多少爱听的啦！随你讲吧；把桌子上的笔收起，本子合上，女士则照镜子或拢拢头发、整整衣裙，都是准备结束的架式。

6. 扫一眼室内的挂钟或手腕上的表，收起笔，合上本，抬眼看着对手的眼睛；给助手使个眼神或做个手势（也可小声说话），收拾桌上的东西，起身离开会议室，或在外面抽支烟、散散步，也表明对所言无望，可以结束谈判了。

本章小结

本章阐述了商务谈判的语言艺术，介绍了商务谈判语言的类型、原则、有声语言运用和无声语言的运用。通过对本项目知识的学习，了解商务谈判语言的类型及其运用原则；学习并掌握谈判有声语言和无声语言的运用技巧；注意理论联系实际，能够举一反三，灵活运用。

阶梯实训一

1. 实训名称：
国际商务谈判的技巧。

2. 实训目的：
仿真谈判，让学生了解谈判过程中的说、问、答、非语言的技巧。

3. 实训要求：
（1）了解语言交流与非语言交流的技巧。
（2）关键是要掌握怎样听、如何说、如何问、如何答的技巧。
（3）熟练运用当面交流的语言技巧。
（4）写出谈判中语言交流技巧的总结。

阶梯实训二

中海油收购优尼科失败案例

2005 年初，美国第九大石油公司优尼科挂牌出售。这家公司在泰国、印度、孟加拉国等亚洲国家拥有良好油气区块资源。近年来，优尼科由于经营不善等原因连年亏损，因而申请破产。优尼科挂牌后，中海油有意对优尼科进行收购。同时，对此表示出浓厚兴趣的还包括壳牌、戴文能源公司和西方石油公司在内的国际石油巨头们。

2005 年 3 月，中海油开始与优尼科高层接触，并向优尼科提交了"无约束力报价"。优尼科当时的市值还不到百亿美元，但很快，国际原油价格飙升，优尼科股价迅速上涨，中海油内部对这一收购看法出现分歧。在中海油意见还没有统一之时，美国第二大石油公司雪佛龙 4 月宣布以 160 亿美元加股票的形式收购优尼科，收购计划包括 25% 的现金（44亿美元）、75% 的股票交换，以及接受优尼科的 16 亿美元债务。

2005 年 6 月 10 日，美国联邦贸易委员会批准了雪佛龙的收购计划，此时，中海油失去了第一次竞购的机会。但是，根据国际资本市场的游戏规则，在完成正式交割前，任何竞争方都可以再报价。雪佛龙的收购在完成交割前，还需经过反垄断法的审查和美国证券交易委员会的审查。只有在美国证交会批准之后，优尼科董事会才能向其股东正式发出通告，30 天后再由全体股东表决。在发出通告前如果收到新的条件更为优厚的收购方案，仍可重议。

2005 年 6 月 23 日，中海油宣布以要约价 185 亿美元收购优尼科石油公司。这是迄今为止涉及金额最大的一笔中国企业海外并购。

2005 年 7 月 20 日，优尼科董事会决定接受雪佛龙公司加价之后的报价，并推荐给股东大会。据悉，由于雪佛龙提高了报价，优尼科决定维持原来的推荐不变。为此，中海油深表遗憾。但中海油认为，185 亿美元的全现金报价仍然具有竞争力，优于雪佛龙现金加股票的出价。中海油表示，为了维护股东利益，公司无意提高原报价。

中海油在撤回收购要约的公告中指出，中海油所提出的以现金收购优尼科全部流通股的要约，总价 185 亿美元，有充足的资金保障，超出雪佛龙公司竞价约 10 亿美元，对于优尼科的股东来说，显然更为优越。中海油已提议并拟定了一系列措施，以增加交易的确定性和优尼科股东对中海油报价的信心。另外，中海油进竞购交易将经过美国外国投资委员会的审查，按埃克松·弗洛里奥修正案的要求，中海油主动提出要求美国外国投资委员会进行审查，并主动承诺对优尼科在美国的资产采取措施，从而满足美国外国投资委员会的要求。中海油在公告中表示，在目前的情况下，继续进行竞购已不能代表股东的最佳利益，中海油决定撤回对优尼科的收购要约。

案例分析

背景资料：背景资料：2005 年 8 月 2 日，中国海洋石油有限公司（以下简称中海油）

宣布撤回其对优尼科公司的收购要约。此时中海油报价仍然超出雪佛龙公司当时约 10 亿美元的竞价。中海油收购优尼科的事件经过了半年多的历程，可谓一波三折。两位专家对中海油收购优尼科事件做了不同角度的分析，提出了自己的观点。

专家 A：这涉及中国的海外公关问题。大家知道过去的一年里人民币汇率、纺织品配额与关税等问题，已经在美国政界和社会有过许多对中国不利的辩论，在这些情绪化的辩论还没结束的时候，又出现了中海油欲收购优尼科这个 107 年历史的老公司的事情。我们可以想象美国社会的反应，这对许多美国人来说来得有点太快。中海油收购优尼科的不成功与其说是中海油的失败，还不如说是中国企业在海外投资经营经验的不足，也是因为中国企业这种突如其来的大并构对美国社会的冲击太大。具体来讲，对于今后要去美国做敏感性收购的企业，有必要提前几个月去美国国会游说，甚至在美国媒体上做些形象广告，提前影响他们的看法。其次，就像任何新事物一样，社会要有一个适应的过程，并购美国公司的规模不能一下子来得太快，那样冲击太大。中海油收购优尼科的消息传出来以后，美国政界和舆论反应强烈，对这一点我们许多人感到很突然。……今天是要去收购美国公司，收购谈判期间以及收购之后都要在那里经营运作，那么这时候需要做的，不是去评价美国社会以及其政治运作合理不合理，更重要的是要以美国人的视角去了解美国是如何运作的，了解并接受现实，以此融入其中。同时，根据这种理解去选择商业谈判策略。中国企业在走出去的过程中，不可能去改变其他国家，只能是学会适应这些国家。

专家 B：中海油收购优尼科的失败在我看来很糟糕。这么大的一个国家公司，花了如此多的时间、精力和努力投入到这项谈判中，最后竟不了了之，叫人费解。

分析

从谈判角度来分析专家的观点：

在谈判之前中国对美国各方面的情况没有事先做好充分的准备。比如，美国国会中有一部分人提出的"中国威胁论"，以及像这种重大收购案涉及的政治因素等。因为涉及政治，就变成集团利益之间的争斗，而不是纯粹经济利益的权衡，事情就要复杂许多。同时，这也反映了中方对自己想通过收购达到的目的，即能够获取的战略利益和经济利益没有进行深入的分析，因为中海油一开始提出的价格到后来连自己都觉得不妥，并撤回了收购要约。

中海油收购优尼科失败的案例充分说明，进行商务谈判一定要遵循一定的程序，制定一定的策略，同时要根据我国谈判人员的特征，在国际性商务谈判中做好各方面的充分准备，认真分析对方可能的博弈行为，知己知彼，才能获得成功。

模拟训练

任务

订立合同的步骤：要约与承诺。

任务背景

通过本章的学习，我们掌握了国际商务谈判的签约阶段需要做的各项工作，其中包括合同的起草与审核、签约仪式、签约阶段的策略三个部分。

任务要求

（1）阅读案例，编写中海油收购优尼科公司的谈判方案并分角色加以模拟。

（2）为什么中海油收购优尼科失败，如何才能保证不会在今后的海外收购中重蹈覆辙？

操作要点

（1）要约的内容。

（2）谈判结束方式包括的主要方面以及经验教训的总结。

（3）模拟谈判注意角色的立场和出发点。

案例分析一

据记载，一个美国代表被派往日本谈判。日方在接待的时候得知对方需于两个星期之后返回。日本人没有急着开始谈判，而是花了一个多星期的时间陪他在国内旅游，每天晚上还安排宴会。谈判终于在第 12 天开始，但每天都早早结束，为的是客人能够去打高尔夫球。终于在第 14 天谈到重点，但这时美国人已经该回去了，已经没有时间和对方周旋，只好答应对方的条件，签订了协议。

问题

（1）阅读此案例后谈谈你对商务谈判心理的感受。

（2）一个成功的商务谈判者应注重收集哪些信息？

分析

（1）日方采取了很高明的谈判手段，即拖延战术中的拖延谈判时间。这个战术最能稳住对方的谈判对手。日方在谈判中没有急于将谈判的事项第一时间放在谈判桌上，而是先带着谈判对手到处去游玩及参加各种宴会，这一手段不仅能拖延时间，更重要的是他能软化人的心理，对方如果接受了他们的邀请，这已经实现了日方的第一步。直到最后一天日方才谈到重点，其实这正是体现了拖延战术的真正效果，他紧紧抓住了对方的心理，美国人急于回去，已经没有时间和日方周旋；另一方面，他也会不好意思拒绝对方的要求，毕竟"吃人家嘴软，拿人家手短"。其实，美国人已经违背了商务谈判的原则，他没有把公私分开，没有把立场与利益分开，私利是公事的辅佐，而公事绝不能成为私利的牺牲品，这关系到一个谈判者的根本素质。谈判人员应该充分了解对方信誉、实力乃至实施谈判者的惯用手法和以往实迹。

（2）谈判对手的身份背景、资信、惯用的谈判手段、谈判对手性格特征以及他们的谈判的特长，谈判对手所要达成的目标即对方谈判的目的。

同时也应该了解市场行情，客观地了解对方以及掌握谈判的竞争者，以及在谈判中出现争议的议题的解决方案，时时关注对方的一举一动，并且及时做出反应。

案例分析二

日本松下电器公司创始人松下幸之助先生刚"出道"时，曾被对手以寒暄的形式探测了自己的底细，因而使自己产品的销售大受损失。当他第一次到东京找批发商谈判时，刚一见面，批发商就友善地对他寒暄说："我们第一次打交道吧？以前我好像没见过您。"批发商想用寒暄托词，来探测对手究竟是生意场上的老手还是新手。松下先生缺乏经验，恭敬地回答："我是第一次来东京，什么都不懂，请多关照。"正是这番极为平常的寒暄答复却使批发商获得了重要的信息：对方原来只是个新手。批发商问："您打算以什么价格卖出您的产品？"松下又如实地告知对方："我的产品每件成本是 20 元，我准备卖 25 元。"

批发商了解到松下在东京，人地两生，又暴露出急于要为产品打开销路的愿望，因此，趁机杀价，"您首次来东京做生意，刚开张应该卖得更便宜些。每件 20 元，如何？"结果没有经验的松下先生在这次交易中吃了亏。

问题

（1）松下先生先生吃亏的原因是什么？他违背了什么商务谈判原则？

（2）该案例启示我们寒暄在谈判中有什么作用？

分析

（1）松下先生暴露了自己新手的身份，让对方知道自己没有什么谈判经验；又告诉了对方产品的成本，让对方看出他急于成交，导致对方使劲压价，要求按照生产成本成交，松下先生在此次交易中吃亏了。松下先生违背了信息原则，在谈判中应注意不要泄露对自己不利的信息。

（2）通过寒暄有时候可以发现谈判对手的一些信息，如个人背景、性格、谈判风格、爱好、处事方式等，从而可以利用这些信息选择与对方的沟通方式，有针对性地制定谈判策略从而达到谈判胜利的目的。

案例分析三

2003 年，日本某电机公司出口高压硅堆的全套生产线，其中技术转让费报价 2.4 亿日元，设备费 12.5 亿日元，包括了备件、技术服务（培训与技术指导）费 0.09 亿日元。谈判开始后，营业部长松本先生解释：技术费是按中方工厂获得技术后，产生的获利提成计算出的。取数是生产 3000 万支产品，10 年生产提成 10%，平均每支产品销价 4 日元。设备费按工序报价，清洗工序 1.9 亿日元；烧结工序 3.5 亿日元；切割分选工序 3.7 亿日元；封装工序 2.1 亿日元；打印包装工序 0.8 亿日元；技术服务暂为培训费，12 人的培训，250 万日元；技术指导人员费用 10 人 650 万日元。

背景介绍：①日本公司技术有特点，但不是唯一公司，是积极推销者，该公司首次进入中国市场，也适合中方需要。②清洗工序主要为塑料槽、抽风机一类器物，烧结工序主要为烧结炉及辅助设备、切割分选工序，主要为切割机，测试分选设备。封装工序，主要为管芯和包装壳的封结设备和控制仪器。打印包装工序主要为打印机及包装成品的设备。此外，有些辅助工装夹具。③技术有一定先进性、稳定性，日本成品率可达85%，而中方仅为40%左右。

问题

（1）卖方解释得如何？属什么类型的解释？

（2）买方如何评论？

分析

（1）卖方解释做得较好，讲出了报价计算方法和取数，给买方评论提供了依据，使买方满意。由于细中有粗，给自己谈判仍留了余地，符合解释的要求。卖方采用的是分项报价逐项解释的方式。

（2）买方面对卖方的分项报价和逐项的解释，应采用"梳篦式"的方式进行评论，也就是按技术、设备、技术服务三大类来进行评论。评论点较多：其一，技术价。针对卖方取数年产量、产品单价和提成率以及年数的合理性进行评论。其二，设备价。针对各工序设备构成按工序总价值或工序单机进行评论，如清洗工序的设备价值。其三，技术服务。可分为技术指导和技术培训两大类，各类又可分出时间、单价、人员水平、辅助条件（吃、住、行）等点进行评论。

第八章 商务谈判的礼仪

- 熟悉了解商务谈判礼仪惯例及礼节。
- 了解其他国家当地的习俗和禁忌，尊重对方的宗教、文化等习俗。
- 了解主要国家商务谈判方式与风格。

任务一 商务谈判的礼仪惯例

一、商务谈判礼仪的总体原则

礼仪在人们的交往过程中具有重要作用。在商务交往活动中，为了达成某种协议，满足各方要求，有关方面要进行谈判活动。商务谈判需要在平等友好、互利的基础上达成一致的意见，消除分歧。在商务谈判活动中，仅靠遵守谈判礼仪未必能使谈判取得成功，但是，如果违背了谈判礼仪，会造成许多不必要的麻烦，甚至给达成协议造成威胁。因此，在谈判中，如能恰当而熟练地应用礼仪就可能产生事半功倍的效果。一般来说，商务谈判礼仪的总体原则包括：

1. 知己知彼，入乡随俗。不同民族、地域的文化背景对礼仪有很大的影响，在商务谈判时，要尽可能多地熟悉对方的商务习俗和礼仪。为了避免交往中的失礼行为，事前应了解客户及客户所在地的概况资料，了解问候用语、服饰规范、文化习俗、商务习惯等。

2. 尊重对方。尊重对方的不同习惯。如欧美人认为，交谈时目光注视对方表示真诚、关注和尊重；而亚洲和非洲的一些国家认为直视是不礼貌的。因此，要站在对方的文化角度去观察事物。

3. 友谊第一，生意第二。友谊的建立与业务的开展往往是密不可分的。对于许多谈判而言，在建立业务关系之前，往往要建立相互的信任。国外许多商家都把建立彼此信任视为建立长期合作关系的必要"投资"。

二、迎送

迎送作为谈判礼节的序幕，事关谈判的氛围。对于前来参加谈判的人员，要视其身份和谈判的性质、双方的关系、实力对比和利益对抗等综合考虑安排。

（一）迎送

1. 确定迎送规格。迎送规格的确定主要依据谈判人员的身份、目的、双方关系及惯例。主要迎送人的身份和地位通常要与来者相差不大，以对等为宜。也有从发展双方关系或其他需要出发，破格接待，安排较大的迎送场面。除此之外，均应按常规接待。

2. 掌握抵达和离开的时间。迎送人员应当准确掌握谈判人员的抵离时间。迎接时，应在来客抵达之前到机场、车站或码头，以示对对方的尊重；送行时，应提前到达来宾住宿宾馆，陪同来宾一同前往机场、车站或码头，也可直接前往机场、车站或码头与来宾道别。

3. 做好接待的准备工作。在得知来宾抵达日期后，应首先考虑到其住宿安排问题。客人到达后，通常只需稍加寒暄，即陪客人前往宾馆，在行车途中或在宾馆简单介绍一下情况，征询一下对方意见，即可告辞。

（二）介绍

通常先将前来欢迎的人员介绍给来客，可由工作人员或由欢迎人员中身份最高者介绍。客人初到，一般较拘谨，主人宜主动与客人寒暄。

（三）陪车

陪车时应请客人坐在主人的右侧。如有译员，可坐在司机旁边。上车时，最好请客人从右侧车门上车；主人从左侧车门上车，避免从客人膝前穿过。如果客人先上车，坐在主人的位置上，那也不必请客人再移位。

（四）处理好迎送的具体事务

迎送的具体事务有：①迎送身份高的客人，事先在迎送地安排贵宾休息室，准备饮料等。②指派专人协助办理出入境手续及票务、行李托运等手续，及时把客人的行李送往住地。③客人抵达住地后，一般不要马上安排活动，应稍作休息，只谈翌日计划，以后的日程安排择时再谈。

三、会谈与宴请

（一）会谈

会谈指双方或多方就某些重大的政治、经济、文化、军事等问题交换意见。会谈也可以是洽谈公务或就具体业务进行谈判。

会谈时要准确掌握会谈时间、地点和双方参加人员的名单，提前通知有关人员和单位做好必要安排。客人到达时，主人应到正门口迎接，也可以在会谈室门口迎接，或由工作人员引进会谈室，主人在会谈室门口迎候。如需合影，宜安排在宾主握手之后，合影之后再入座。会谈结束时，主人应送客人至门口或车前，目送客人离去。会谈时一般只备茶水，夏天加冷饮，如会谈时间较长，可适当提供咖啡或红茶。

（二）宴请

在商务谈判的过程中，宴请是一种常见的礼仪社交活动。各国都有自己国家或民族的特点与习惯。采用何种宴请形式通常根据活动目的、邀请对象及经费开支等各种因素决定。一个谈判周期，宴请一般安排三到四次为宜。接风、告别各一次，中间穿插一到两次（视谈判周期长短而定）。就宴请的形式而言，常见的有宴会、冷餐和酒会。宴请首先确定规格，包括宴请名义、目的、人数、形式、价格等。

1. 宴会。宴会是根据接待规格和礼仪程序而进行的一种隆重的、正式的餐饮活动，有正式宴会和便宴之分；又有早宴、午宴、晚宴之分。一般来说，晚宴比白天的宴会更为隆重。

（1）正式宴会时主宾按身份排位就座，讲究排场。菜肴包括汤和几道熟菜（中餐一般用四道，西餐为两三道），分有冷盘、甜点、水果等。

（2）便宴即非正式宴请。这类宴会形式简单，可不排席位，不做正式讲话，菜肴道数亦可酌减。便宴较随便、亲切，宜用于日常友好交往。

（3）家宴即在家中设便宴招待客人。西方喜欢这种形式，以示亲切友好。家宴往往由主妇亲自掌勺，家人共同招待，共同进餐，不拘束。

（4）工作餐是现代国际交往中经常一种非正式宴请形式，利用进餐时间边吃边谈问题。双边工作餐往往安排座位，排法与会谈桌座位相仿。

2. 宴请组织工作。宴请组织工作具体包括以下内容：

（1）确定宴请目的。

（2）确定宴请名义和对象。其主要依据是主、客双方的身份，主、客身份应对等。

（3）确定宴请范围。即确定请哪些人士，何种级别，多少人。要多方考虑，包括宴请的性质、主宾的身份、国际惯例、对方招待我方的做法以及政治气候等。多边活动尤其要考虑政治关系，对政治上相互对立的国家是否邀请其人员出席同一活动，要慎重考虑。

（4）确定宴请时间。宴请时间应对主、客双方都合适，注意不要选对方的重大节日、有重大活动或有禁忌的日期和时间。例如，对信奉基督教的人士不要选 13 号。小型宴请应首先征询主宾意见，最好口头当面询问，也可用电话联系。主宾同意后，时间即被认为最后确定，可按此时间邀请其他宾客。

（5）确定宴请地点。宴请地点根据活动性质、规模大小、形式、主要意愿及实际情况而定。可能条件下，另设休息厅，以便宴会前与重要客人先做简单交谈之用，然后再进入宴会厅入座。注意最好不要在客人住的宾馆招待设宴。

（6）宴请请柬。宴请活动一般先发请柬，这既是礼貌，也是对客人的提醒。如果在客人住宿的宾馆招待设宴，便宴约妥后，请柬可发可不发。发宴会请柬，一般应在一到两周前发出，至少应提前一周，以便客人及早安排。

3. 宴请过程：

（1）宴请座次的安排。安排座位时应考虑以下几点：①以主人的座位为中心。如有女主人参加时，则以主人和女主人为基准，以靠近者为上，依次排列。②要把主宾和夫人安排在最尊贵、显要的位置上。通常做法，以右为上，即主人的右手是最主要的位置。③翻译人员安排在主宾的右侧，以便于翻译。

（2）宴请程序及现场工作。主人应在门口迎接客人。主人陪同主宾进入宴会厅，全体客人就座，宴会即开始。吃饭过程一般是不能抽烟的。吃完水果，主人与主宾起立，宴会即告结束。主宾告辞，主人送至门口。

（3）宴请服务工作。服务人员要训练有素，讲文明，懂礼貌，服饰整洁，平展，头发梳理平整，指甲修剪整洁。上菜先客人后主人；先女宾，后男宾；先主要客人，后其他客人。上菜与撤盘要先打招呼，切忌在客人正吃的时候撤盘。如有人不慎打翻酒水，应马上撤去杯子，用干净餐巾临时垫上；如溅在客人身上，要协助递上毛巾或餐巾，帮助擦干，并表示歉意；如果对方是女宾，男服务员不要动手帮助擦。

四、礼仪中的其他事项

（一）礼品

商务交往中常互赠礼物以增添双方的情感与友谊，巩固交易伙伴关系。赠送礼品不能草率，选择礼品要考虑国情、风俗和客商的爱好。一般依据客商的身份，先决定经费数额，再决定礼品的种类。贵重的礼品不一定会使受礼者高兴，礼物过重有行贿之嫌。选择有纪念意义的礼品，更容易使受礼者接受。

（二）名片

使用名片，主要用于自我介绍。适时发送名片，能使对方接受并收到良好的效果，发名片时必须注意以下事项：

1. 除非对方要求，否则，不要在年长的主管面前主动出示名片。

2. 不要在一群人中到处传发自己的名片。

3. 名片的发送可在刚见面或告别时。

4. 名片不可在用餐时发送。

双方交换名片时最好是双手递、双手接，有"左手忌"的国家（如印度、缅甸、马来西亚、阿拉伯各国及印度尼西亚的许多地区）除外。名片正面朝对方，如果对外宾，外文一面朝上，字母正对客方。递名片时要恭敬有礼。接过名片后应点头致谢，并认真地看一遍。最好能将对方的主要职务、身份轻声读出来，以示尊重，遇到不大清楚的地方可马上请教。切忌接过名片一眼不看就收起来，也不要随手摆弄，这样不礼貌。应该认真收好，让对方感到受重视、受尊敬。名片放在桌上时，上面不要放置任何东西。

（三）签字仪式

重要的谈判达成协议后，一般都要举行签字仪式。签字人视文件的性质由谈判各方确定，双方签字人身份应大体对等。安排签字仪式，首先要做好文本的准备工作，及早对文本的定稿、翻译、校对、印刷、装订、盖章等做好准备，同时准备好签字用的文具；参加签字仪式的人员，主要是双方参加谈判的人员，双方人数最好相等；签字位置一般安排在客方的右边，主方的左边；重要的签字仪式要祝酒干杯；政府间的签字仪式要准备小国旗。

任务二　商务谈判的礼节

一、日常交往的礼节

（一）守时守约

这是商务交往中极为重要的礼貌。参加谈判及其他活动，应按约定时间到达。过早抵达，会使主人因没有准备好而难堪；迟到，则让主人等候、担心而失礼；万一迟到要向主人表示歉意。如果因故不能应邀赴约，要有礼貌地尽早通知对方，并表达歉意。

（二）尊妇敬老

在许多国家的社交场合都奉行"老人优先""女士优先"的原则。例如，上下楼梯或进出电梯时，让老人和女士先行；对同行的老人和女士，男人应帮助他们提拎较重物品；进出大门时，男人应帮助老人和女士开门、关门；同桌用餐，两旁若坐着老人和女士，男人应主动照料，帮助他们入座就餐等。

（三）尊重风俗习惯

不同的国家、民族，由于不同的历史、文化、宗教等原因，各有其特殊的风俗习惯和礼节，我们应该了解和尊重。不了解和不尊重别国和其他民族的风俗习惯，不仅失礼，严重的还会影响相互关系，妨碍经贸往来，酿成外交事件。除了要学习及了解以外，在没有把握的情况下，可以多观察、多效仿别人。

（四）举止

谈判人员的举止，是指其在谈判过程中坐、立、行，所持态度的表现以及这些表现对谈判产生的效果。谈判中的举止要端庄稳重，落落大方，表情要诚恳自然，和蔼可亲。站立时不要将身体歪靠一旁，坐时不要摇腿跷腿，更不要躺在沙发上，摆出懒散的姿势。走路时，脚步要轻，不要和伙伴搭肩而行。谈话时，手势不应过多，不要放声大笑或高声喊人。

（五）吸烟

吸烟在我国比较普遍，但在世界范围内，随着禁烟和戒烟运动的开展，许多国家禁止吸烟的场合日益增多，戒烟的人也逐步增加。因此，我们必须弄清哪些场合可以吸烟，哪些场合不能吸烟。在工作、参观、谈判和进餐中，一般不吸烟或少吸烟，在大街上不要边走边吸烟。当我们到了一个新的地方（如办公室或私人住宅），不知道是否可以吸烟时，应先询问一下主人。当对方不吸烟或有女宾在座时，若欲吸烟应先征得对方同意以示礼貌。如在场的人较多，或同座身份高的人士都不吸烟，最好不要吸烟。

二、见面时的礼节

（一）介绍

在与来宾见面时，通常有两种介绍方式：一种是自我介绍；另一种是第三者介绍。介绍时要礼貌地以手示意，而不要用手指点人；要讲清姓名、身份和单位。在商务谈判中，一般由双方主谈人或主要负责人互相介绍各自的组成人员；在双方主谈人或负责人互不相识或不太了解时，一般请中间人介绍双方的情况。

介绍的礼节

介绍的顺序是，先把年轻的介绍给年长的；先把职位、身份较低的介绍给职位、身份较高的；先把男性介绍给女性。在人多的场合主人应一一认识所有的客人。在商务谈判中，谈判双方无论谁是主方，都应接见客方所有人员。另外，对于远道而至又是首次面谈的客人，介绍人应准确无误地把客人介绍给主人。如果作为客人又未被介绍人发现，最好能礼貌而又巧妙地找别人来向主人引见。被介绍人要微笑、点头，以作表示。

（二）握手

谈判双方人员见面和离别时一般都握手以示友好。握手的动作虽然平常简单，但通过这一动作，能起到增加双方亲近感的作用。握手要注意以下几个方面：

1. 握手的主动与被动。一般情况下，主动和对方握手表示友好、感激或尊重。在别人前来拜访时，主人应先伸出手去握客人的手，以表示欢迎和感谢。主、客双方在别人介绍或引见时，一般是主方、身份较高或年龄较长的人先伸手，以此表示对客人、身份较低或年龄较低者的尊重。在异性谈判之间，男性一般不宜主动向女方伸手。多人同时握手应注意不能交叉，待别人握毕后再伸手。

2. 握手时间的长短。谈判双方握手的时间以 3~5 秒为宜。握手时间过长或过短均不合适。

3. 握手的力度与握手者的距离。握手时，一般应走到对方的前面，不能在与其交谈时漫不经心地于侧面与对方握手。握手者的身体不宜靠得太近，但也不宜离得太远。握手力量要适度，过轻过重都不好。男性与女性握手，往往只握一下女性的手指即可。

4. 握手的面部表情与身体弯度。握手者的面部表情是配合握手行为的一种辅助动作，通常可以起到加深感情、加深印象的作用。握手时必须注视对方，切忌目光左顾右盼。握手时应身体微欠，面带笑容。

5. 其他。女士与人握手时应先脱去右手手套，但有地位者可不必；男士则必须脱去手套才能握。不要用左手与他人握手，尤其当对方是阿拉伯人、印度人时。除非患有眼疾或眼部有缺陷者，其他人握手时不允许戴墨镜。握手时不要将另外一只手插在衣袋里，或另外一只手不要依旧拿着东西不放下。握手时不要只递给对方一截冷冰冰的手指尖。不管在任何情况下，都不要拒绝与他人握手。在交往中除了握手之外，其他见面礼也是常见的，比如，点头礼、脱帽礼、注目礼、鞠躬礼、合十礼、拥抱礼等。例如，东南亚一些佛教国家是双手合十以示致敬的；日本是鞠躬行礼；美国只有被第三人介绍后才行握手礼；东欧一些国家的见面礼是相互拥抱等。

（三）致意

当谈判双方或多方之间相距较远，一般可举右手打招呼并点头致意；与相识者侧身而过时，也应说声"你好"；与相识者在同一场合多次会面时，点头致意即可；对一面之交或不相识的人在谈判场合会面时均可点头或微笑致意；如果遇到身份高的熟人，一般不要径直去问候，而是在对方应酬活动告一段落后，再前去问候致意。

三、交谈中的礼节

交往活动离不开交谈，商务谈判的过程无疑是交谈的过程。在商务谈判中交谈并非只限于谈判桌前，交谈的话题也并非只限于和谈判相关的问题。交谈中要注意下面一些礼节事宜。

交谈时表情要自然，态度要和气可亲，表达要得体。谈话距离要适当，不要离对方太近或太远。谈判中的手势要文明，幅度要合适，不要动作过大，更不要用手指指人或拿着笔、尺子等物指人。参加别人谈话时要先打招呼；别人在个别谈话时，不要凑近旁听；若有事须与某人交谈，要等别人谈完；有人主动与自己谈话时，应乐于交谈；第三人参与交谈时，应以握手、点头或微笑表示欢迎；发现有人欲与自己交谈时可主动向前询问；谈话中有急事需要处理或离开时，应先向对方打招呼表示歉意。交谈现场超过三个人时，应不时地与在场的所有人交谈两句，不要只和一两个人讲话，而不理会其他人。所谈问题不宜让别人知道时，则应另外选择场合。交谈中，自己讲话时要给别人发表意见的机会，别人讲话时也应寻找机会适时地发表自己的看法。对方发言时，不应左顾右盼，心不在焉，不要做看手表、伸懒腰等不耐烦的动作。要善于聆听对方的谈话，不要轻易打断别人的发言。交谈时内容要恰当，一般不询问女性的年龄、婚姻等状况；不直接询问对方的履历、工资收入、家庭财产等方面的问题；对方不愿回答的问题不要寻根问底；对方反感的问题应示歉意并立即转移话题；不对某人评头论足；不讥讽别人；也不要随便谈论宗教问题。交谈中使用礼貌用语，如"你好""请""谢谢""对不起""打搅了""再见"等，并针对对方不同国别、民族、风俗习惯等，恰当使用礼貌语言。

四、参加宴请的礼节

（一）应邀

接到宴请的邀请，能否出席要尽早答复对方。接受邀请后，不要随便改动，若非改不可，应向主人解释并道歉。

（二）掌握出席时间

出席宴请抵达时间的早晚及逗留时间的长短，在一定程度上反映了对主人的尊重。迟到、早退、逗留时间过短被视为失礼或有意冷落。身份高者可略晚到达，一般客人宜略早到达。出席宴请时间，各地通行的做法是准时，有的地方是晚一两分钟到，我国是提前两三分钟到。有事需提前退席，应向主人说明后悄悄离去；也可以事先打好招呼，到时自行离去。

（三）入座

入座应听从主人的安排，不要随意乱坐。男客人应帮助其右边的女宾挪动一下椅子，等女宾入席坐下时，再帮助她将椅子往前稍推，使其身体离桌边半尺左右。男士在女士坐下后再入座。身体与餐桌之间保持适当距离。进餐时，身体要坐正，不要前俯后仰，不要把两臂横放在桌上，以免碰撞旁边的客人。

（四）进餐

和外国人一起就餐，有三不准：一不能当众修饰自己；二不能为对方劝酒夹菜，不能强迫别人吃；三是进餐时不能发出声音。这是尊重别人。另外，要讲规矩，如接受名片。接受名片时如何做才表示尊重别人？专业要求是有来有往，来而不往非礼也。要是没有也要比较委婉地告诉对方——没带或用完了。商务交往中有时是需要一种"善意的欺骗"。

情景花絮

巴黎的一家餐馆来了一群中国人，老板安排了一位中国使者为他们服务，交谈中得知他们是某省某县的一个考察团，今天刚到巴黎。随后侍者向他们介绍了一些法国菜，他们不问贵贱，主菜、配菜一下子点了几十道，侍者担心他们吃不完，何况菜价不菲，但他们并不在乎。点完菜，他们开始四处拍照，竞相和服务小姐合影，甚至跑到门外一辆凯迪拉克汽车前面频频留影，还不停地大声说笑。用餐时杯盘刀叉的碰撞声乃至嘴巴咀嚼食物的声音，始终不绝于耳，一会儿便搞得杯盘狼藉，桌上、地毯上到处是油渍和污秽。坐在附近的一位先生忍无可忍，向店方提出抗议，要他们马上停止喧闹，否则就要求换座位。

1. 餐巾。餐巾需等主人摊开使用时，客人才能铺在双腿上。餐巾很大时，可以叠起来使用。餐巾的作用首先是防止油污、汤水滴到衣服上；其次是用来擦嘴边油污。但不可擦脸、擦汗或除去口中之食物，也不能用它擦拭餐具。用餐完毕或餐后离桌时，应将餐巾放于座前桌上左边，不可胡乱扭成一团。

2. 刀叉的使用。以中餐宴请外国宾客时，既要摆碗筷，也要摆刀叉。吃西餐时使用刀叉，右手用刀，左手用叉，将食物切成小块后用叉送入口中。吃西餐时按刀叉顺序由外向里取用。使用刀时不要将刀刃向外，更不要用刀送食物入口。切肉时应注意避免刀切在瓷盘上发出响声。谈话时，可不必把手中的刀叉放下，但做手势时则应将刀叉放下。中途放下刀叉，应将刀叉呈八字形分开放在盘子上。用餐完毕，则将刀叉并拢一起放在盘子里。

3. 取面包、黄油。取面包应用手去拿，然后放在盘中的小碟内或大盘的边沿上，不要用叉子去叉面包。取黄油时应用奶油刀，不要用个人的刀子。黄油取出后放在旁边的小碟里，不要直接往面包上抹。不要用刀切面包，也不要把整片面包涂上黄油，应该每次用手掰一块面包，吃一块涂一块。

4. 吃肉类。吃西餐中的肉类时，要边切边吃，切一次吃一口；吃鸡、龙虾等食物时，主人示意后可以用手撕开吃；吃带腥味的食物时，常备有柠檬，可用手将汁挤出滴在食品上，以去腥味。

5. 喝汤。汤匙是座前最大的一把匙，放在盘子右边，不要错用放在盘子中间的那把较小的匙，那可能是甜食匙。如果汤太热，可以将汤盛入碗内，等稍凉后再喝，忌用口吹，喝汤时不要发出声响。

6. 其他。送到你面前的食物多少都应用一点，特别合口味的食物请勿一次食用过多，不合口味的食物也不要流露出厌恶的表情。用餐时，如欲取用摆在同桌其他客人面前的调味品，应请邻座客人帮忙传递，不可伸手直接去取。

（五）进餐时的注意事项

1. 饮酒。在主人和主宾致辞、祝酒时，应暂停进餐，停止交谈，注意倾听。在主人或主宾到各桌敬酒时，应起立举杯。碰杯时，主人和主宾先碰；人多时可同时举杯示意，不一定碰杯。祝酒时，注意不要交叉碰杯。碰杯时要目视对方相互致意。宴会上相互敬酒表示友好，但切忌喝酒过量，应控制在本人酒量的1/3左右，以免失言、失态。不要劝酒，更不得灌酒。

2. 宽衣。社交场合，无论天气如何炎热，不能当众解开纽扣，脱下衣服。在小型便宴上，如主人请客人宽衣，男宾可脱下外衣搭在椅背上。

3. 喝茶、喝咖啡。喝茶、喝咖啡时，有时需用小茶匙加牛奶、白糖搅拌。正确的饮法是搅拌后把小茶匙放回小碟内，左手端着小碟，右手拿着杯子喝，不要用小茶匙把茶或咖啡送入口中。

4. 吃水果。外国人吃水果的方法与我国不同，梨和苹果不要整个拿着咬，应先用水果刀切成四五瓣，再用刀去皮、核，刀口向内，从外向里削，然后用手拿着吃；香蕉先剥皮，用刀切成小块吃；西瓜去皮切成块，用叉取食。

5. 水盂。在西式宴席上，在上鸡、龙虾、水果时，有时递上一个水盂（如铜盆、瓷碗或水晶玻璃缸），水上漂有玫瑰花瓣或柠檬片，这是供洗手用的。洗法是双手轮流沾湿指头，轻轻刷洗，然后用餐巾或小毛巾擦干。千万不要饮用。

（六）纪念品、取茶和饮食习惯

1. 纪念品。除了主人送给来宾的纪念品外，各种招待用品，包括糖果、水果、香烟等，都不要拿走。有时外宾会请同席者在菜单上签名，然后作为纪念品带走。

2. 取茶。招待员上茶时不要抢着去取，待送至面前时再拿。周围人未拿到第一份时，自己不要急于取第二份。

3. 饮食习惯。在欧洲，面是第一道菜，不要在面上浇菜汁吃，主人可能误会客人嫌他做得不好吃。欧美国家多以鸡胸肉为贵，如果按照中国人习惯以鸡腿敬客，反而失礼。主人通常劝客人再添点菜，你若有胃口，再添不算失礼，主人反会引以为荣。欧美人吃荷包蛋，先戳破未烧透的蛋黄，然后切成小块吃，盘里剩下的蛋黄，用小块面包蘸着吃。

4. 意外情况的处理。宴席上如用力过猛，使用刀叉触碰盘子时发出响声，或餐具落地，打翻酒水等，不要着急，要沉着，可向主人或邻座说声"对不起"，招待员会另送上一副餐具。酒水如溅到邻座身上，应表示歉意，协助擦干；如果是女士，就不必动手擦，由她自己擦。

（七）出席文体活动和进入住所的礼节

在紧张的谈判之余，主人会安排一些文体活动。客人可决定是否应邀前往。要按规定入座，在观看节目时要肃静，不要谈话，不要大声咳嗽或打哈欠。即席翻译要小声，最多大略译几句，可在观看前，大概了解一下梗概，自己再欣赏。场内禁止吸烟，不吃零食。一般不要对节目表示不满或失望，节目完了，报以掌声。出席观看文艺演出，还要注意服饰。

进入外国人的办公室或住所，首先要事先约定，按时抵达。如无人迎接，先按门铃或敲门，经主人允许后方得入内。按铃时间也不要过长。因事情急，临时去外国人住处，应尽量避免在深夜打扰。在万不得已的情况下，要先致歉意，并说明原因，以取得对方的谅解。谈话时间不宜长，不要站在门口谈话。如果主人未请你进屋谈，则可以退到门外，在室外谈话。进入室内，如果谈话时间短，则不必坐下，说完也不要再逗留；如果谈话时间较长，则要在主人邀请之下方可入座。未经主人邀请或同意，不得要求参观主人的卧室或庭院，在主人陪同下参观时，即使是熟人，也不要触动除书籍和花草之外的物品。对主人家的成员都要问候。对于主人家的猫、狗等小动物，不要表示害怕、讨厌，更不要去踢它、轰它。离别时，不论结果如何，都要表示感谢，这不仅是礼貌，而且为今后见面打下基础。拜访外国人，时间选择在上午10点或下午4点比较合适。西方人习惯用小吃和饮料招待客人，客人不要拒绝，应品尝。如果食物实在吃不习惯，则不必勉强。

五、日常卫生及其他

（一）日常卫生

1. 注意个人卫生。适时理发，经常梳理，胡须要刮净，鼻毛应剪短，头发要洗干净。内衣、外衣经常保持整洁，特别是衣领和袖口要洗干净。皮鞋要上油擦亮，布鞋要刷洗干净。参加涉外活动要梳理打扮，要保持外貌整洁美观。不要当着他人的面擤鼻涕、掏鼻孔、搓泥垢、挖眼屎、打哈欠、修指甲、剔牙齿、挖耳朵等。咳嗽、打喷嚏时，应用手帕捂住口鼻，面向侧方，避免发出很大的声音。在参加活动前，不吃葱、蒜、韭菜等有刺激气味的辛辣食品，必要时可含上一点茶叶，以消除刺激味道。生病的人不要参加有外国客商的活动，欧美人士对感冒很忌讳。脸部、手、臂等外露部分皮肤有病的人也应避免参加，以免引起别人反感。有口臭的人应注意漱口除味。

2. 保持环境卫生。要保持地板、地毯的清洁。抽烟要使用烟灰缸。个人的不洁物品应丢入垃圾桶或放入自己的手帕或口袋中，不要随地乱丢。吐痰入盂，或吐在面巾纸、手帕中装入衣袋。雨、雪天应把雨具放在门外或前厅。

3. 陈设布置应保持整洁。谈判室、客厅要通风，不要有异味。沙发套、网扣要勤洗勤换，灯、衣架、玻璃要擦拭，地板、地毯要定期清扫、吸尘、痰盂应放在僻静的地方。

（二）其他礼仪

1. 服饰。服饰不仅可以美化我们的仪表，优化我们的气质，而且还可以反映出我们的教养和文化。现代生活中，衣着打扮在交往中的作用也日益明显和重要。作为商务谈判人员，必须熟悉衣着的基本礼节。社交场合的服装大体分为两类：正式、隆重、严肃的场合多着深色礼服，一般场合可着便服。目前，大多数国家在穿着方面均趋于简化，隆重场合穿着深色质料的西装即可。极少数国家规定妇女在隆重场合禁止穿长裤和超短裙。我国没有礼服和便服之分。一般来说，男子的礼服为上下同色同质的西装，配黑皮鞋，系领带；穿毛料中山装亦可。女士根据不同季节和活动性质，可着西装、民族服装、中式上装配长裙、旗袍、连衣裙等。旅途和郊游可着便装。穿长袖衬衫要将前后摆塞在裤内，袖口不要卷起。任何情况下不应穿短裤参加涉外商务活动。在家中或宾馆客房临时接待来访时，女士来不及更衣，应请客人稍坐，立即穿上服装和鞋袜。不得赤脚或只穿内衣接待客人。

在谈判中穿西装比较普遍，它的穿着十分讲究。西装的袖长以达到手腕为宜，衬衫的袖长应比上衣袖口长出 1.5 厘米左右，衬衫的领口应高出上衣领口 1.5 厘米左右。在隆重场合西装要系扣，一个扣的要扣上；两个扣的只需扣上面的一个，平时可以都不扣；三个扣的扣中间一个；双排扣西装，通常情况下，纽扣全部扣上。西装衣袋的整理十分重要，上衣两侧的两个上衣袋不可装物，只作装饰用，上衣胸部的口袋可以装折叠好花式的手帕，有些小的物品可装在西装上衣内侧的衣袋里。裤袋和衣袋一样，一般不可装物，裤子后兜可装手帕、零用钱。西裤长度以裤脚接触脚背为妥。穿西裤时，裤扣要扣好，拉锁全部拉严。西装坎肩要做的贴身，与西装配套的大衣不宜过长。西装翻领的"V"字区最显眼，领带处在这个部位的中心，被称为西装的灵魂，领带要按规定系好，下端应与腰齐。手帕熨平整，叠得方方正正，并准备两块。穿深色没有花纹的皮鞋，穿深色袜子，以显庄重。穿西装打领带时衬衫应系好领扣，不打领带时，领口应打开。衬衫、西服、领带、鞋袜全身颜色应不超过三种，称为"三色"原则。西装里面不能穿多件毛衣，可穿一件，若穿在衬衫外面时，领带应放在毛衣内部，应穿素色毛衣。羊绒衫可穿在衬衫内，但衬衫内部不应露出任何衣服的领子。新西服袖口的商标一定要去掉。正式场合应穿黑皮鞋，以系带鞋为好。袜子的颜色与西服一致或深于西服，不要黑蓝西服白袜子。领带是与西装配套的饰物，在正式场合系上领带，既礼貌又庄重。在佩戴领带时要注意以下几个方面：要注意领带的选择，选择的质地大多为丝绸，常用图案有水珠、月牙形、方格等，正式场合必须系领带，领带颜色要讲究。宴会等喜庆场和领带颜色可鲜艳明快；参加吊唁活动要系黑色或素色领带；参加商业活动宜佩戴醒目且花纹突出的领带；职业领带往往是素色或深色，多无花纹。领带较为普遍的被职业女性使用，当女性的衬衫上结上细窄的领带时，会增加女性的庄重、典雅。

女子穿西装时要注意以下几个方面：女西装配西装裙时，西装上衣应做的长短适中，以充分体现女性曲线美。如果配西裤，上装可稍长些。无论配裙子或裤子，一般采用同一面料做套装，使整体感强，鞋和袜要与西装搭配，要穿4/4长筒袜，没长筒袜时可以光脚，但不应穿短袜。在正式场合应避免赤足。女士穿着西装时有以下忌讳：（1）西服套装不可过大或过小。上衣最短齐腰，西装裙最短到小腿中部；要合体典雅。（2）不允许衣扣不到位。不能不系上衣扣，更不能当着人脱下套装以示随和泼辣。（3）不允许不穿衬裙。（4）不允许内衣外现，衬衫不应透明。（5）不允许随意搭配。套装不能与休闲装混穿。（6）不允许乱配鞋袜，套装应穿黑高根、半高跟皮鞋，肉色丝袜。

参与谈判工作的人员可以适当佩戴饰物，如帽子、墨镜、胸花、手提包等。但饰物的佩戴必须符合一定第一规范和佩戴原则。佩戴饰物时要求与个性和着装协调。谈判人员工作时，特别是在正式谈判中，全身饰物最好不要超过三件，真正使其起到点缀作用，展示出谈判人员的内在气质和高雅品位。佩戴饰物最应遵守礼仪规范。如戒指戴在不同手指上，将给对方不同的信息。戒指戴在无名指上表示已婚；戴在小指上表示持独身态度。不是新娘不准把戒指戴在手套外面。另外谈判人员不提倡戴手镯，如着便装时戴手镯，形状不宜过于招摇。着西装时不戴木、石、皮、骨、绳、塑料等艺术性手镯。手镯只戴一只通常戴右手上；也可戴两只；但一只手上只准戴一样饰物，手镯、手链、手表任选一样，手链通常只宜戴一条。不要戴在袖口之上或有意露出。戴项链时应避免文化差异产生的误解。外事活动时，不戴有猪、蛇生肖的挂件、有耶稣殉难像的十字架。女士的项链、挂件可视情况露出或隐藏起来，男士着正装时一定不要露出来，不论是项链还是护身符。参与室内活动与人交谈，不要戴墨镜，若有眼疾要戴时，要向对方表达歉意；在室外，参加隆重的礼仪活动，也不应戴墨镜。胸花是女性胸、肩、腰、头等部位佩戴的各种花饰，一般应戴在左胸部位，在正式谈判中一般不戴胸花。手提包是女性日常出席正式场合活动的重要饰物，要求新颖、别致、协调，给人赏心悦目的感觉。

【拓展视野】

一位女推销员在美国北部工作，一直都穿着深色套装，提着一个男性化的公文包。后来她被调到阳光普照的南加州，她仍然以同样的装束去推销商品，结果成绩不够理想。随后，她改穿色彩淡的套装和洋装，换了一个女性化一点的皮包，使自己有亲切感，着装的这一变化，使她的业绩提高了25%。

可见，随着社会经济、文化的发展，如何得体、适度的穿着已成为一门大有可为的学问。对于寻职或在职的女性而言，尤其在工商界和金融界或学术界，打扮过于时髦的女性并不吃香，因为人们对服装过于花哨怪异者的工作能力、工作激情、敬业精神、生活态度，一般都会持有怀疑态度。所以着装要与其身份相称，才能起到画龙点睛的作用。

2. 称呼。在对外交往中，对男子一般称"先生"。对英国人不能单独称"先生"，而应称"某先生"。美国人较随便，容易亲近，很快就可直呼其名。对女士，一般称"夫人""女士""小姐"。不了解其婚姻状况的女子可称其"女士"。美国、墨西哥、德国等国没有称"阁下"的习惯。称呼的一般顺序是：先长后幼，先上后下，先疏后亲，先外后内。

3. 小费。世界上很多国家都有付小费的做法。我国南方沿海的一些大城市，也有这种做法。小费实际上是对服务的一种额外酬劳。给不给，给多少，并无固定原则，主要看服务的场所和服务质量。通常在餐馆，小费数目一般为付账的 10% 左右，用餐付账与小费应分别处理，即向柜台会计付账，而小费留在餐桌上。在一些国家住旅店，每天或隔两天要付小费，放在桌上或床头，数目可视具体情况而定。

任务三　其他国家的习俗和禁忌

一、美国的习俗与禁忌

美国人性格外露直率，不必有过多的客套，见面以握手礼为多。大多数美国人不喜欢用"先生""夫人"或"小姐"之类的称呼，无论男女老少，一般比较喜欢别人直呼自己的名字，认为这是亲切友好的表示。对于法官、政府高级官员、医生、教授等要用专业头衔，如哈利法官、布朗医生，而不应用行政职务如局长、经理、校长等来称呼别人。美国人的时间观念很强，很讲求效率。开始谈判后不轻易中断工作，且很投入，对有可能分散谈判人员注意力的事较反感。按照美国的社交礼仪，一个男子去访问一个家庭时若想递送名片，应分别给男、女主人各送一张，但决不应在同一个地方留下三张以上名片。美国商界流行早餐和午餐约会谈判，每次约会要提前几天预约，应在约定的时间准时到场，迟到是不礼貌的。取消约会要及早通知对方，并说明原因和诚恳道歉。美国人习惯保持一定的身体间距，交谈时彼此站立间距约 0.9 米，每隔 2~3 秒应有视线接触，以表示兴趣、诚挚和真实的感觉，美国人认为不盯着他们眼睛说话的人心中有鬼。美国人喜欢谈论有关商业、旅行等方面的内容及当今潮流和世界大事，喜欢谈政治，但不喜欢听到他人对美国的批评。不喜欢讨论个人私事，特别尊重个人隐私权。与美国人谈话不论在何种场合，必须说话谨慎，因为他们认为你说的话是算数的。

二、亚洲国家的习俗和禁忌

（一）日本

日本人重礼仪，讲究礼貌，非常讲究面子。在商务交往中要注意照顾他人面子，避免使人难堪。日本人多用鞠躬而非握手来互致问候，见面时最普遍的用语是"拜托你了""请多关照"等。日本人有互换名片的习惯，需有充足准备。日本人在初次见面时一般不谈工作。初次见面时，相互引见，自我介绍，交换名片。与日本人交换名片时，要向对方的每一位成员递送名片，不能遗漏。称呼某人时要使用对方的姓和"先生""夫人""小姐"等，只有家人和非常熟悉的朋友才用名来称呼。日本人特别讲究给客人敬茶。敬茶时，要敬温茶，而且以八分满为最恭敬。

日本人的宗教信仰比较复杂，多数信奉佛教和本国特有的神道教。在商业性宴会上，日本人有急事会不辞而别，因为他们认为正式告别会打扰宴会的正常进行，是不礼貌的行为。日本人在生活中忌擅自登门造访，因此，拜访之前一定要征求对方的意见，约定访问的时间。日本人很少在家款待客人，如被邀请到家里做客，那是一种礼遇。要准时赴约，并携带蛋糕或糖果作为礼品。日本人重人情，接受其馈赠，尤其是较丰厚的礼物时，必须找机会报答回礼，否则会影响双方的正常关系。和日本人谈生意，要想很快缩短相互之间的距离，形成良好的合作关系，在最初的商务会面时，一定要找个中间人，中间人的存在可以使日本商人尽快产生对你的好感和信任。

日本人的卧室及厨房是家庭的隐私，除非主人主动邀请，不可窥看卧室及厨房，否则是很失礼的。一般对日本人的送礼不应立即接受，要再三表示感谢，等他执意要求收下后才接受。日本人在交谈中，不喜欢指手画脚。谈话时最好不要谈及第二次世界大战的事情。与日本人做生意，最好不要选在 2 月和 8 月，在日本，这两个月是商业淡季。日本人对数字"4"和"9"比较敏感，因为日文中他们发音近乎"死"和"苦"，也不要送跟数字"4"有关的礼物。日本人不喜欢有狐狸和獾图案的礼品，他们把狐狸视为贪婪的象征。在日本探视病人时，忌送带根的植物，因"带根"与"久卧"同音。生活中日本人忌绿色，认为绿色象征着不祥，也不喜欢紫色、黑白相间色。日本人忌荷花，他们认为荷花出于淤泥，是不洁之物。日本人不喜欢偶数，对奇数却有好感。

（二）新加坡

新加坡的华人占当地总人口的 70% 左右。他们有着浓重的乡土观念，同甘共苦的合作精神并勤奋、能干。他们一般都很重信义，比较珍惜朋友之间关系，同时比较爱面子。新加坡人特别讲究礼貌礼节，通常的见面礼是轻轻鞠躬或握手。与新加坡商人交往时要避免目光接触，紧盯或逼视对方被认为是不礼貌的，保持从容不要流露出不快。谈话时话题要避免政治和宗教。当友人送你礼物时，要拒绝几次再接受，以表示自己的谦逊，表示自己受之有愧。新加坡人喜欢红、绿、蓝色，视紫色、黑色为不吉利，黑、白、黄为禁忌色。在商品上不能用佛的形象，禁止使用宗教用语，忌用红双喜、大象、蝙蝠图案。新加坡人对数字"4""7""8""13""37""69"禁忌。

三、欧洲国家的习俗和禁忌

欧美国家的礼俗有许多相同之处，但相对而言，欧洲人更为传统保守，对礼节看得更重。一般，握手是标准问候形式，但仅是轻轻一碰，不像美国人那样胳膊上下摆动。准时守约是普遍的要求，互换名片是必要的礼仪。礼物以鲜花最适当且最受欢迎。

（一）英国

英国人以传统、保守著称于世。英国商人比较严肃、庄重、不苟言笑，特别讲究礼仪和绅士风度。在与英国商人交往时要掩饰自己的感情，如喜、怒、哀、乐。初次见面，应有礼貌地说"你好"。称呼时要用"先生""夫人""小姐"等，英国人喜欢别人称呼他们的头衔，如爵士、公爵、子爵。英国人习惯约会一旦确定，就必须排除万难赴约，所以和英国人约会不能提前得太早。受款待后，一定要写信表示感谢，否则会被认为不懂礼貌。

英国人特别欣赏自己的绅士风度，认为这种风度是他们的骄傲。英国人喜欢讨论其丰富的文化遗产、动物等，足球、网球、板球和橄榄球都是很受欢迎的体育运动。君主制对英国人来说是神圣的，谈话不要涉及王室，不要拿英国人对王室的爱戴开玩笑。英国人不喜欢与别人谈论爱尔兰的前途、共和制优于君主制的理由、治理英国经济的方法等敏感政治问题。英国人把工作和休息区分得很清楚，下班后不要谈工作，就餐时不要谈工作。多数英国人信奉基督教。英国人的主要节日有圣诞节、复活节、万圣节等。

在英国"天气"是谈不完的话题。英国每年冬、夏两季有 3~4 周的假期，他们常常利用这段时间出国旅游。因此，在夏季以及从圣诞节到元旦这段时间内，英国人较少做生意。英格兰从 1 月 2 日开始恢复商业活动，而在苏格兰，则在 1 月 4 日开始商业活动。不要把英国人统称为"英国人"，可称"大不列颠人"，因为英伦三岛的苏格兰人、爱尔兰人、威尔士人都有较强的地方情绪，对简称其为"英格兰人"非常反感。与英国人交往不要系有条纹的领带。英国人鄙视唯命是从，所以在谈判时要多提意见和方案。与英国人谈话时，忌跷"二郎腿"。即使相处关系很好，也不能用手拍对方的肩背来表示亲切。英国人重视个人隐私权的保护，一般不询问对方的私事。在英国忌用大象和孔雀图案。许多英国人忌讳"13"。英国人忌讳用人像作商品装潢，忌送百合花，他们认为百合花意味着死亡。

（二）法国

法国人民族自豪感很强，天性开朗。法国人对形式很重视，约会要事先预约，赴约必须准时到场。与法国人见面时要握手，告辞时应再以握手向主人告别。受到款待后，应在次日打电话或写便条表示谢意。法国人有喝生水的习惯，他们从来不喝开水。多数法国人信奉天主教。法国的主要节日是圣诞节、新年及复活节。在法国，新年除夕是个重要的送礼节日。法国人以法语为自豪，他们认为别国人是讲不好法语的，没有较大把握不要在法国人面前卖弄法语，最好使用英语。

法国人对个人隐私很敏感，谈话时不要涉及其家庭和个人的私生活。法国人初次见面一般不需要送礼，第二次见面时，则必须送礼物，否则会被认为失礼。法国人极少上门做客，因而你的邀请被拒绝不要在意。到法国人家做客，需要为女主人带上鲜花或巧克力之类的小礼品以表达谢意。一般品位高雅有审美价值的礼物很受青睐，但不宜有醒目的商标或公司名称。与法国妇女接触时，千万不能以香水作为礼物，人们把它作为送给亲密人的礼物。法国人对谈及政治和金钱很反感，但对烹调却津津乐道，因此，在家宴上要对菜肴略加赞赏。法国人认为酒会影响人们对菜肴的鉴赏，因而讨厌客人在饭前喝威士忌和马提尼酒。不要给法国人送葡萄酒或烈性酒，因为法国人对饮用何种酒类十分认真。法国人视鲜艳色彩为高贵，视马为勇敢的象征，视孔雀为恶鸟，忌核桃，在法国忌用仙鹤图案。菊花、杜鹃花在法国一般在葬礼上使用，其他场合一般不能使用。法国人认为红色是不吉祥的颜色，认为黄色象征不忠诚。法国人忌黑桃图案，认为不吉利；忌墨绿色。法国人最忌讳初次见面询问对方年龄，尤其是女子。法国人忌讳数字"13"。

（三）德国

德国人注重体面，讲究工作效率，思维具有系统性和逻辑性。德国人重视礼节和社交场合，握手随处可见，与德国商人见面和离开时千万不要忘了握手，握手时需要一次次称呼其头衔，他们会格外高兴。德国人非常遵守时间，与德国人约会要事先预约，务必准时到场，因故改变约会要提前通知对方。穿着要十分正式和保守。天气、乡村风光、业余爱好、旅游、足球、度假在德国是很好的谈话话题。注意不要谈及垒球、篮球或美式足球。在德国个人隐私十分重要，不要询问有关个人的问题。在称呼上，他们拘泥于礼节，对有头衔的人一定要称呼其头衔，如博士、经理等，对直呼其名的人甚为反感。到德国人家做客，要送一束花给女主人，千万不要送葡萄酒，鲜花进门时取下包装，在向女主人问候时递上，忌送玫瑰花。当主人不再给客人的杯子添水时，这是暗示客人该走了。德国40%以上的人信奉基督教。德国人忌食核桃，忌用锤头、镰刀图案和宗教性标志。不宜送剪刀、雨伞等锥形物品，因为在德国锥形物被认为是会带来厄运的不祥物。除宗教禁忌外，德国人对颜色禁忌较多，包括茶色、黑色、红色、深蓝色。

（四）意大利

意大利人工作松垮，不讲效率，但性格直爽、为人正直。意大利人对时间是不经意的，迟到是常有的事，而且一迟到就是一两个小时。意大利人见面时，常习惯行握手礼。对于意大利人的邀请，拒绝是不礼貌的，表示对邀请人的不尊重。到意大利人家做客时应带一些花和巧克力，但忌带菊花，因为菊花在葬礼时使用。与意大利人交谈时，最好不要谈及政治和美式足球，可以涉及意大利的美食佳肴、艺术、足球等。意大利人对小动物特别感兴趣，尤其爱养狗、养猫，因此，可以送给意大利人带有动物图案的礼物。赠送礼品在商务交往中是普遍的，一般送奇数数目的礼物，偶数被认为不吉利。意大利人忌讳别人送手帕、丝织品、亚麻织品等，那象征离别。

任务四　主要国家的商务谈判风格

谈判风格对谈判有着巨大的作用，在有些商务谈判特别是国际商务谈判中谈判风格甚至关系到谈判的成败，学习和研究谈判风格，具有重要的意义和作用。

一、德国人的谈判风格

德国是世界著名的工业大国，德国人刚强、自信、谨慎、保守、刻板、严谨，办事富有计划性、雷厉风行，工作注重效率、追求完美，纪律观念强，有军旅作风。德国人的谈判风格主要有以下几个特点。

（一）准备工作充分完善，仔细研究对方

德国人严谨保守的特点使他们在谈判前就往往准备得十分周到，他们会想方设法掌握大量翔实的第一手材料，不仅要调查研究你要购买或销售的产品，还要仔细研究你的公司，以确定你能否成为可靠的商业伙伴。只有在对谈判的议题、日程、标的物的品质、价格以及对方公司的经营、资信情况和谈判中可能出现的问题及对应策略做了详尽研究、周密安排之后，他们才会坐在谈判桌前。这样，他们立足于坚实的基础之上，就处于十分有利的境地。

德国人对谈判对方的资信非常重视，不喜欢与声誉不好的公司打交道。他们不愿冒风险，因此，如果与德国人做生意，一定要在谈判前做好充分准备，以便回答关于你的公司和你的建议的详细问题。

（二）非常讲究效率，不喜欢东拉西扯

德国人的思维富于系统性和逻辑性，工作态度认真负责，办事非常讲究效率，信奉的座右铭是"马上解决"。德国人在谈判桌上会表现得果断、不拖泥带水。他们喜欢直接表明所希望达成的交易，准确确定交易方式，详细列出谈判议题，提出内容详尽的报价表，清楚、坚决地陈述问题。他们善于明确表达思想，准备的方案清晰易懂。如果双方讨论列出问题清单，德国人一定会要求在问题的排序上应体现诸问题的内在逻辑关系，否则就认为逻辑不清和不便讨论。因此，在与德国人谈判时，追求严密的组织、充分的准备、清晰的论述、鲜明的主题，可以提高谈判效率。

（三）自信和执著，坚持己见

德国人对本国产品极有信心，在谈判中常会以本国的产品为衡量标准。他们对企业的技术标准要求相当严格，对于出售或购买的产品质量要求很高。因此，要让他们相信你公司的产品能达到交易规定的高标准，他们才会与你做生意。德国人的自信与执着还表现在他们不太热衷于在谈判中采取让步方式。他们考虑问题周到、系统，办事古板沉稳，按部就班，缺乏灵活性和协调性。他们总是强调自己方案的可行性，一丝不苟，千方百计迫使对方让步，常常在签订合同之前的最后时刻还在争取使对方让步。

（四）重合同，守信用

德国人素有"契约之民"的雅称，他们崇尚契约，严守信用，权利与义务的意识很强。在商务谈判中，他们坚持己见，权利与义务划分得清清楚楚；对合同的每一条款，他们都非常细心，对所有细节认真推敲，要求合同中每个字、每句话都准确无误，然后才同意签约。德国人对交货期限要求严格，一般会坚持严厉的违约惩罚性条款，因为德国企业的生产经营计划有周密的安排，提前或推迟交货将可能影响一系列活动。外国客商要保证成功地同德国人打交道，就得同意严格遵守交货日期，而且还要同意严格的索赔条款。德国人受宗教、法律等因素影响，比较注意严格遵守各种社会规范和纪律。在商务往来中，他们尊重合同，一旦签约，就会努力按合同条款一丝不苟地去执行，不论发生什么问题都不会轻易毁约，而且签约后对于交货期、付款期等的更改要求一般都不予理会。他们注重

发展长久的贸易伙伴关系，求稳心理强，不喜欢做一锤子买卖。

二、英国人的谈判风格

英国是最早的工业化国家，早在 17 世纪，它的贸易就遍及世界各地。但英国人的民族性格是传统、内向、谨慎，尽管从事贸易的历史较早、范围广泛，但是其贸易洽商特点却不同于其他欧洲国家。英国人的谈判风格主要有以下几个特点。

（一）不轻易与对方建立个人关系

英国人不轻易相信别人、依靠别人。这种保守传统的个性，在某种程度上反映了英国人的优越感。但是你一旦与英国人建立了友谊，他们会十分珍惜，长期信任你，在做生意时关系也会十分融洽。所以，我们可以得出一个结论：如果你没有与英国人长期打交道的历史，没有赢得他们的信任，没有最优秀的中间人做介绍，你就别想与他们做大买卖。

（二）谈判准备不充分，不详细周密

英国人对谈判本身不如日本人、美国人那样看重，相应地，他们对谈判的准备也不充分，不够详细周密。他们善于简明、扼要地阐述立场，陈述观点，在谈判中，表现更多的是沉默、平静、自信、谨慎，而不是激动、冒险和夸夸其谈。他们对于物质利益的追求，不如日本人表现得那样强烈，不如美国人表现得那样直接。他们宁愿做风险小、利润少的买卖，也不喜欢做冒大风险、赚大利润的买卖。

（三）不能保证合同的按期履行

英国商人常常不能保证合同的按期履行。英国人为改变这一点也做了很大努力，但效果不明显，比如，他们经常不遵守交货时间而造成延迟，据说这一点举世闻名。这使得他们在谈判中比较被动，外国谈判者会利用这点迫使他们接受一些苛刻的交易条件，如索赔条款等。

（四）谈判中缺乏灵活性

他们常采取一种非此即彼，不允许讨价还价的态度。因此，在谈判的关键阶段，表现得既固执又不愿花费很大力气，他们不像日本人那样，为取得一笔大买卖竭尽全力。英国人在洽谈中，为了达到赚钱的目的，有时会表现出令人吃惊的忍耐。但他们并不死板，一发觉划不来时，别说等几年几个月，就是几天都等不了，他会突然来个"急刹车"。

（五）忌谈政治，宜谈天气

英国是由英格兰、威尔士、苏格兰、北爱尔兰组成，四个民族在感情上有许多微妙之处。我们提到的"英格兰"，一般是指整个联合王国，但在正式场合使用就显得不妥，因为这样会不自觉地漠视了其他三个民族。所以，在正式场合不宜把英国人叫作英格兰人，涉及女王时要说"女王"或正规地说"大不列颠及北爱尔兰联合王国女王"，而不应说"英格兰女王"。在和英国人交谈时，话题尽量不要涉及爱尔兰的前途、共和制和君主制的优劣、乔治三世以及大英帝国的崩溃原因等政治色彩较浓的问题，比较安全的话题是天气、旅游、英国的继承制度等。

　　与英国人初识，最安全的话题是天气。有人说，谈论天气是英国民族的主要消闲方式，这与英国天气的特殊性有关系。据说，只有英国（尤其在伦敦）才能在一天中体验到四季的变化，外国人常常会看到英国人在阳光明媚的早上出门时穿雨衣、带雨伞。

三、法国人的谈判风格

　　法国是一个工业发达的老牌资本主义国家。法国人为本民族的灿烂文化和悠久历史感到骄傲，时常把祖国的光荣历史挂在嘴边，诸如"我们拥有巴黎公社、波拿巴王朝、法兰西共和国的历史"等。讲究历史就为谈判双方竖起一道历史的墙，使双方在历史交易的基础上只能前进，不能后退。法国商人具有戴高乐式的依靠自身意志以谋取自己利益的高超谈判本领。

　　法国人的谈判风格主要有以下几个特点。

（一）坚持用法语谈判

　　法国人为自己的语言而自豪，认为法语是世界上最高贵、最优美的语言。因此，在进行商务谈判时，他们往往习惯于要求对方同意以法语为谈判语言，即使他们的英语讲得很好，也很少让步，除非他们在国外或在生意上对对方有所求。有专家指出，如果一个法国人在谈判中对你使用英语，那可能就是你争取到的最大让步。所以，要与法国人长期做生意，最好学些法语，或在谈判时选择一名好的法语翻译，他们会因此很高兴，并对你产生好感。

（二）富有情趣和人情味

　　法国人很有人情味，非常珍惜人际关系。有人说，在法国，"人际关系是用信赖的链条牢牢地互相联结的。"法国人很重视交易过程中的人际关系。一般来说，在尚未结为朋友之前，他们是不会轻易与人做大宗生意的，而一旦建立起友好关系，他们又会乐于遵循互惠互利、平等共事的原则。因此，与法国人做生意，必须善于和他们建立起友好关系。这不是件十分容易的事情，需要做出长时间的努力。在社会交往中，家庭宴会常被视为最隆重的款待，但是，无论是家庭宴会还是午餐招待，法国人都将之看作人际交往、发展友谊的时刻，而不认为是交易的延伸。因为，如果法国人发现对方设宴招待，意图是想利用交际来促使商业交易更为顺利的话，他们会很不高兴，甚至断然拒绝。

（三）注重原则问题，忽视细节问题

　　与法国人洽谈生意时，不应只顾谈生意上的事务与细节，否则很容易被法国对手视为"此人太枯燥无味，没情趣"。要注意：法国人大多性格开朗、十分健谈，他们喜欢在谈判过程中谈些新闻趣事，以营造一种宽松的气氛。据说，在法国，就连杂货店的女老板都能轻松自如、滔滔不绝地谈论政治、文化和艺术。所以，在谈判中，除非到了最后决定拍板阶段可以一本正经地只谈生意之外，其他时间应多谈一些关于社会新闻和文化艺术等方面的话题来活跃谈话，制造出富有情调的氛围。另外要引起注意的是，法国人在谈判中讲究幽默与和谐，但他们不愿过多提及个人和家庭问题，这是与他们谈话时应尽量避免的

话题。

（四）偏爱横向谈判

就是说，他们喜欢先为谈判协议勾画出一个大致的轮廓，然后再达成原则协议，最后再确定协议中的各项内容。所以，法国人不像德国人那样在签订协议之前认真、仔细地审核所有具体细节。法国人的做法是，签署的是交易的大概内容，如果协议执行起来对他们有利，他们会若无其事；如果协议对他们不利，他们也会毁约，并要求修改或重新签订。法国人谈判思路灵活，手法多样，为促成交易，常会借助行政、外交、名人或有关的第三人介入谈判。这种承认并欢迎外力的心理和做法可以为我国所用。比如，有些交易中会遇到进出口许可证问题，往往需要政府出面才能解决问题。当交易项目涉及政府的某些外交政策时，其政治色彩就很浓厚，为达成交易，政府可以从税收、信贷等方面予以支持，从而改善交易条件，提高谈判的成功率。

（五）重视个人的力量，很少有集体决策的情况

法国的组织机构明确、简单，实行个人负责制，个人权力很大。在商务谈判中，也多由个人决策负责。所以谈判的效率也较高，即使是专业性很强的洽商，他们也能一个人独当几面。

（六）时间观念不强

法国人严格区分工作时间与休息时间，这与日本人相比有极大的反差。在法国 8 月是度假的季节，全国上下、各行各业的职员都休假，这时候你想做生意是徒劳的。如果在 7 月份谈的生意，8 月份也不会有结果。与他们做生意，就需学会忍耐。

此外，法国人习惯在各种社交场合，而不是在家里宴请朋友。法国人对商品的质量要求十分严格、条件比较苛刻，同时也十分重视商品的美感，要求包装精美。法国人从来就认为法国是精美商品的世界潮流领导者，巴黎的时装与香水就是典型代表，因此，他们穿戴上都极为讲究。在他们看来，衣着可以代表一个人的修养与身份，所以谈判时稳重考究的着装会带来好的效果。

四、美国人的谈判风格

美国是世界上经济、技术最发达的国家之一，英语几乎是国际谈判的通用语言，世界贸易有 50% 以上是用美元结算，这使得美国人对自己的国家深感自豪，对自己的民族具有强烈的自豪感和荣誉感。美国人的性格是外向的、随意的，表现为直率、开朗、豪爽、热情、自信、果断、幽默诙谐、喜形于色、善于交际、不拘礼节、追求物质生活、富有强烈的冒险精神和竞争意识等特点。美国人的谈判风格主要有以下几个特点。

（一）干脆利落，不兜圈子

在美国人看来，直截了当是尊重对方的表现。在谈判桌上，美国人精力充沛，头脑灵活，喜欢迅速切入正题，会在不知不觉中将一般性交谈迅速引向实质性洽商，并且一个事实接一个事实地讨论。他们不喜欢拐弯抹角，不讲客套，并总是兴致勃勃，乐于以积极的

态度来谋求自己的利益。为追求物质上的实际利益，他们善于使用策略，玩弄各种手法。正因为他们自己就精于此道，所以他们十分欣赏那些说话直言快语、干脆利落，又精于讨论还价，为取得经济利益而施展策略的人。

当双方发生纠纷时，美国人希望谈判对手态度认真、坦率诚恳，即使双方争论得面红耳赤，他们也不会介意。谈判中的直率也好，暗示也好，看起来是谈判风格不同，实际上是文化差异问题。东方人认为直接地拒绝对方、表明自己的要求，会损害对方的面子和僵化彼此之间的关系，像美国人那样感情爆发、直率、激烈的言辞是缺乏修养的表现。同样，东方人所推崇的谦虚、有耐性、有涵养，可能会被美国人认为是虚伪、客套、耍花招。

（二）讲究效率，珍惜时间

美国人重视效率，喜欢速战速决。这是因为美国经济发达，生活、工作节奏极快，造就了美国人信守时间、尊重进度和期限的习惯。美国有句谚语："不可盗窃时间。"在美国人看来，时间就是金钱。

美国人认为，最成功的谈判人员是能熟练地掌握把一切事物用最简洁、最令人信服的语言迅速表达出来的人。因此，美国谈判人员为自己规定的最后期限往往较短。谈判中，他们十分重视办事效率，开门见山，报价及提出的具体条件也比较客观，水分比较少。他们希望谈判对方也能如此，尽量缩短谈判时间，力争每一场谈判能速战速决。如果谈判一旦突破其最后期限，谈判很可能破裂。除非特殊需要，同美国人谈判时间不宜过长，一定要有时间观念。这是因为美国公司大多每月、每季都必须向董事会报告经营利润情况，如果谈判时间过长，就会对美国人失去吸引力，所以只要报价基本合适，就可以考虑抓住时机拍板成交。

（三）重合同，法律观念强

美国人的法律意识根深蒂固。据有关资料披露，平均每450名美国人中就有一名律师，这与美国人解决矛盾纠纷习惯于诉诸法律有直接关系。美国人的这种法律观念在商业交易中也表现得十分明显，律师在谈判中扮演着重要角色。

美国人认为，交易最重要的是经济利益。为了保证自己的利益，最公正的解决办法就是依靠法律，依靠合同，而其他的都是靠不住的。因此，他们在进行商务谈判时，特别是在国外进行商务谈判时，一定会带上自己的律师。他们特别看重合同，十分认真地讨论合同条款，对法律条款一般不轻易让步，而且特别重视合同违约的赔偿条款。他们习惯于按合同条款逐项讨论，直至完全谈妥，一旦双方在执行合同条款中出现意外情况，就按双方事先同意的责任条款处理。

（四）谈判风格幽默

美国人的幽默久负盛名。曾流传着这样一个故事：在餐厅盛满啤酒的杯中发现了苍蝇，英国人会以绅士风度吩咐侍者换一杯啤酒来；法国人会将杯中啤酒倾倒一空；西班牙人不去喝它，只留下钞票，不声不响地离开餐厅；日本人会令侍者把餐厅经理找来，训斥一番；沙特阿拉伯人会把侍者叫来，把啤酒杯递给他，说："我请你喝"；美国人则会对侍者说："以后请将啤酒和苍蝇分别放置，有喜欢苍蝇的客人自行将苍蝇放进啤酒，你觉得怎样？"在谈判过程中，美国人也喜欢用轻松幽默的语言表达信息，或讲讲笑话。

（五）讲究谋略，追求实利

美国商人在谈判活动中十分讲究谋略，他们总是以卓越的智谋和策略成功地进行讨价还价，从而追求和实现经济利益。对此，美国商人丝毫不掩饰。不过，由于美国商人对谈判成功充满自信，所以他们总希望自己能够战胜高手，即战胜那些与自己一样精明的谈判者。在这种时候，他们或许会对自己的对手肃然起敬，并为之振奋不已。这反映了美国商人所特有的侠义气概。

（六）全盘平衡，一揽子交易

美国由于其经济大国的地位非常突出，因而美国商人在谈判方案上也会表现出财大气粗，喜欢搞全盘平衡，进行一揽子交易。所谓一揽子交易，主要是指美国商人在谈判某一项目时，不是孤立地谈它的生产或销售，而是将该项目从设计、开发、生产、工程，甚至还要介绍销售该项目涉及的产品等一系列办法，该企业的形象信誉、素质、实力和公共关系状况等，最后达成一揽子方案。

（七）对自己的商品非常自信

货好不降价，"大酬宾""大减价""买二送一""有奖销售"等在美国人的心目中，会被认为是对自己的商品缺乏信心的表现，是自己的商品不过硬，或是根本不懂经商赚钱的无能做法。见面要提前预约。美国商人喜欢一切井然有序，不喜欢事先没有联系却突然闯进来的"不速之客"来洽谈生意。美国商人或谈判代表总是注重预约会谈，几日几时，在何地方，谈多长时间，都是预先约定的。双方见面之后稍事寒暄，便开门见山，直接进入谈判的正题，很少有多余的废话。

五、日本人的谈判风格

各国的谈判专家普遍认为，日本人是最具个性、最具魅力、最成功的谈判者。日本是个资源匮乏、人口密集的岛国，日本人有民族危机感，因此，国民经济对整个国际市场的依赖程度很深。日本人是东方民族经商的代表，日本人的文化又深受中国文化的影响，儒家思想中的等级观念、忠孝思想、宗法观念等深深植根于日本人的内心深处，在行为方式上处处体现出来。不过，日本人又在中国文化的基础上创造出其独特的东西，现代的日本人兼有东西方观念，具有鲜明特点。他们讲究礼仪，注重人际关系；等级观念强，性格内向，不轻信人；有责任感，群体意识强；工作认真、慎重，有耐心；精明能干，进取心强，勇于开拓；讲究实际，吃苦耐劳，富有实干精神。日本人的谈判风格主要有以下几个特点。

（一）具有强烈的群体意识，集体决策

日本文化所塑造的日本人的价格观念与精神取向都是集体主义的，以集体为核心。日本人认为压抑自己的个性是一种美德，人们要循众意而行。日本的文化教化人们将个人的

意愿融于和服从于集体的意愿。所以，日本人认为，寻求人们之间的关系和谐是最为重要的。任何聚会和商务谈判，如果是在这样的感觉和气氛下进行的，那么它将存在一种平衡，一切也就进行得很顺利。

正因为如此，日本人的谈判决策非常有特点，绝大部分美国人和欧洲人都认为日本人的决策时间很长。究竟为什么？这就是群体意识的影响。日本人在提出建议之前，必须与公司的其他部分和成员商量决定，这个过程十分烦琐。如果涉及制造产品的车间，那么决策的酝酿就从车间做起，一层层向上反馈，直到公司决策层反复讨论协商；如果谈判过程协商的内容与他们原定的目标又有出入的话，那么很可能这一程序又要重复一番。

对于我们来讲，重要的是了解日本人的谈判风格，不是个人拍板决策，即使是授予谈判代表有签署协议的权力，那么合同书的条款也是集体商议的结果。谈判过程具体内容的洽商都会被反馈到日本公司的总部。所以，当成文的协议在公司里被传阅了一遍之后，它就已经是各部门都同意的集体决定了。需要指出的是，日本人做决策费时较长，但一旦决定下来，行动起来却十分迅速。

（二）信任是合作成功的重要媒介

与欧美商人相比，日本人做生意更注重建立个人之间的人际关系。以致许多谈判专家都认为，要与日本人进行合作，朋友之间的友情、相互之间的信任是十分重要的。日本人不喜欢对合同讨价还价，他们特别强调能否同外国合伙者建立可以相互信赖的关系。如果能成功地建立起这种相互信赖的关系，他们几乎可以随意签订合同。因为对于日本人来讲，大的贸易谈判项目有时会延长时间，那常常是为了建立相互信赖的关系，而不是为防止出现问题而制定细则。一旦这种关系得以建立，双方都十分注重长期保持这种关系。这种态度常常意味着放弃另找买主或卖主获取眼前利益的做法。而在对方处于困境或暂时困难时，他们亦乐意对合同条款采取宽容的态度。

（三）讲究礼仪，要面子

日本是个重礼仪的国家。日本人所做的一切，都要受严格的礼仪约束。许多礼节在西方人看来有些可笑或做作，但日本人做起来却一丝不苟、认认真真。正因为如此，如果外国人不适应日本人的礼仪，或表示出不理解、轻视，那么他就不大可能在推销和采购业务中引起日本人的重视，也不可能获得他们的信任与好感。尊重并理解日本人的礼仪，并能很好地适应，并不是要求学会像日本那样鞠躬，喜欢喝日本人的大酱汤，而是在了解日本文化背景的基础上，理解并尊重他们的行为。

首先，日本人最重视人的身份地位。在日本，人人都对身份地位有明确的概念。而且在公司中，即使在同一管理层次中，职位也是不同的。这些极其微妙的地位、身份的差异常令西方人摸不着头脑，但是，日本的每个人却非常清楚自己所处的地位，该行使的职权，知道如何谈话办事才是正确与恰当的言行举止。他们在商业场合中更是如此。

其次，充分发挥名片的作用。与日本人谈判，交换名片是一项绝不可少的仪式。所以，在谈判之前把名片准备充足是十分必要的。因为在一次谈判中，你要向对方的每一个人递送名片，绝不能遗漏任何人。

如果日方首先向我方递上名片，切不要急急忙忙马上塞进兜里，或有其他不恭敬的表示。日本人十分看重面子，最好把名片拿在手中，反复仔细确认对方名字、公司名称、电话、地址，既显示了你对对方的尊重，又记住了主要内容，显示得从容不迫。如果收到对方名片，又很快忘记了对方的姓名，这是十分不礼貌的，会令对方不快。同时，传递名片时，一般是职位高的或年长的先出示。另外，日本人认为，很随意地交换名片是一种失礼。

要面子是日本人最普遍的心理。这在商务谈判表现最突出的一点就是，日本人从不直截了当地拒绝对方。许多西方谈判专家明确指出，西方人不愿意同日本人谈判，最重要的一点就是，日本人说话总是转弯抹角，含混其词。我国的谈判者也喜欢采用暗示或婉转的表达方法，来提出己方的要求或拒绝对方。另外，当对方提出要求，日本人以"我们将研究考虑"时来回答，不能认为此事已有商量的余地或对方有同意的表示，它只说明，他们知道了你的要求，他们不愿意当即表示反对，使提出者陷入难堪尴尬的境地。同样，日本人也不直截了当地提出建议。他们通常会把你往他们的方向引，特别是当他们的建议同你已经表达出来的愿望相矛盾时，更是如此。

（四）耐心是谈判成功的保证

日本人在谈判中的耐心是举世闻名的。日本人的耐心不仅仅是缓慢，而是准备充分，考虑周全，洽商有条不紊，决策谨慎小心。为了一笔理想交易，他们可以毫无怨言地等上两三个月，只要能达到他们预想的目标，或取得更好的结果，时间对于他们来讲不是第一位的。

另外，日本人具有耐心还与他们交易中注重个人友谊、相互信任有直接的联系。要建立友谊、信任就需要时间。像欧美人那样纯粹业务往来，谈判只限于交易上的联系，日本是不习惯的。欧美人认为，交易是交易，友谊是友谊，是两码事。而在东方文化中，他们是密切相连的。所以一位美国专家谈道："日本人在业务交往中非常强调个人关系的重要性。他们愿意逐渐熟悉与他们做生意的人，并愿意同他们长期打交道。在这一点上，他们同中国人很相像。中国人在谈判中总是为'老朋友'保留特殊的位置。所谓老朋友，就是那些以前同他们有交往的人，和那些由他们尊重或信任的人介绍来的人。"

（五）尽量避免诉诸法律

只要有可能，日本谈判团里就不会包括律师。日本人觉得每走一步都要同律师商量的人是不值得信赖的。当合同双方发生争执时，日本人通常不选择诉诸法律这一途径。日本在很长的历史中，他们不是靠法律而是靠求助权贵的仲裁来解决争端的。

六、韩国人的谈判风格

韩国是一个自然资源匮乏，人口众多的国家。这个国家"以贸易立国"，近些年来经济发展较快，曾是亚洲"四小龙"之一。随着我国与韩国建立外交关系，两国经贸往来十分频繁，且前景十分乐观。这是因为中韩两国贸易互补性强，潜力大。韩国商人在长期的对外贸易实践中，积累了丰富的经验，常常在不利的贸易谈判中占上风，是具有国际信誉的出色谈判者，他们所表现出来的耐心、坚定性和至善至美的作风，举世称颂，被西方发达国家称为"谈判的强手"。

韩国人的谈判风格主要有以下几个特点。

（一）谈判前重视咨询工作

韩国商人十分重视商务谈判的准备工作。在谈判前，通常要对对方进行咨询了解。一般是通过海内外的有关咨询机构了解对方情况，如经营项目、规模、资金、经营作风以及有关商品行情等。如果不是对对方有了一定的了解，他们是不会与对方一同坐在谈判桌前的；而一旦同对方坐到谈判桌前，那么可以充分肯定，韩国商人一定已经对这场谈判进行了周密的准备，从而胸有成竹了。

（二）注重谈判礼仪和创造良好的气氛

韩国商人十分注意选择谈判地点。一般喜欢选择有名气的酒店、饭店会晤。会晤地点如果是韩国方面选择的，他们一定会准时到达。如果是对方选择的，韩国商人则不会提前到达，往往会推迟一点到达。在进入谈判地点时，一般是地位最高的人或主谈人走在最前面，因为他是谈判的拍板者。

但重大的商务决策往往是集体做出的。整个决定过程所耗费的时间往往比谈判对方预计得长。会谈的初始阶段总是先热情寒暄，之后才进入谈判实质阶段。

韩国商人十分重视会谈初始阶段的气氛，一见面就会全力创造友好的谈判气氛。见面时总是热情打招呼，向对方介绍自己的姓名、职务等。落座后，当被问及喜欢用哪种饮料时，他们一般选择对方喜欢的饮料，以表示对对方的尊重和了解。然后，再寒暄几句与谈判无关的话题，如天气、旅游等，以此营造一个和谐的气氛，而后再正式开始谈判。

（三）注重技巧

韩国商人逻辑性强，做事喜欢条理化，谈判也不例外。所以，在谈判开始后，他们往往与对方商谈谈判主要议题。而谈判的主要议题虽然每次各有不同，但一般必须包括下列五个方面的内容，即阐明各自意图、叫价、讨价还价、协商、签订合同。尤其是较大型谈判，往往是直奔主题，开门见山。

在谈判过程中，韩国人远比日本人爽快，但他们善于讨价还价。有些韩国商人直到最后一刻，仍会提出"价格再降一点"的要求。他们也有让步的时候，但目的是在不利的形势下，以退为进，充分反映了韩国商人在谈判中的顽强精神。

此外，韩国人还会针对不同的谈判对象，使用"声东击西""先苦后甜""疲劳战术"等策略。在完成谈判签约时，喜欢使用合作对象国家的语言、英语、韩语三种文字签订合同，三种文字具有同等效力。

（四）过于敏感

韩国人有一个极明显的特征，就是要比亚洲其他国家的人敏感，只要对方稍不尊重他，生意即会谈崩，他们很容易表现出灰心或震怒，会不分青红皂白地威胁中止谈判。这时，不应采取同样的手段进行报复，事情才可能有转机。

（五）对合同不够重视

在韩国社会经济生活中，法律文件远不如个人关系重要，韩国的商人们不喜欢签订详细的合同，常常坚持应该有足够的灵活性，以便能根据变化的情况及时做出必要的调整。对韩国的商人而言，一份商务合同的重要之处不在于约定了什么或有多少约定，而在于签合同的人及包含的基本事实。

七、阿拉伯人的谈判风格

阿拉伯国家主要分布在西亚的阿拉伯半岛和北非。他们经济单一，绝大多数盛产石油，靠石油及石油制品的出口维持国民经济，主要进口粮食、肉类、纺织品以及运输工具、机器设备等。由于受地理、宗教、民族等问题的影响，阿拉伯人以宗教划派，以部族为群，家庭观念较强；重朋友义气，热情好客，却不轻易相信别人。他们喜欢做手势，以形体语言表达思想。尽管不同的阿拉伯国家在观念、习惯和经济力量方面存在较大差异，作为整个民族来讲却有较强的凝聚力。阿拉伯国家凝聚力的核心是伊斯兰教和阿拉伯语，阿拉伯人非常厌恶别人用贬损或开玩笑的口气来谈论他们的信仰和习惯。

来自中东地区的谈判人员，具有沙漠人的传统风格。他们喜欢结成紧密和稳定的部落。沙漠人的主要特点是好客，无时间概念。在他们眼里，信誉第一重要，来访者必须首先赢得他们的信任。他们在谈判过程中，是采取战斗的方式而不是妥协的方式去解决双方的争议。

阿拉伯人的谈判风格主要有以下几个特点。

（一）重信誉，讲交情

在阿拉伯人看来，信誉是最重要的，所以谈生意的人必须首先赢得他们的好感和信任。阿拉伯人十分好客，对远道而来并亲自登门拜访的外国客人非常尊重。如果他们问及拜访的原因，最好说是为了得到他们的帮助。当合同开始生效时，拜访次数可以减少，但定期重温、巩固和加深已有的良好关系仍然非常重要，这使他们看到一个重信义、讲交情的形象，会在以后的谈判中获得意外的回报。

（二）谈判节奏缓慢

阿拉伯人不太讲究时间观念，往往会随意中断或拖延谈判，而且做出决策的时间比较长。阿拉伯人不喜欢通过电话来谈生意，也不喜欢一见面就匆忙谈生意。如果外商为寻求合作前往拜访阿拉伯人，第一次很可能不但得不到自己期望出现的结果，还会被他们的健谈所迷惑，有时甚至第二次乃至第三次都接触不到实质性话题。他们习惯先同你谈一些社会问题或其他问题，一般会花掉一刻多钟的时间，有时甚至会聊几个小时。遇到这种情况，要显得有耐心而且镇静。

一般说来，阿拉伯人看了某项建议后，会交给手下去证实是否可行。如果感兴趣，他们会在自认为适当的时候安排由专家主持的会谈。他们特别重视的是谈判的前期阶段——相互试探、摸底的阶段。在此阶段，他们会下很大工夫打破沉默局面，制造气氛。经过长时间的、广泛的、友好的会谈，在彼此敬意不断增加的同时，他们其实已对谈判中的一些问题进行了试探、摸底，并间接地进行了讨论。如果这时你显得很急躁，不断催促，往往欲速则不达。所以，与阿拉伯商人打交道，必须去适应他们的慢节奏。

（三）重视中下级人员的意见和建议

在阿拉伯国家中，谈判决策由上层人员负责，但中下级谈判人员向上司提供的意见或建议却能得到高度重视，他们在谈判中起着重要的作用。阿拉伯人等级观念强烈，其工商企业的总经理和政府部长们往往自视为战略家和总监，不愿处理日常的文书工作及其他琐事。外商在谈判中往往要同时与两种人打交道：首先是决策者，他们只对宏观问题感兴趣；其次是专家及技术人员，他们希望对方尽可能提供一些结构严谨、内容翔实的资料，以便仔细加以论证，与阿拉伯人做交易时千万别忽视了后者的作用。

（四）代理商在商务活动中起重要作用

在阿拉伯商界还有一个阶层，那就是代理商。几乎所有阿拉伯国家的政府都坚持，无论外商的生意伙伴是个人还是政府部门，其商务活动都必须通过阿拉伯代理商来开展。这种代理制度，不仅有利于维护阿拉伯国家的利益，而且对外国商人来说也是大有裨益的。这些代理商有着广泛的社会关系网，深谙民风国情，同企业或政府部门有着直接或间接的联系。

（五）喜欢讨价还价

在阿拉伯国家，商店无论大小，均可讨价还价，标价只是卖主的"报价"。更有甚者，不还价即买走东西的人，还不如讨价还价后什么也不买的人更受到卖主的尊重。其逻辑是前者小看他，后者尊重他。市场上常出现的情景是，摆摊卖货的商人会认真看待与他讨价还价的人，价格与说明会像连珠炮似地被甩出，即使生意不成也仅是肩一耸、手一摊表示无能为力。对一递钱就走的顾客，他们会以若有所失的眼光送走对方。对浏览而不理睬他们的顾客，他们会在对方转身后做个怪相，表示不屑一顾。因此，为适应阿拉伯人善于讨价还价的习惯，外商应建立起见价即讨的意识；凡有交易条件，必须准备讨与还的方案；凡想成交的谈判，必定把讨价还价做得轰轰烈烈。高明的讨价还价要显示出智慧，即找准理由，把理说得令人信服，做到形式上相随，实质上求实利。

阿拉伯人注重小团体和个人利益，他们谈判的目标层次极为鲜明，谈判手法也不相同。所以在整体谈判方案中，应预先分析他们利益层次的所在范围，了解利益层次要讲究许多形式以及高雅、自然、信任的表达方式。在处理层次范围时，要注意交易的主体利益与小团体和个人利益是成反比的，应以某种小的牺牲换取另一更大的利益。只有先解决好利益层次的问题，在谈判时才会有合理的利益分配，从而为最终的成功打下基础。

（六）喜欢图文结合的资料

阿拉伯人不欣赏抽象的介绍说明，不愿花钱买原始材料和统计数据。他们更欣赏能看得见、摸得着的东西。因此，在谈判中可以采用多种形式，如采取数字、图形、文字和实际产品相结合的方式，形象地向他们说明有关情况，增强说服力。要注意的是，对于确实需要提供的材料,必须请一流的翻译将其按阿拉伯人的习惯进行精细的译解,千万别为了省成本而随便找人翻译,否则翻译的失误可能造成灾难性的后果。另外,应当注意材料中所附图片的排列顺序,因为阿拉伯人阅览图片的顺序是从右向左的。

阿拉伯人对政治高度敏感,因而与其谈话时的话题要把握分寸,不要涉及中东政治,不要谈论国际石油政策以及宗教上的敏感问题。

本章小结

本章阐述了商务谈判的礼仪、商务谈判的礼节、其他国家的习俗与禁忌,以及主要国家商务谈判风格,较全面地介绍了商务谈判礼仪与礼节方面的内容。通过本章内容学习,要求学生熟悉商务谈判中的各种礼仪;熟悉商务谈判中的各种礼节;熟悉一些国家的习俗和禁忌,并能够在具体的商务谈判中灵活运用。

拓展实训

商务谈判礼仪实训

【实训目的】

1. 能够知道在不同的情况下商务谈判的礼仪。

2. 商务谈判前需要做好的准备工作。

3. 谈判过程中礼节的熟悉。

【实训内容】

1. 全班同学分成 6 个活动小组,并选出组长 1 名,抽签后 6 个小组两两对应。

2. 每个小组扮演不同国家的谈判代表,并熟悉所代表国家的礼仪。

3. 教师选出一个议题,各小组进行谈判准备。

4. 组长负责人员分工,拟定职责,并做出具体安排。

5. 各小组对资料进行整理、归集,以备谈判所用。

6. 各小组将谈判的看法与结果整理成 PPT。

【实训考核】

考评满分为 100 分,分为 5 个等级。60 分以下为不及格,60~69 分为及格,70~79 分为中等,80~89 分为良好,90 分以上为优秀。评出优秀的小组及小组成员并给予奖励,优秀的小组选出代表进行总结发言。

1. 实训议题的资料准备(10 分)。

2. 各小组对本次实训的组织、分配、管理等过程(20 分)。

3. 各小组谈判的结果制作 PPT 的小组思路汇报(30 分)。

4. 小组成员之间的团队合作精神,礼节性和发言情况(30 分)。

5. 小组互评,教师点评(10 分)

阶梯实训

1. 实训名称：

生活中购买家用轿车的谈判。

2. 实训目的：

通过生活中购买家用轿车的谈判，加深对谈判的了解，并进一步理解学习本课程的重要性。

3. 实训要求：

（1）设定目标价位。

（2）将全班同学每4~6个人一组划分为若干组，每组作为一个谈判队伍，让学生分组收集、准备相关的资料。

（3）随机抽取两个队伍进行模拟谈判，一个队作为卖方，另一个队作为买方。

（4）对谈判案例进行分析总结。

案例分析一

生产事务机器工厂的副总裁吉拉德突然中风，英国总公司第二天派了一位高级主管凯丝琳直飞利亚德接替他的职务。凯丝琳到沙特阿拉伯还身兼另一个重要任务，就是要介绍公司的一项新产品——微电脑与文字处理机，预备在当地制造行销。凯丝琳赶到利业德，正赶上当地的"斋月"，接待她的贝格先生是沙特国籍的高级主管，一位年约50多岁的传统生意人。虽然正值斋月，他还是尽地主之谊，请凯丝琳到他家为她洗尘。因时间急迫，她一下飞机就直接赴约，当时饥肠辘辘，心想在飞机上没吃东西，等一会儿到了贝格先生家再好好地吃一顿。

见面之后一切还好，虽然是在斋月期间，贝格先生仍为来客准备了吃的东西。凯丝琳觉得菜肴非常合口味，于是大吃起来，然而她发觉主人却一口都不吃，就催促主人和她一起享用。狼吞虎咽间，她问贝格，是否可在饭后到他的办公室谈公事。她说："我对你们的设施很好奇。而且真是迫不及待地想介绍公司的新产品。"虽然凯丝琳是个沉得住气的人，然而因为习惯，偶尔会双腿交叠，上下摇动脚尖。贝格先生一一看在眼里，在她上下摇动脚尖时，他还看到了凯丝琳那双黑皮鞋的鞋底！顿时之间，刚见面的那股热忱竟然消失得无影无踪。

分析

（1）阿拉伯国家的人热情好客，即便自己处于斋月，不方便一同用餐也盛情地款待客人。（2）此时正值穆斯林的斋月，按照习俗，所有的信徒在早上太阳升起后至晚上太阳落山之前是不能进食的，甚至连水都不能喝。英国主管凯丝琳在到沙特阿拉伯之前没有做好充分的准备，没有对该国的宗教信仰、风俗习惯做充分的了解，谈判注定是要失败的。

（3）与阿拉伯人谈判战线很长，效率很低，他们比较注重长期友好的关系，在与他们进入正式谈判之前，先要和他做朋友，让对方充分了解你，对你能够信任之后，谈判才会顺利进行。该案例中，英国主管在吃饭时就直接切入主题，这样的谈判方式很难被沙特阿拉伯人接受。

（4）在阿拉伯人的观念中是男主外，女主内，分工非常明确，他们不喜欢女性在公司中出任职务，不喜欢女性抛头露面。因此，和阿拉伯人谈判的时候尽量避免派女性代表。

案例分析二

天津某半导体工厂欲改造其生产线，需要采购设备、备件和技术。适合该厂的供应商在美国、日本各地均可找到 2 家以上的供应商。正在此时，香港某半导体公司的推销人员去天津访问，找到该厂采购人员表示可以协助该厂购买所需设备和技术。由于香港客商讲中文，又是华人，双方很快关系就熟了，工厂同意他代为采购。由于工厂没有外贸权，又必须委托有外贸权的公司做代理，A 公司接到委托后，即与美国和日本的厂商探询，结果，美国和日本的厂家有的不报价却回函问："A 公司与香港 B 公司的关系是什么？"；有的出价很高。A 公司拿的探询结果未达到预期目标，具体人员与工作进行了讨论，最后得到一致的结论。

问题

（1）A 公司的探询是否成功？为什么？

（2）天津工厂应做何种调整？为什么？

（3）天津公司的探询要做何调整？为什么？

分析

（1）天津香港公司的探询是失败的。因为外商有的不报价，探询没结果。有结果时，条件太苛刻，非诚意报价。

（2）天津工厂的委托有时序错误，必须调整。香港公司不能代工厂签进口合同，直接找香港的探询可能加快进度，但存在签约和对后续工作影响的问题调整内容；让香港公司的外探纳入天津公司的对外探询中，并且以天津公司为主，避免探询混乱。

（3）天津公司要与工厂、香港公司统一意见——内容和策略，并把该项目的探询统一组织起来。同时，要重新部署探询地区和对象，不给外商造成有多个同样项目在询价的错觉。

案例分析三

星期天，一对年轻的夫妇带着他们可爱的小宝宝去逛商场。小宝宝看着琳琅满目的商品用小手指指点点显出兴致勃勃的神态。当来到儿童玩具专柜前售货员笑脸相迎，热情地向孩子的父母打招呼："您二位想买点什么？是想给孩子买个玩具吧？"夫妻俩看看商品的标价歉意地摇摇头，抱着孩子就想离开。突然小宝宝哭闹起来："我要玩具，我要玩具！"夫妻俩只好赔着笑脸又劝又哄，却无济于事。售货员好像悟出了什么，立即挑出了几件高级电动玩具，打开开关让玩具动起来给孩子看，并亲切地问道："小宝宝，你想要哪件玩具呀？阿姨给你拿。"孩子立即停止了哭闹，语气干脆地说："机器狗。"这时售货员看了一眼年轻夫妇，见他们犹豫了一下，交换着眼神，终于拿了钱买了机器狗。

问题

（1）售货员运用了什么样的谈判策略？为什么会成功？

（2）这种策略的特点是什么？在商务谈判中适用于什么情形？

分析

（1）售货员运用的是以礼待人的策略，找到了孩子这一方的薄弱环节。通过诱导孩子的需求，再加上礼貌热情的态度，从感情上打动了顾客。

（2）这种策略的特点是利用了对方的感情弱点，同时自己要保持热情服务的耐心。要善于表达友好的态度，以获得对方的好感。在商务谈判中，这种策略适用于那些强硬、自大同时又存在明显感情弱点的对手。

案例分析四

代表德国生产采煤机具的鲁德，同中国的交易洽谈已经到了签约阶段。在最后一个回合的会谈中，鲁德与中方代表原则上都同意，中方必须要派技术人员到德国接受操作机具的训练，同时，约定择期共同草拟合约。在这个空当，鲁德需飞回法兰克福，同上司敲定价格问题。

一个月之后，鲁德飞回北京，准备草拟合约。可是这一次，与他洽谈的中方代表除了首席代表，其余都是新面孔。当双方逐条讨论合约之际，中方的首席代表表示，由于双方同意德方负责训练操作人员，希望德方能顺便训练操作新开发的机器（一种先进的 X 光分光仪，可分析矿物）。鲁德在以前的技术说明会提过这部机器，但他曾说过，这部机器因为维修上的问题，暂时不能外销。但中方首席代表坚持，如果不包括这部机器的操作训练，就有违当初协议的精神，同时指出，世界上没有第二家工厂生产同类的机器，在这种情形之下，应该同意这方面的技术转移。鲁德尽量说明，这部机器没有在任何亚洲国家销售，要解决机器的维修问题，起码还要等上一年才能开始外销。中方对此重要细节未能达成协议深表遗憾，因此，建议暂时休会，择期另议。

问题

为什么鲁德和中方代表论点上有差异？

分析

中方与德方相比较而言，中方更注重全局。中方认为，任何谈判必须在大原则下进行，一旦在大原则没有问题，那么基于合约的细节是次要的。而德国人更注重细节，行事非常死板，他们认为合同上没有写明的内容，就没有义务履行职责。

第九章　国际商务谈判的经典案例

案例一　国际公共事务谈判案例解析

在处理公共事务上，由于各种矛盾或处置不当，某一普通问题往往会变成一个牵涉人员众多、规模庞大、代价高昂、令人恐惧不安的巨大问题。即使是一场自然灾害，如飓风或者海啸，只要有人员利益在其中遭受巨大损害，这场自然灾害就会演变成一件公共事务。

战争、全球气候变暖、能源、医疗、对当地学校的争议……其中的每一个问题，你都会找到人们或政府无法有效解决自身问题的根本原因。从本质上说，公共事务是个人事务的放大。用纳税人的钱来支付意义甚微的活动，会影响每个人，因为这些钱本来可以投到更有价值的事业中去，不论是用于教育事业还是健康医疗事业。

世界各地的恐怖主义指使某个人在时代广场引爆炸弹，这就是一个会影响他人的问题。结果，政府就得投入资金用于增强警力和安全防御，而不是用于商业课税抵免，或者住房补贴。

现在，人类毁灭的可能性成为一个日常话题，也成了很多电视纪录片的主题，此时，老百姓就该清点一下现状了。我们是不是采取了最有效的避免灾祸的处理方式？甚至，我们是不是选对了谈判代表？

我们只有更透彻地了解那些引起公共事务的不当的人或不当的处理方式，才能准备得更充分，才能在最大限度上解决这些问题。无论是通过我们的投票权，通过平日里的各种交谈，或是无数种其他途径，并由此改变了集体力量，就会影响到商业和政治领导人。正是这种群情才促进了越战的终结，促进了民权运动，促成了性别歧视的消除。可以说，当很多人都不愿忍受现状的时候，现状就会改变。

即使更好的谈判还不能彻底解决问题，但更好的处理过程能减少很多公共事务的负面影响。记住，在所有决定是否能够达成协议的因素中，只有不到10%与事情的本质有关，而超过90%的因素与人和处理过程有关。因此，公共事务问题可以通过更好的人际技巧而得到改善。这些技巧包括信任、尊重他人、理解他人的感受、建立关系。如果能使用更好的沟通交流需求，利用准则、利用价值不等之物进行交易，注意措辞和促进对方主动做出承诺这些技巧，就能进一步改善问题的状况。本节将针对所有公共事务分析模板做出评估。以中东局势作为公共事务的一个代表，因为这个问题基本上成了不可调和矛盾的同义词。当然，与在干洗店因为损坏的衬衫同店员进行的谈判，或为找工作而进行的谈判相比，公共事务谈判要复杂得多。公共事务涉及更多选区、更多人、更强烈的情绪。

一个在默克药品公司战略副总裁的以色列人，他和工作组去了沙特阿拉伯，跟沙特人商谈一笔药品生意。他是以色列人，也是犹太人，但这影响不了沙特人。他要谈的是一笔非常重要的让大家都能获益的生意。这就是一个先例，证明阿拉伯人和犹太人在中东问题的重要谈判中也可以利用价值不等之物进行交易。在中东地区，由以色列和巴勒斯坦人创立的联合企业和和平组织数量极多。在索马里，社区领导人已经开始为海盗成员寻找合法的工作，让他们不用再以抢劫谋生。"父母心声"组织由几百名以色列和巴勒斯坦人组成，成员们都在冲突中失去过自己的亲人，大家都有切肤之痛。"和平战士"组织坚决主张，绝不能用暴力解决冲突。"巴以死难者家属联合会"表示，"在我们脚下是一片夭折的孩童垒筑起的王土"。阿拉伯人和犹太人联合创办了体育俱乐部、语言教育机构、剧院，甚至马戏团。我们怎样才能让更多的人都来运用这些技巧，最终形成一个质变的规模？办法之一，就是教给人们这些技巧，宣传这些技巧，展示这些技巧带来的成功谈判。如何评估人们处理公共事务的效果——不论是局部规划问题还是国际问题，你需要问以下几个重要问题，答案会告诉你，你是否选对了代表以及他们的处理过程是否恰当。

（1）双方之间的沟通效果如何？双方是否有沟通？

（2）双方之间是否了解、理解、考虑了彼此的感受？

（3）双方采取的态度是强迫对方的意愿还是与之合作？

（4）双方仍就历史问题指责对方，还是为了长远发展尊重对方？应该由什么样的谈判者来传递这个信息？

（5）双方是否在坦诚交流并交换彼此的需求？

（6）双方是采取循序渐进的行动还是想一蹴而就？

（7）双方所采取的行动是否有助于实现他们的目标？

（8）双方的情绪水平有多高？双方是否努力保持冷静？

（9）双方是否利用彼此的准则来达成一项决议？

（10）是否有一个尊重差异的问题解决方式？

有效沟通

这本书里的一个重要主题是，双方之间如果不积极沟通，就不可能达成持久的协议。缺乏沟通就意味着彼此之间的相互尊重还不足以让双方愿意进行沟通。沟通不力就有可能产生误解，无法达成共识。因此，首先要问，双方是否在沟通？如果没有沟通，而谈判只涉及局部问题，那就促使双方开启会谈。任何不愿意这样做的人都应该下台，因为这种人更喜欢制造伤害而不是制造机会。

下面是几个不折不扣的公共事务，我们来看看双方的表现如何。作为一名谈判专家，我认为，解决世界范围公共事务的负责人之间缺乏沟通以及沟通不力是一件可耻的事情，这会引发冲突和牺牲。

在巴以冲突中，双方很多年都没有过直接的交流了。巴以人民之间进行着无数的日常对话，但是代表他们的领导人却不能面对面地交流。他们不吃午饭吗？他们不能从体育比赛或从孩子的话题聊起吗？不需要多么正式。没有沟通，哪有共识。如果谈判方提出前提条件，只会使讨论变得更复杂，不利于谈判的进程。双方似乎认为，会谈时必须立即讨论实质问题。但是实质问题应该放在最后谈，此前双方应该开始建立信任关系，摸索交谈的方式。不管有什么倾向，不管在具体问题上他们站在哪一边，只要停止交谈就等于拆自己的台，除非他们的目的就是打仗。2008年11月，几个巴基斯坦恐怖分子袭击了孟买，导致了大量游客丧生，印度因此中止了所有与巴基斯坦政府的和谈。为什么要中止？孟买的恐怖袭击应该是启动和谈的契机，而不是中止和谈的理由！他们决定于2010年2月以后再恢复官方会谈，也就是说，还要等15个月。有迹象表明，此前印巴双方进行过非正式会谈，没有公开这些会谈的原因是双方不想进一步激怒他们的选民。如果真是这样，这就又是一个双方政府沟通不力的例子。如果大家都认为与对方沟通不是一件好事，政府就应想办法改变这种看法。政府应该想个办法更巧妙地描述这个问题。比如，"且不管我们对他们的看法如何，了解他们的想法对我们总有好处。所以，我们要去听一听他们要说什么，问他们一些问题。"这才是美国入侵伊拉克之前本应该与萨达姆共同做的事。我们不用什么证据就能证明对方的做法是否正确。如果对方言辞过激，就引起他们的原话，这会帮你建立对抗他们的联盟。

如果一个国家拒绝我们和谈的好意，我们应该继续努力，还要让大家都知道我们正在努力。不愿意和谈的国家会显得不讲道理，并把自己变成问题的焦点。学会巧妙地描述问题，你才会更有说服力。比如，"这100天来，我们每天都联系伊朗，请求跟他们会谈，但我们请求了100次，他们拒绝了100次。他们是真地对和平不感兴趣，只喜欢找借口。"这并不是一种弱势的表现，反而是一种以正面形式体现出的强势。"我们是为了实现和平才这样强势进取"还是这个道理：如果一方要求另一方做出让步才肯会谈，我们就应该说，"我们谈判桌上见。"这样，核心问题仍然是启动会谈。

2010年，韩国和其他几个国家指控朝鲜炸毁了一艘韩国军舰，而朝鲜对此持否认态度。随后就出现争执不下的讨论：要不要发动战争、实行制裁？双方为什么没有立即就此进行面对面会谈？其实，唯一应该坚持重复的事不是威胁和指责，而是问一句："我们何时开启谈判？"

8年多来，朝鲜最高领导人一直在说他的国家是多么想加入国际贸易社会。他基本上明说了，他愿意用他的核计划交换国际贸易组织的准入资格。

当然，朝鲜也确实没有履行允许国际调查员视察其核设施的承诺。朝鲜的承诺并没有建立在相互尊重的基础上，这个承诺并不是双方建立的某种关系带来的结果。朝鲜很可能认为其承诺不具有约束力。我们要的承诺得由朝鲜主动提出：基于一种关系，而不是一纸协议。的确，在很多原地打转的朝韩问题上，协议总被看作是一种没有约束力的理解备忘录，双方必须共同努力才能让这一纸协议变成忠诚的承诺。

相较而言，美国前总统比尔·克林顿出访朝鲜时曾与朝鲜最高领导人金正日合影，并向他表示了尊重，之后朝鲜立即释放了美国的两名记者，并重新安排南北双方家庭团聚。

2009 年韩国前总统金大中去世之后，朝鲜派人前去吊唁。朝鲜年复一年地要求与美国进行双边会谈，但是美国却坚持要进行多国会谈。无论怎么看待朝鲜问题，从谈判过程的角度来看，拒绝谈话都是不对的。

2009 年，哈马斯领导人说他的组织随时可以跟美国开始会谈。我们或我们的盟国就应该接受这个提议，哪怕这意味着谈判时双方有可能干坐在那里一言不发，或者听对方高谈阔论或批判指责。如果他们的言辞表示出更合作的态度，我们就可以在谈判时利用这一点。如果他们言辞过激，公众舆论就会把矛头指向他们。如果对方不让步他们就拒绝会谈，那就说明他们不是真正想要和平。

这也意味着我们要与恐怖主义的追随者谈判。除了那种纯粹以杀人为乐趣的个别者，恐怖主义追随者中的大部分人之所以走上这条路，是因为他们没有别的有意义的路可走。但是，这个群体显然不是孤立的。在阿拉伯，很多母亲都不想让自己的孩子去当人体炸弹。有很多温和派一直以来都愿意进行缓和关系的会谈，他们能够被劝服。

这是有先例的。在斯里兰卡，政府能够击退泰米尔叛军是因为它首先实施了一项一揽子大赦计划。很多叛军由此放下武器重返家园，其中一些人就告诉政府其他极端叛军分子身藏何处，这样政府就能抓获极端分子。

有些人称之为军事胜利。其实，这是我们与之前追随恐怖主义后来重返国家的温和派谈判的结果。卡鲁纳·安曼就属于这样的温和派。他是叛军泰米尔猛虎组织的第二号人物，政府已经允许他加入斯里兰卡政界。政府此前就已经提出要赦免回头的叛军，还给他们提供就业机会。这就是个放眼未来、改进未来的好榜样。

20 世纪 80 年代，哥伦比亚的反叛组织"M-19"也属同例。因为"M-19"组织中重返国家的人太多了，以致该组织名存实亡。阿格斯丁·瓦莱兹是一名顾问，为政府所聘专门负责为重返国家的人寻找各种经济机会，包括就业机会。

当然，使用了一定的沟通技巧在这里也起到了重要作用——不为过去争吵，也不兴师问罪。要做到这一点，需要良好的素养，需要正确的领导，还需要以目标为重。

这还意味着，如果与温和派建立起统一战线，他们就会和我们一起，共同对抗极端主义分子。我们需要明白一点，谈判双方并不是孤立无援的。我们还要与温和派进行有效的沟通，尊重他们，并创造一个他们能够接受的局面。

对方的观点

一旦开始交流，你就必须了解对方的观点。如果你不了解对方脑海中的观点和想法，你就无从着手去说服对方，作为谈判者应当始终强调的一点。不管对方的感受正确与否，我们都要去了解并理解他们的感受，这样才能实现我们的目标。

也就是说，对方必须心甘情愿地与我们达成一致。而只有在他们觉得被我们理解了以后，才会这样心甘情愿。这就意味着，在任何公共事务上，一方越是愿意理解你的观点，就越能说明你具有说服力。因此，关键问题是：我们是否了解对方的感受？我们能明确地说出这些感受吗？我们与对方谈过这些感受吗？如果没有，就无法实现利益最大化。

这是美国在"9·11"事件之后面对的一个很特殊的问题。很多发展中国家对美国仍然怀有巨大的仇视心理，因为他们认为美国剥削了他们的市场和经济、造成有毒物质的扩散、经常干涉他国内政，并且永远是一幅高傲自大的样子。不管这种感受是否公正，我们必须去理解产生这种感受的原因。美国若想获取世界上大部分人口的支持来对抗其分散在世界各地的敌人，这是第一步。

举个例子，1984年12月，印度博帕尔市一家工厂因化学物质泄漏导致约3000人死亡，还有几千人死于泄漏的后续影响，这家工厂的设计单位是总部位于美国的联合碳化物公司。一位《纽约时报》记者对此共同进行了调查，发现该公司的工人屡次违反公司手册上的规定。而公司对这些违规行为睁一只眼闭一只眼，基本上没有处罚过这些行为。公司的董事会主席一直都拒绝到印度来面对这个国家的法律制度。

2001年9月11日，在世贸中心和美国其他地点发生的恐怖袭击造成2985人死亡，博帕尔事故造成的死亡人数超过了这个数字。大部分发展中国家认为，博帕尔的泄漏事故和世贸中心的恐怖袭击没有实质区别。一个是蓄意而为的恐怖主义行动，另一个是被印度看作任凭致命问题继续发展的蓄意的不作为。

美国及其他发达国家一天不理解这种感受，就一天不能与大部分国家恢复友好关系。这就意味着，美国仍然很难在更大范围开展合作，共同对抗企图制造大规模杀伤性武器的国家。"当我们与自己的价值观背道而驰时，"美国参谋长联席会议主席撰写的一篇评论文章如是说，"我们就越来越像敌人所描述的那种傲慢的美国人。"

要求并不是全都合理现实，同样，人的怨愤也不是全都荒谬无稽。需要听到所有的怨愤，然后必须明确地说出、讨论这些怨愤，找到互利共赢的办法。最容易解决的怨愤要当即解决；不容易解决的怨愤也要考虑，要努力想办法解决；荒谬的怨愤则要公之于众，把极端派孤立起来。

若没有上述这种处理进程，1998年爱尔兰和北爱尔兰之间就不可能达成和解。泰奥·达吉表示：一旦双方最终坐下来开启对话，他们就能够交流彼此的感受。他们了解到，大部分人都不想再打仗了，他们有很多共同的价值观，他们都可以不依赖英国的管理而实现自己的发展繁荣。泰奥现在是哈佛医学院的讲师，也作为医学顾问团主席参与了此次和谈进程。虽然有时很不容易达成和解，他说，坐下来开始交流、开诚布公地交换感受，就是停战的安全阀。

在中东地区，调查表明，冲突双方的很多人完全不了解对方是怎么想的。丹尼尔·鲁别斯基是一位企业家，他从1993年起就开始经营多家企业，员工既有阿拉伯人，也有犹太人。他最近开始思考每一方的想法有什么不同。他觉得，只有彼此更加了解对方，才会有更牢固的基础去实现和平及经济繁荣。

他收集了15万份普通老百姓的调查问卷，发现在两个最大的问题上答案截然相反：耶路撒冷的归属和难民的回归。双方都声明东耶路撒冷归他们所有，没有商量的余地。巴勒斯坦难民想把属于他们的寸亩土地要回，即使这些土地早已用作他途。鲁别斯基是"和平事业"基金会的创建人。他说他已经开始向双方传递彼此的想法——双方都很惊讶。"除非有一方做与出灵活让步，否则不可能达成任何协议。"他说这个理念给双方在解决问题时带来了更多的思路。比如，巴勒斯坦人拥有耶路撒冷部分领土作为他们的首都，难民也分得一片土地，即使不完全是他们原来拥有的那片土地。

肯吉·普利斯是驻伊拉克的一名军官，后来他在宾州大学法学院读书，任该校《法律评论》杂志的编辑。他说，如果他在驻扎伊拉克之前上过谈判课，就会更多地考虑当地人的感受。他说："因为当地警方腐败，且教育水平低下，我们很容易解雇当地的警员，但是只有他们才真正了解这个国家。我们的工作本可以因他们协助而变得更轻松。"

他补充道，总体来讲，不管是在美国还是在其他国家，军队和警方的人员通常会有一种"执行心理"。他们总是忙于维持和平，顾不上听别人说话，错过了可以解决问题的关键信号。他提到了那个在美国引起轩然大波的事件——哈佛大学黑人教授亨利·路易斯·盖茨丢了家门钥匙，在他试图破门进入的时候，被一名白人警察逮捕。其实，这一事件的问题出在理解和沟通上。如果以理解和沟通为主，就能轻松解决这个问题。

态度

反复强调的一点是，如果在谈判中持对峙态度，你从中争取到的就是最少的。事实上，从长远看，你实现的利益会减少75%。因此，接下来我们要问："双方的态度如何？""他们是在互相指责、互相威胁、互相伤害，还是在共同努力寻找能够实现所有人利益的解决方案？"

如果你的需求没被满足，你就不会满足别人的需求。这是人的本性。如果别人企图伤害你，你通常就会想以牙还牙、以怨报怨。

太多的公共事务成为问题，原因之一就是没有一个合作型的解决进程。相反，这是个赢者通吃的进程。这是代价最大、收效最小的一种谈判。谈判双方要想达成持久的协议，就必须心甘情愿地去满足彼此的需求。至少要在这方面付出巨大的努力。

我们用这个原则来对比一下最近几年的公共事务。2002年，美国前总统乔治·沃克·布什称朝鲜为"邪恶轴心"国的一部分。他宣布，美国有权攻击对其国家安全造成威胁的任何国家。之后，美国就入侵了与朝鲜同属"邪恶轴心"的伊拉克。

如果你是朝鲜最高领导人，你会怎么做？可能你也会研发核武器来保护你的国家。从某种程度上讲，正是美国的这种谈判策略促使了朝鲜继续进行核武器计划。任何人受到威胁时都会反击。

我们看看各种制裁，这实际上是拿损害经济发展来要挟对方。这是解决公共事务时惯用的谈判策略。大体上讲，制裁是用来阻止某个政府继续其当前行为的一种手段。

大量的研究表明，采取制裁的手段自古就收效甚微。这种手段往往会把一个国家的人民紧密团结起来，对抗企图强迫他们意愿的国家。这也会使得被制裁的国家更加懂得如何建立自己的联盟，或者找到应对制裁的办法。长期实施制裁就会很难与多个国家建立联盟。而且，强制实施制裁是很困难的，因为黑市在应对制裁时很有创造力。

制裁最多算是一条漫长艰难的途径。古巴被制裁了50年也没受到什么影响。因禁运受到严重冲击的人们已经是受害者了，他们处在社会经济的最底层，而所有国家的领导人却生活得很滋润。

要想让制裁发挥到极致，除非被制裁的国家没有其他选择（南斯拉夫），或者出现很强烈的内部异议（南非、津巴布韦），或者只能提供有限的补偿（利比亚交出两名恐怖分子）。

伊朗并不符合上述这些条件，因为伊朗不仅有雄心勃勃的核计划，原油储量巨大，还拥有强大的军事独裁体制和多国同盟。相对而言，可以说朝鲜更符合这些条件，朝鲜在经济上处于劣势，政治上孤立无援，因此，偶尔也会受到制裁的影响。

据估算，美国实施的各项制裁使其承受了巨大的出口损失，每年已高达 200 亿美元。我们来看看几个这样的例子。首先，与制裁政策相反的政策：市场抛售。苏联解体的一个原因是，国内越来越需要象征着优质生活的外国文化。不管是牛仔裤还是电脑，不管是电影还是杂志。事实证明，西方的商品和服务一直是强有力的敲门砖，令人很难抵抗。

解除对古巴的贸易封锁就会让这个国家受到资本主义的影响，如青少年化，极端型社会将无法抵制这种影响。的确，嘻哈和说唱这两种在美国诞生的音乐形式，正在向全世界的青少年传递一种崇尚个性的信息。这不是异想天开。很多人都没有意识到，这实为一种相当于外交政策的机遇，是开启沟通的契机。同理，推广互联网也是很强大的谈判策略。

为什么要在是否让古巴加入美洲国家组织的问题上躲躲闪闪？所有的组织都应该让他们加入！这不是在奖励他们，其实正相反：这使古巴政界领导人更难保持现状，使古巴开启与他国的交流，使对方更容易被说服。

2008 年，伊朗 27 年来第一次从美国进口小麦。超过 100 万吨的小麦为开展经济合作埋下了伏笔。让别人为你付出的最好方法是给他们利益，不是给他们威胁。中国向伊朗出口商品赚了很多钱，为什么急需赚钱的美国不能效仿？伊朗 2009 年进口的商品和服务总量达 570 亿美元。换句话讲，"亲近你的朋友，更亲近你的敌人"这句箴言正是一种有效的谈判策略。"更亲近你的敌人"意味着获取更多的信息，拥有更大的影响力。很多人认为这种策略极不自然，但是这种实现目标的策略有得多。

阿萨·穆罕默迪说："如果与伊朗有了更多的交流，美国就会更了解伊朗人作为普通人的一面，也就会更清楚应该怎样说服伊朗领导人恪守承诺。"她是一名伊朗律师，毕业于宾州法学院。她说，很多美国人在认识她以后说，他们在认识她之前对伊朗人并没有好感。她还说，她通常都是他们认识的第一个伊朗人。

昨天与明天：合适的谈判人选

这一点在此前提过，但是值得另立一节专门讨论，因为这是判断谈判是否成为的一条重要标准。

应该问这样几个问题："双方是否在为昨天的事争执不休？""双方的重心是为昨天的事而互相指责，还是放眼长远建设明天？"如果当地市议会或教育委员会候选委员更喜欢兴师问罪而不是创造机会，这在很大程度上表明，他们并不打算增加交易的价值——这也是成功谈判的关键所在。

在中东地区，谈判方似乎总是在为了昨天而争吵。不管签署了多少合约，派了多少特使，总有人想方设法要找另一个人算昨天的旧账。这种状况下是不可能实现和平的；谈判进程极为不当。

这还提出了一个问题："怎样选出正确的谈判代表？"如果因为不能摒弃前嫌而造成不恰当的进程，那就说明选错了谈判代表。因此，谈判代表的处事风格和身份是关键。

举个例子，对大部分国家来说，美国的存在本身就是一种激化因素。因此，美国如果能减少公开参与国际事务，不仅会减少成本、降低风险，还会促进更有效的谈判进程。再强调一下，美国军方与部落首领结成联盟就是一个极为有效的谈判策略。

很多报告显示，2001 年塔利班在阿富汗的失败最先出现在地面。当时美国只派了 12 名地面特种兵，而他们在当地又训练了很多民兵，这些民兵熟悉塔利班部队所在农村的地形，也知道如何征召自己的战士。很明显，这就是实现我们目标的有效办法，说服当地人为自己而战。

在每个公共事务中，温和派与极端派的界线最清晰。因此，谈判中最合适的第二方就是温和派。他们比极端派更专注于建设（明天）更好的生活，而大部分极端派则因为只想报复昨天而毁掉一切。

这就是说，在中东地区，应该让温和派犹太人去追捕极端派犹太人。有更恰当的人选，我们为什么还要自己去追赶恐怖分子呢？在所有的公共事务中，谈判代表的选择是关键。

找到对方的需求和交易需求

说到底，你必须满足对方的需求，才能在谈判中制胜。有效地沟通、了解对方的感受、摆正态度、选择正确的谈判代表，你就能胸有成竹地开始积极有效的谈判。你现在要确定的是双方有哪些要满足的需求，以及怎样交换这些需求。这是谈判的本钱。

这个本钱对世界上大部分人来说就是人类基本的需求。不论一场谈判是与"卡特里娜"飓风受害者有关，还是与巴勒斯坦难民有关，解决最基本的生活需求是开启谈判的第一步。因此，为解决公共事务进行的谈判应该以这些需求作为出发点。在这方面，心理学家亚伯拉罕·马斯洛的需求层次理论为重大公共事务的谈判奠定了良好的基础。

人类最基本的需求包括食物、水、稳定、安全、就业、对其家庭、健康、财产的保障、各种身体机能。他们需要足够的食物、干净的饮用水、住所，并且要免遭身体上的伤害。

然而，媒体和政客在处理重大公共事务的时候，大部分时间都用来处理与人类有关的次要问题和事物，如道德、偏见、政治、成就。在解决重大国际争端时，决策者的考虑都从顶端需求出发，如和平、民主、各种理想。

但是，很少有人愿意听一听对方对实现其理想的诉求，更不要说去满足他们的基本需求了。现在，每天都有很多希望能满足诸如充足食物这种基本需求的人被逼得走投无路。

像哈马斯这样的极端派组织之所以拥有如此众多的支持者，意识形态并不是唯一的原因，尽管哈马斯的政治口号如此宣称。哈马斯组织给吃不饱的阿拉伯人提供食物，还提供医疗服务，甚至还有婚介服务。当人们的基本需求获得满足，自然更容易认同并重复该组织的路线。

与此相反，大量证据表明，饥饿会引发暴力和社会动荡。埃及、海地、塞内加尔、布基纳法索、尼日尔、马来西亚、泰国、墨西哥、乌兹别克斯坦等地都已经出现过这种情况。阿里夫·侯赛因说："人处于饥饿状态就会更容易愤怒。"他是世粮食计划署的副总干事。研究表明，这种情况在儿童身上体现得尤为明显，还会引发严重的情感问题。暴力的循环都是从儿童开始的。

如果美国和其他国家想在感情与理性上赢得千百万人民的支持，他们就必须采取类似于美国在与苏联进行军备竞赛时所采取的措施——拖垮对方的经济。如果哈马斯提供面包，美国、联合国或其他联盟国就应该提供面包和肉。如果哈马斯每天提供 1000 卡路里，想阻止哈马斯的人就应该每天提供 2000 卡路里。因此，如果以色列想与阿拉伯人建立联盟，就要开始给更多人提供基本的需求。可以说，以色列从没有做过这类事。投射导弹轰炸加沙地带只会为哈马斯送去更多的追随者。相反，以色列人应该向那里投放食物。"今日以色列用 50 吨的面包和肉轰炸加沙地带！"有些人会嘲笑这条新闻。深受饥饿之苦的人不会。

然后，再给温和派提供他们不想失去的东西——食物、住房、教育、医疗、保健、安全。这样，温和派就会去找激进分子，举报他们，或将其清除。这是人类的基本原则：面包比炸弹在长期谈判中更有效。谈判进程要着手于已有的几个阿以和平组织，这样就能壮大温和派的队伍。

如果你有疑虑，试一试在沙漠里生活 6 个月是什么滋味，身边没有充足的食物、水、医疗条件、教育机会、空调设施或其他任何舒适的生活条件。这时有人送给你食物，说你的痛苦是美国造成的，你会怎么想。你可能会接受这个人说的大部分内容。也就是说，我们必须给恐怖主义追随者提供一种享受美好生活的有意义的选择，才能说服他们去走一条不同的路。

有些政策分析专家宣称，饥饿作为恐怖主义的根源这一论断早已被推翻。那是因为他们只看到了资助或执行恐怖主义的几个富人。当然，确实有几个富人在宣扬恐怖主义。但是，他们得到的权力和支持都是来自千千万万衣食无着的穷人。

谈判专家初次接触到这个问题是在 1981 年，以色列刚刚炸毁了一个伊拉克在建核电站。以色列认为，伊拉克想从核反应堆中提取制造核弹的材料。这些科学家都曾在第二次世界大战期间为美国研制原子弹的"曼哈顿计划"工作过。

他们中的大部分人都已 80 岁高龄，退休前在麻省理工学院、加州工学院等美国最优秀的工程学府工作。谈判专家问了他们每个人同样的问题：现在有什么技术能够阻止核扩散？谈判专家没有给出任何暗示，但他们的回答几乎一样。基本上每个人都这样说："这个问题本身就是错的。如果你想阻止核扩散，那就给人民分发食物，给他们提供医疗服务，让他们有衣穿、有学上、有房住、有工作。"

有一次，一个阿拉伯商人跟谈判专家讨论他认为哪方的谈判最有说服力。他说："我站在'我能养活家庭'这一边。我站在'享受良好医疗服务'这一边。"谈判首先与马斯洛的需求金字塔有关，然后才与经济繁荣有关。

在叙利亚，即使对以色列人没有任何感情的商人都认为经济合作是个好主意，可以促进叙利亚的经济发展。在黎巴嫩，西方与伊斯兰国家的职业人士正在进行社区层次的交流，这正是联合经营的基础。

苏联解体之后，乌克兰应美国的要求，把自己保有的核弹头移交给了莫斯统一拆除。而乌克兰因此得到了各种经济补偿。这就是一个用经济利益来交换核计划的先例。

朝鲜一直都在实行粮食配给。应该以向朝鲜提供粮食种植技术和粮食，作为让朝鲜放弃核计划的交换条件。这不是要给朝鲜问题提出某种具体解决方案，而是想指出还有一条路可以走，一条以满足人类基本需求为载体的路。

这不是说政治在公共事务问题上不起任何作用，而是说政府的作用正是促进经济的发展以满足那些基本需求。如此行事的谈判原因是，困苦潦倒的人会感情用事，感情用事的人就不容易被说服；他们只会与那些给他们提供情感补偿的人合作，而这个补偿正是用于维持生活的各种基本必需品。

对谈判策略的研究也远远不够。事实上，中东和平进程从来都只是在寻求台面上的和平——特使的公开声明、正式条约的签署。然而，要想获得支持，就必须寻求实际和平，即实实在在的民生层面的和平。

同样，美国寻求的不是实际和平，而是技术层面的和平。美国试用更加先进的技术和昂贵的基础设施来控制恐怖主义。但实际上，用这种方式无法从根本上阻止恐怖主义。正如阿尔伯特·爱因斯坦在广岛被投射了原子弹之后所说的："藏不了，也防不了。"人们找到一个反击恐怖主义行动的方案后，恐怖分子就会想出新的方法。继"9·11"事件之后，又在飞机上发现了放在鞋里的炸弹。鞋子检查完，又在一个人的内衣里发现了塑胶炸药。把男性恐怖分子记录隔离之后，又发现搞自杀式爆炸袭击的人中也有年轻的女性。

美国情报机构总是被指责，说他们没有把隐含恐怖主义计划的数万亿条信息过滤剔除为几百条信息之后"与疑点联系起来"。可问题是，疑点每次都不一样。人的大脑相当有创造力。聪明人一心想要隐藏的东西，人类的组织机构永远都无法从不断变化的各种信息中分辨出来——爱因斯坦如是说。推类至今，就是城市中的恐怖主义核武器和化学武器。

几年前在南非，几个海洋学家在开普敦外的海滩发现了一条死鲸，他们把它拖到了海豹岛。海豹岛是著名的大白鲨栖息地，有时大白鲨会从海中跃起捕食鸟类和海豹。这些鲨鱼就在那里开始猛吃鲸鱼，几个小时过去了，这些鲨鱼吃得太饱，几乎动弹不得，于是浮在海面上，好像喝醉了一样。

潜水员进入笼子，就在鲨鱼跟前。这些鲨鱼对潜水员一点兴趣都没有，要是往常它们早就开始攻击了。这是个很恰当的类比：人们满足了自己的需求之后，他们通常就不再那么想打仗了。

阿拉伯人和犹太人之间的敌意没有任何固有的成因。千千万万的阿拉伯人就住在以色列。调查表明，他们中的大部分人对生活环境很满意。成功谈判的基础就是围绕共同利益创建的多元民族联盟。这个共同利益就是各种生活必需品。

我不是在给中东问题或任何公共争议问题提供具体的解决办法。不管是定居点和难民安置的问题，还是土地使用的精确分界问题，都会有专家来分析解决。本章旨在讨论如何使用更好的谈判技巧促成双方达成协议。

采取循序渐进策略

反复强调的一个主题是，在解决谈判双方的巨大分歧时，必须要循序渐进。在公共事务中，双方的分歧往往是最大的，然而双方的做法完全与循序渐进的原则背道而驰。即使有过用一项措施就能把彻底的分歧变为彻底的一致的先例，也属极个别现象。所有谈判进程都要依靠循序渐进的行动。没有必要一次解决所有问题，关键在于找到某个入手点开启谈判。迈的步子越小，对方的顾虑就越小，每一步达成一致的人也就越多。双方在谈判时是否遵守了循序渐进的原则？或者，其中一方是否一次提出了所有的要求？如果是这样，就说明他们不是正确的谈判代表。大部分公共事务都涉及很多选民、很多金钱、很多矛盾，因此，不可能一次解决所有的问题。

找到一个入手点，走一步成功一步，这样就给人们一个参照，给人们继续努力的信心，增加彼此的互信，也建立了更具合作性的工作关系。一个具有拓展空间的小规模计划比一个很难做到的大规模计划更好。

那么，我们来看看中东的例子，尤其是巴以问题。这几十年来双方在试图做什么？试图一次解决全部问题。难怪没有达成任何协议。以下做个假设，其目的不为提出具体建议，而是展示循序渐进的过程。比如，你在约旦河西岸某处开始经营一家小型工厂，有一半工人会是以色列人，另一半会是巴勒斯坦人，但他们之前都没有工作或者工作极不稳定。工厂由世界银行提供资金，也许是私募股本。你最多需要几百名工人。

工厂会按当地已有的市场需求来生产产品。制药应该是一个不错的选择。已经有了几家制药厂，而以色列人的公司又很擅长通用名药品的制造和销售。

工厂的发展会带动周边的住房、医疗的发展，还可以支持开办一所学校和超市。工人会按工厂的要求住在一起，每个工人都会得到分红、股份，还能为自己和家庭带来更好的生活。

你再找个人宣传一下，让所有人都能看到这是可行的。很快，工人会说："我现在有吃有穿，我家还有房子。我们可以接受教育，可以享受医疗服务，吃也很好。听起来不错吧？"巴勒斯坦工人与以色列工人将会享有更多共同的事物——学校、住宅区、生活水平等，这些明显多于他们与哈马斯极端分子共享的事物。以色列工人与自己的邻居也会有更多的交往，这也明显多于他们与以色列极端分子以前在战场上短兵相接的两个民族，现在会形成共同的目标和友爱关系，为其他冲突地区树立一种榜样。

很容易就能看到，除了制药业以外，有很多企业都以农产品为核心，这是以色列的低耗水技术。除此之外，还能看到围绕死海发展的采矿业。

一个新的巴勒斯坦会通过循序渐进的步伐，发展成为企业家尝试新型发展的试验场。在这里可以看到发展代能源的前景：太阳能、生物能、风能，既可以提供电力，又能支持海水淡化工厂生产饮用水和作物用水。在这片几乎未被开垦的净土上可以建设新的住房和基础设施。

沙特和科威特人肯定希望实现地区和平。你能看到他们正在投资巴勒斯坦人的项目来换取股权。很多居住在中东之外的富裕的阿拉伯人和犹太人渴望能在和平进程中贡献一份力量。他们可能会以买进合法项目股票的形式为和平进程做出贡献。这些项目可以让律师事务所的同事提供无偿服务来建立交易结构。

以色列人不应该只要专属以色列人的西岸定居点，而应该拿定居点住房与阿拉伯人交换工作和支持。相信会有接受这种条件的人，而且这还会成为效仿的榜样。

以色列人给巴勒斯坦的温和派提供的条件越多，以色列就越有可能赢得支持者。比如，以色列已经拒绝在其控制的巴勒斯坦地区建设更多的移动电话网，还让人们很难去首都。以色列说，不会在能够保证自身安全之前改变这个政策。但是，以色列拒绝提供本可以用来让自己更安全的激励条件，实际是在拒绝一个可以强化自身安全的机会。换句话说，在经济上帮助巴勒斯坦人将会促进以色列的安全，因为这可以在那些拥有更多财产而更害怕失去的人中团结更多朋友。

这跟谈判有什么关系？你实际上是在劝导别人，为实现目标就要换一种行事的方式，换一种理解事物的思路。你是在劝导他们，要用更好的方式和那些自己认同的人打交道。你是在告诉他们如何解决公共事务。政府和私人企业为此付出了多少，将会影响执行这个策略持续的时间。

另一个会通过循序渐进方式得到改善的全球问题就是气候变化。采取何种措施来减少导致全球气候变暖的二氧化碳污染，这个问题一直都存在很大的争议。有些人想采取循序渐进的行动，有些人想达成全球共识。大量的时间被用来争论个别的计划，如根据污染征收消费税，或者企业间交易污染权。

从谈判的角度看，要想更有效地解决问题，就不应该纠结唯一的标准答案，而应该尽可能地采取循序渐进的措施。如果有人能够减少净污染，为什么不呢？我们应该最大化地利用当下能召集起来的人力和物力。

人们通过出售污染权或者征污染税帮助减缓全球气候变暖的同时，政府应当积极寻求更好的解决方案。找到一个方案时，我们离气候问题的解决就会迈进很大一步。

态度上的转变很微小，但是很重要。该转变是指不再争论所谓"正确"的方法，而是采取渐进的行动。实行的任何措施都只是暂时的一小步。在这个过程中试验了很多方法来找出最优途径，最后就能促进问题的有效解决。政府可以支持目标研究，不断对照、对比，提出更好的渐进性策略。

目标

谈判对双方越重要，谈判者就会越情绪化，产生的非理性因素就越多，也就越难实现目标。公共事务中的另一个关键问题是：我们的行动是否能够实现我们的目标？

我们再来看看反恐战争。发达国家对恐怖主义的第一反应，从来都是使用暴力或者以使用暴力相威胁，即"以眼还眼"式地回应。"9·11"事件以后，美国前国防部部长唐纳德·拉姆斯菲尔德说，美国对恐怖分子的任务就是"找到他们、抓获他们、消灭他们"。2010年莫斯科地铁爆炸事件之后，俄罗斯总统也说过类似的话——"反恐战争"的核心仍然是暴力。

暴力一直都是一种既昂贵又耗时的劝诫手段。越来越多的证据表明，暴力起到的劝诫作用比以往小得多。以前，如果你杀死了或者威胁了足够多的人，目标国家或目标群体就会投降。但是现在，人们很难被劝服，尤其是某种意识形态的信徒，还有那些走投无路不怕失去的人。自杀式袭击者不会对死亡威胁感到畏惧。

想阻止他们，你就得把他们全部消灭，这不可能做到。而且很多军事行动总是不可避免地会杀死无辜的平民，不管是不是无意的。这样的行动会增加更多的恐怖分子和追随者。此外，我们越是发动战争摧毁人们的土地和家园，就越会把人们逼得无路可走，恐怖主义的信徒就越容易吸纳这部分人，至少会得到这部分人的默许。

几个制造自杀式袭击的人会导致很多人丧生，造成几百万甚至几十亿美元的损失。他们似乎不仅不怕暴力，反而还支持使用暴力。想通过暴力战争打倒一群不怕死的人几乎是不可能的。这已经成为一种世界范围内普遍存在的现象。

最后，文化的分散性使得寻找敌人变得难上加难。敌人并不是住在同一个地方，并没有相似的习惯或外貌，也没有相同的行为举止或相同的语言。那就意味着大规模袭击往往找不到恐怖分子，而且还赔上了无辜平民的性命，结果却壮大了恐怖分子的队伍。美国已经很沮丧地发现，连本国居民都有可能是恐怖分子。

有人引用以色列官员的话，说他们"想摧毁哈马斯的恐怖主义基础"。但以色列人不可能做到这一点，因为他们造成平民死亡，这实际是在不断增强敌人的力量。用暴力、技术、组织或者基础设施永远都不可能实现这个目标。

经常听到某个恐怖组织的领导人被抓获或被击毙，但是他们有成百上千的接替者。在伊拉克，一个8岁的伊拉克女孩儿死于美国所宣称的"枪支走火"。在加沙，一个致力于和平、与以色列医生共事的巴勒斯坦医生，目睹了自己的三个女儿在联合国学校外面被以色列的炮火炸死。每一个死去的人都有家庭，可能还是个大家庭。结果呢？又多了成百上千个仇恨肇事国、愿意考虑反抗计划的人。应该以实现温和派的目标为核心，而不是寻找极端派并消灭他们，这种谈判策略的代价更低而成功率更高。

人流也是一个谈判双方似乎还未实现各自目标的公共事务。40年了，这个问题还是存在尖锐的争议。时不时听到一个做人流手术的医生被杀害，有时被抓去坐牢。这能阻止人流吗？不能。这能阻止做人流手术的医生不再被杀害吗？不能。人们又会抗议，法院又会立案，议会又会通过某法案或废除某法案。但最后，没有人实现目标。

这明显不是一个能够清晰说理的问题。双方的言辞没有给谈判留下任何余地。一方说这是谋杀胎儿，一方说妇女有选择权。但是，更有意思的是，谈判桌上还没有定论，无数人还是在做人流。虽然美国禁止做人流手术，美国妇女还是会想办法出国做手术，或者寻找黑市解决问题。

因此，从谈判技巧的角度来看，你必须看到问题的本质，然后再调整目标。真正的问题在于，意外怀孕的情况太多了。第二个真正的问题是双方认为这是个"非全有即全无"的问题；双方的态度都导致无法实施渐进措施。第三个问题是双方之间甚至都没有充分的沟通，没有讨论过共同的利益以及如何改进现状。

我认为，要想更有效地通过谈判找寻答案，就应该换种方式重新描述这个选择，把要生命权还是要选择权的问题转变为放宽还是限制人流政策的问题。目前的情况意味着应该放宽人流的政策。围绕渐进行动的原则最终会实现限制人流的目标，这是双方都会赞同的好事。

无数想要孩子的美国夫妇跑遍全世界寻找可以领养的婴儿。成千上万的美国人也表示，如果允许，他们就会领养孩子。一个问题自然就出现了：争议的双方有没有把想做人流的妇女介绍给想领养孩子的父母？很清楚，答案是做得不够。至少有一部分不想要孩子的妇女没有做人流，只要有更有利于她们、孩子或者母子二人的办法，她们可能还是会选择生下孩子。

如果目标是阻止意外怀孕，那么节育之类的措施就会成为更明显、更受支持的一种解决办法，这种办法把大问题逐步化解成了更小的问题。

这里需要重申，我们的目的不是提供具体实际的解决人流问题的办法。我们是想指明，现在的这种处理方式无法实现双方的目标。

任何谈判都应该首先明确一点，除非两方达成共识，否则不可能找到解决办法。双方要尊重彼此的感受，寻找可行的方案把大事化小。我们需要的是沉着冷静、互相体谅的交流。只要双方还存在不容妥协的极端态度，问题就永远解决不了。

情感

对人流问题的争议和对暴力的诉求都是一种情绪化的结果。人们因此无法实现自己的目标。只要有一个问题触动了人们的情绪，双方就会停止交流，并且无法开展有效的谈判。因此，在评估公共事务时，你应该看双方在谈判时是感情用事，还是平心静气，还是拿中东问题来举例。不仅仅是因为诉诸暴力和纠结于历史才导致双方被情绪所干扰，还有其他很多因素也影响了谈判方，使其没能专注于实现和平而美好的生活目标。

中东问题中一个很明显的影响因素就是在西岸建设的以色列定居点。没有情绪的干扰，这也不是什么问题。虽然这些定居点能容纳 30 多万以色列人，却只占据了西岸土地的 5% 而已。总是为这件事争执不休，哪还顾得上讨论如何建立新的巴勒斯坦国。双方都知道地产业的准则——交换土地、开辟土地、补偿措施及其他对策，这些都可以作为整个建国问题的一部分被开诚布公地讨论。

其实，巴勒斯坦人对以色列人的任何行为都应该这样回应："我们什么时候谈巴勒斯坦建国的问题？"关于是否把东耶路撒冷定为巴勒斯坦首都的谈判也样。巴勒斯坦人在定居点问题上很情绪化，所以总是忘记自己的目标。这是谈判式出了问题。

以色列人也没有向巴勒斯坦人提供任何情感补偿，比如，给阿拉伯人分配房屋或在别的方面做出些许让步。重点不在于他们应不应该这样做，而在于以色列人不想减少暴力。

另一个干扰了解决中东问题的因素就是无休止的口舌之战。有没有大屠杀，某人应不应该为某事而道歉，这个或那个国家被指控有腐败之举……这些确实是重要议题，至少对相关人士很重要。但是，每次提到这些问题就会引起人们即刻的反应，领导人和普通者百姓都变得很情绪化。他们忘记了和平与发展的核心目标，双方也都认为这两个目标很重要，并开始算起了旧账。无论什么问题，无论哪个国家，每当有人侮辱对方，或以其他形式干扰对方时，都应该这样回应，"好，那我们什么时候谈一谈？"有涵养的人才能做到这一点。领导人和媒体可以及时地指出干扰，以协助谈判方专注于目标问题。

情感补偿可以缓解情绪产生时的紧张势态，由此也使人更加专注。在战乱不安的地区，引起强烈情绪的一个重要因素是人们无法彻底表达他们的哀思。至亲死于别人之手几乎总会引起复仇的情结。

让我们从这个角度看一看中东问题。现在还没有什么好办法能对施行暴力的人定罪量刑，甚至经常找不到那几个肇事者。人们没有发泄悲愤的渠道，他们开始报复与那个暴力事件肇事者相似的任何人，虽然这些人与悲剧毫无关系。由此，这个恶性循环就开始了。

除了美国，我们在其他国家也见过这种恶性循环。比如，1992年，美国洛杉矶四名警察残酷殴打罗德尼·金却被宣告无罪释放，非裔美国人因此发生了暴乱。还有，在世贸中心惨案发生后，人们把住在美国的中东移民当作报复的靶子，甚至限制他们的行动。

情感补偿有助于帮助我们专注于目标而不受干扰，其形式可以是道歉——笼统的道歉或者专门针对某类群体或个人的道歉，也可以是向对方及他们的痛苦和感受表示尊重和理解。为战争中死去的人竖立纪念碑，可以帮助活下来的友人、家人和亲人面对他们的悲痛、损失，帮助他们稳定情绪。

位于华盛顿的越战纪念碑上写着所有阵亡的美国战士的姓名，以此永久纪念那些战士。这是人们在华盛顿参观最多的纪念碑，每天约有15000万名参观者。这座纪念碑意义深远，给予了人们强大的情感慰藉。它向阵亡将士表达了尊重之情，给他们的亲人、战友和朋友提供了情感补偿。

在中东虽然也有很多小型纪念碑，却没有这样的大型纪念碑。其实，一直以来双方都不同意竖立纪念碑，以哀悼另一方的受害者。有些已经竖立起的这种纪念碑也遭到了破坏。没有一座合适的纪念碑，使得双方很久都不能面对痛失的一切，亦得不到情感补偿，谈判因此变得更加艰难。

应该在中东建立一个阿拉伯-犹太人联合纪念碑，把所有人的名字都列出来，包括能在历史中追溯到的所有人。这样就传递了一种共同历史感，符合"纪念碑"的拉丁文 monere 这个词的两层意思——"提醒"和"教诲"。这种谈判技巧专注于寻找共同的敌人，即战争，也专注于那些痛失亲友的人们所具有的共同联结。

同理，向那些失去亲友的人开放多教派的悼念中心，就会在人们之间建立起共同联结——对战争共同的憎恶。只要不同派别的人能在一起表达哀悼之情（如佩戴已故亲人的照片），就可以给双方提供另一种巨大的情感补偿。没有情感补偿，没有高温情绪的退烧针，双方就不能实现有效的谈判。

准则

在公共事务中，公正的理念格外重要，因为很多人都能看到处理过程和结果。从谈判的角度来看，保证公正为人所知的最好办法，就是使用谈判双方都能接受的准则。因此，第一个问题是，双方同不同意使用准则的理念？第二个问题是，双方以前使用过何种准则？第三个问题是，双方为这场谈判能够接受何种准则？

最好从最普遍或最易接受的准则入手。之前讲过，中东问题中的准则类似于，"我们希望儿童夭折吗？"任何说"是"的人都会被看作极端分子，因此，这就是把更大的温和派群体和更小的极端派群体分离开的好办法。还可以这样问，"难民最后应该有个像样的住房吧？"也可以问，"我们应该容忍滥杀无辜的暴力吗？"或者"应不应该让人吃饱饭？生病了应不应该看医生？应不应该喝干净的饮用水？"

在本地层面，包括教育委员会和规划委员会，你可以问："政府应不应该考虑一下重要选民（或居民）团体，然后再做出会影响到他们的决定？"在所有这些事务中，措辞是关键。谈判方准备得越好越多，表达就会越有说服力。

最后，谈判可以运用更具体的准则，比如，"作为不再诉诸暴力的交换条件是不是应该建立一个巴勒斯坦国？"或者"警察在确定某人是否有危险性之前是不是应该先问问？"问题本身就会让提问者看起来更具说服力。越是基于准则来提问，你在任何公共事务中就会越有说服力。

问题解决的模式

20世纪六七十年代，"放眼全球，立足本地"成为了环保运动的口号。那一代人都认为，解决全球问题要从本地着手，从个人的行动着手。不知何故，这个理念在后来的几十年中被人们忘却了。

今天，这个理念又回来了。这是本书的核心理念之一。运用这本书中讲的谈判技巧，无论你是单枪匹马还是与朋友同事合作行动，都会对这个世界、对你的一生产生深远的影响。刚开始时，你需要的就是以正确的态度和有条理的程序来与他打交道。

因此，回到这一点问自己："我的目标是什么？他们（另一方）是谁？怎样才能说服他们？"利用各种元素来帮助你谈判——感受、准则、措辞、需求、动机、不等价物交换、避免感情用事。它不是火箭科学，也并不完美。但是运用这技巧就会帮你在每9局比赛中额外击出一记安打。这可能会让从不张口的人开始与你交流，甚至可以解决一些经年累月的问题。关键是搞清楚双方是否愿意使用一种解决问题的模式。有很多学生现在在重要公共事务领域工作，他们发现，这谈判技巧起到的作用与现在所阐述的一样。

萨钦·皮洛特现在是印度电信信息邮政部的部长。他说，实践已经证明，要在一个有几百种文化的国度里让选民达成一致，就必须使用这些尊重差异的谈判技巧。他说这对促进印度近些年在电信行业的发展功不可没。

梅雷迪思·道尔顿现在是美国"和平队"阿塞拜疆区的领队。她得说服教育水平很高的志愿者接受这个理念——应该学会编织、学会做当地的菜肴，要与当地人相处、多聊聊他们的孩子。这是一个值得借鉴的草根模范。她说，解决办法就是"慢慢来"。她改编、引用了畅销书《三杯茶》的书名，说应该"一次一杯茶"。

我们可以用这十步去审视每一个公共事务，判断在这个问题上是否具有成功的进程，是否选择了正确的谈判代表，以及还有哪些方面可以做得更好。结果不是实现你所有的目标，但一定会最大化地实现你的目标。

案例二　东方人和西方人就制鞋业的谈判

背景资料

布朗休闲鞋公司，位于美国得克萨斯州的休斯敦。它是一个家族企业，现在由这个家族的第二代掌管，专门生产休闲鞋。这家公司已有 30 年的经营历史，在得克萨斯州的休斯敦和俄亥俄州的辛辛那提都有工厂。多年来，这家公司一直在美国和加拿大拓展业务范围。其产品直接销售给零售鞋店（如伟伦鞋业）、折扣店（如沃尔玛和凯马特），也直接销售给批发店（如好市多）。这家公司以只在美国生产鞋子而感到自豪。在过去的 5 年中，它一直深受当今制鞋业中廉价劳动力的影响。当地和国际上的竞争企业一直在蚕食利基市场。这家公司过去两年的销售额一直在下降。公司董事长罗伯特·布朗担忧的是，如果这种销售额下降趋势一直持续下去，公司就有可能被迫关门。在美国，人们把劳动力成本看作至关重要的事情。布朗已经认识到，美国的运动鞋制造业绝大部分分布在亚洲国家，如中国、韩国和印度尼西亚，因为这些国家的劳动力成本都很低。

现在，布朗休闲鞋公司必须要找到一种成本更低的生产鞋的办法，还要通过进入国际市场来扩大销售额。布朗召开了董事会以对他提出的方案做出评议。经过一番热烈的讨论后，董事会一致认为，中国是一个从事制鞋业的好地方，他们得出这一结论是基于以下原因：①中国有一个低工资的劳动力市场；②中国已经与美国其他公司签订了一些有关制鞋的合约；③中国有 13 亿多人口，这显然是一个潜在的新市场；④中国自 20 世纪 70 年代末起就一直在向市场经济迈进。布朗决定去中国考察一番，并且要带着哈里·利文斯通和罗伯塔·杰克逊女士同行。哈里·利文斯通是公司主管运营的高级副总裁，罗伯塔·杰克逊女士是公司的市场部经理。

公司分配给利文斯通的工作是安排这次去中国考察的行程。他联系了一些做过国际贸易的商业伙伴，征求他们对安排这次考察的建议。利文斯通还与一些运动鞋贸易协会取得了联系，然后他选择了一些备选的中国公司，这些公司都很可能有兴趣与布朗休闲鞋公司洽谈相关的商务安排。一个是持昂制造公司，位于北京郊区；另一个是崇山制造公司，位于上海。他把自己的想法与布朗探讨了一番，然后他们两个决定只去上海那家公司考察，因为上海应该更容易接纳西方的观点和商业习惯。北京的公司虽然也很有吸引力，但是布朗有点担心如果太靠近中国的首都和政府所在地会有政治和社会风险。

利文斯通联系了崇山制造公司，并最终与该公司的国际贸易部经理李劲松（音译）取得了直接联系。李劲松可以说一口流利的英语，而且参加过几次与美国公司签订鞋类制造合约的谈判。利文斯通也向李劲松解释了布朗休闲鞋公司的兴趣所在。他说公司希望可以在中国生产自己的产品。李劲松也表达了他所在的公司非常希望与布朗休闲鞋公司讨论这一商务安排的愿望，并邀请布朗休闲鞋公司到上海考察崇山制造公司的生产设备。利文斯通听到这些后非常高兴，便马上向布朗报告了此事。他们把会面的时间安排在之后的一个月之后，准备去中国的考察小组就开始具体研究这项商业计划。他们想到要雇用一个中文翻译为他们提供服务，但是后来他们又认为没有必要这么做，因为李劲松能说一口流利的英语，而且他也参加过几次与美国公司的商务谈判。

出发的日期最终到来了，布朗和他的考察小组乘飞机抵达了中国上海。他们是 9：30 抵达上海的。上海的公司派代表到机场迎接，并把他们领到了下榻的宾馆。商务会见被安排在当天 15：00，上海公司的谈判代表会在 14：30 到宾馆去接布朗和他的考察小组。

布朗和他的考察小组到达上海公司的总部以后，李劲松就立刻会见了他们。他亲切地问候他们，先掬了一躬，又与他们握手致意。然后，就立即引导他们一行人去了会议室，与公司的董事长邓金利（音译）会面。见面之后又是一番握手、鞠躬、交换名片。彼此介绍以后，布朗送给邓金利一个用白颜色的包装纸和丝带精致包装的小礼物，以作为友谊的象征。但是，邓金利对于接受这份礼物好像显得有点尴尬，经布朗一直坚持，再三赠送，邓金利方才接受。然后，这个考察小组又被介绍给了负责他们这次参观考察的中文翻译，王楚江（音译）女士。紧接着，邓金利立即就与布朗对其这次上海之行展开了讨论。李劲松也与利文斯通和杰克逊展开了洽谈。在与邓金利谈话的时候，布朗轻轻地握住了邓金利的前臂，以示友好。在整个洽谈过程中，美国考察小组时常因为基本上不懂中文而感到不适。上海的公司叫人端来了小点心，请所有的谈判人员就座品尝。时间过得很快，一会儿就到了 17：00，可是还没有提到美国公司的考察小组为什么要来上海的公司考察。就在这时候，李劲松向大家宣布：为了给美国的客人接风洗尘，他们在长城饭店摆下了酒宴，安排在 19：00 开始。听到这些，布朗马上抬起手指做了一个手势，示意利文斯通到他跟前来。布朗没想到上海的公司会给他们这么热情的款待，一时间不知如何答谢才好。下午的会议结束后，布朗和他的考察小组回到了下榻的宾馆。

当晚的酒宴非常丰盛，一直持续了几个小时。布朗为了表达对如此盛情款待的感激之情，提议第一杯酒要为答谢此次宴会的东道主干杯。在整个宴会期间，双方都不曾提到商务上的事情。谈话主要围绕着中国、中国的文化、美国、家庭问题以及考察小组的旅行展开。夜深了，酒宴也接近尾声，布朗很想知道哪一方应该首先告辞。

双方的洽谈于第二天 9：00 在轻松的气氛中开始。会议进行 30 分钟后，布朗应中方要求向上海的公司陈述了他的商业计划。在考察小组的协助下（王楚江也不时地提供帮助），布朗解释了他想把自己公司的鞋放在中国生产的原因，他还表示自己对在中国市场销售鞋类非常感兴趣。在布朗陈述的时候，邓金利和他的职员不断地向他提问，因此，布朗心想，他的发言很难讲完了。到了中午，会议暂停。布朗回顾了一下在上午的会议中所取得的进展，得出的结论是：他们需要多来几次中国，才能与崇山制造公司达成商务协议。

【问题】

1. 基于以上的背景资料，你如何评价这次商务谈判？

2. 你认为布朗和他的考察小组在文化方面的察觉力和敏感性如何？请举出具体的事例来支持你的观点。

案例三 南方蜡烛公司的法国之行

背景资料

罗纳德·皮卡德是南方蜡烛公司的总裁。南方蜡烛公司位于美国马里兰州的巴尔的摩。该公司专门生产高质量、燃烧慢的芳香蜡烛和无香味的蜡烛。而且这一公司还拥有一项专利，就是制造三维立体雕刻蜡烛的独特的工艺设计。公司的产品在全美的各零售商店、专卖店以及特许经营店均有销售。近几年来，来自其他蜡烛公司的竞争使得南方蜡烛公司寻找新市场的需求愈加强烈。公司以往参加国际展览会的经验表明：在欧洲，特别是西欧，存在一个很大的蜡烛需求市场。皮卡德也确信他们在美国市场上所获得的商务经验同样可以运用到欧洲市场上去。

在德国慕尼黑举行的国际贸易展览会上，皮卡德见到了皮埃尔·杜朗德。皮埃尔·杜朗德是法国的一个零售商，他在法国、德国和比利时都拥有连锁专卖店，名为精美物品店。这个特制品商店迎合了社会上高端客户的需求。它的产品线中包括香水、护肤品、服饰、定制的首饰和手工制作的家用陈设品。杜朗德说，他对销售南方蜡烛公司的产品很感兴趣，而且还想多听一些有关制造三维立体雕刻蜡烛的的工艺设计方面的问题。杜朗德邀请皮卡德在下个月参观他在法国的公司，以便讨论一下双方可能的商务协议。皮卡德欣然接受了邀请。

皮卡德对其公司在欧洲的贸易前景感到非常兴奋。南方蜡烛公司可以补充精美物品店产品线上所需要的产品，而且这次商机也给南方蜡烛公司开辟了一条可以获得产品认可的道路，这样，就会最终促使该公司在欧洲开店成为可能。

皮卡德把公司的员工召集到一起，共同策划如何把公司的产品线营销给杜朗德。皮卡德决定与玛吉·杜布瓦——他的市场营销经理，以及一个技术人员一起讨论制造三维立体雕刻蜡烛的工艺设计问题。经过几个小时的辛勤工作，这个小组准备了一份详尽的商业计划，也做好了去巴黎的准备。皮卡德很高兴可以带着杜布瓦女士同行，因为她曾经在加拿大魁北克省住过五年，能讲一口流利的法语。

皮卡德和他的谈判小组是9：00抵达巴黎的，杜朗德亲自去机场接。然后大家互相握手致意，杜布瓦用法语热情地问候了东道主，杜朗德也以一个微笑作答。在去公司的路上，杜布瓦偶尔会与大家用法语轻松地交谈。杜朗德称赞她法语说得好，并且问她是从哪里学的法语。杜布瓦告诉他自己在加拿大住过五年，杜朗德又笑了。

到达公司以后，杜朗德把皮卡德和他的谈判小组介绍给公司的员工。双方互换了名片。皮卡德接过名片，仔细看了一下，发现名片的一面是用英文印刷的，另一面是用法文印刷的，这一点给他留下了深刻的印象。杜朗德亲自引导皮卡德和他的谈判小组来到会议室。会议开始20分钟后，杜布瓦开始觉得有些不适，因为她注意到杜朗德的谈判小组中有好几个成员一直在注视她，而且面带微笑。她好像从这种动作中得到了一些暗示，所以她决定在午餐时和皮卡德谈谈。13：00会议暂停，到了午餐时间，令皮卡德大为惊异的是午餐竟然持续了两个多小时。当他们又回到会议室的时候，皮卡德因为午餐太丰盛而感到有些不舒服，他决定把外衣脱掉，可是其他人都没有这么做。

在下午的会议中，虽然时常会有一些争论，但还是进展得非常顺利。皮卡德的发言得到了广泛的认可，而且看起来杜朗德也打算要购买南方蜡烛公司的产品，皮卡德对自己的表现很满意，他迅速地向他的团队做了一个"OK"的手势。杜朗德对皮卡德的发言表示了感谢，然后他告诉皮卡德说他还要与公司其他员工再商量一下报价，之后他会告诉皮卡德他的最终决定。

会议结束以后杜朗德邀请皮卡德和他的谈判小组在20：00参加在自己家中举行的小型晚餐聚会。杜朗德派人在19：30的时候到皮卡德下榻的宾馆去接，皮卡德于20：00到了杜朗德家。此时杜朗德公司的几个管理人员已经到了。

皮卡德被介绍给杜朗德夫人认识，他亲切地握了杜朗德夫人的手，并送上了一束美丽的玫瑰花。杜布瓦也被介绍给杜朗德夫人认识，她用法语问候了杜朗德夫人。接着，皮卡德又被介绍给其他客人。晚宴十分丰盛，而且是在一种悠闲的气氛中进行，大家谈的都是很轻松的话题。就这样，晚宴一直持续了几个小时才结束。在晚宴过程中，皮卡德几次提到当天早些时候的谈判，但都被大家又带回到社交中令人愉快的话题上了。这是一个美好的夜晚，看起来好像也是商务上很成功的一天。

皮卡德大概是半夜才回到宾馆的，忙碌了一整天的他早已筋疲力尽。他很庆幸自己订的是第二天早上晚些时候返回美国的机票。

令皮卡德感到很诧异的是，两个星期以后，他收到了杜朗德的一封诚挚的来信，信上说，杜朗德决定这次暂不拓展精美物品店的产品线了。

【问题】

1. 杜朗德为什么决定不用南方蜡烛公司的产品线？

2. 你认为度卡德在文化方面的察觉力和敏感度如何？

案例四　商务和社交同步进行的墨西哥谈判

背景资料

安妮塔·罗德里格斯是一个土生土长的墨西哥人，1990 年，在她 13 岁的时候，她和家人一起从墨西哥移民到了美国。她们一家在马萨诸塞州的波士顿定居下来。其间，她回过墨西哥两次，都是去探望她的亲戚和朋友。她考入了波士顿大学，并在 2001 年取得了工商管理专业的硕士学位。在大学期间，她遇到了学习经济学的约翰·菲茨·杰拉德。毕业后，安妮塔和约翰结了婚，并定居在波士顿。安妮塔具有一种企业家精神，并且希望在墨西哥从事商务工作。她可以说一口流利的西班牙语，而且了解墨西哥的文化。虽然约翰从来没有过跨国旅行的经历，但是他很支持安妮塔的想法，还帮她做了很多市场营销调研。基于这些调研，他们走访了一些有兴趣在墨西哥进行商务活动的美国制造企业。这些企业基本上没有什么国际商务经验，而且都特别想让安妮塔帮其做好前期工作，也就是在墨西哥找到潜在的客户。这些企业都很认同安妮塔的专业知识、积极进取的态度以及她的墨西哥背景。

安妮塔和约翰非常兴奋，开始在墨西哥寻找有兴趣同美国企业开展贸易的公司。他们的调研是从联系墨西哥城的美国大使馆开始的，目的是寻找墨西哥的潜在大客户。此外，他们还与美国商务部的地区事务办公室和若干贸易协会取得了联系。他们付出了很多努力，也找到了两家比较有价值的墨西哥公司——一家位于墨西哥城，另一家在蒙特雷。

安妮塔很兴奋，十分热切地联系那两家公司。她分别给两家公司打电话并确定了会面时间。她和约翰计划去墨西哥五天，其中两家公司各用两天，还有一天用来游览墨西哥城。

安妮塔打算早上到达墨西哥城，当天下午到第一家公司考察一下。她确信这可以为第二天的讨论打下一个良好的基础。如果一切顺利的话，她和约翰在第三天就可以游览墨西哥城，然后第三天晚上动身去蒙特雷。

飞机准时抵达了墨西哥城机场，令安妮塔颇感意外的是，竟然没有人到机场去接她和约翰。她确信她已经告诉了那家公司他们的确切到达时间。那家公司的谈判代表终于在 45 分钟之后到达了机场，并且热情友好地对他们的到来表示欢迎。

因为旅途疲惫，安妮塔和约翰很想马上回宾馆休息，但是令他们感到格外诧异的是，公司的代表竟然把他们带到了附近的一个饭店，去见公司的商务拓展部经理，劳尔·马丁内斯。午餐是在诚挚友好的气氛中进行的，谈的都是幽默轻松的小话题，基本上没有谈到这次商务旅行的因由。午餐结束的时候，马丁内斯先生邀请安妮塔夫妇在当天晚上一起用晚餐，届时公司的一些高层经理人员都会参加。

安妮塔和约翰十分疲惫，也有一些失望地抵达了下榻的宾馆。他们两个都非常希望在晚餐时可以有机会与公司的人员讨论一些商务上的事情。

晚餐被安排了华丽而且气氛热闹的墨西哥饭店中举行。安妮塔夫妇准时到达了饭店，但却发现只有马丁内斯在那里，他们很是诧异。马丁内斯对他们夫妇的到来表示欢迎，并向他们解释说，营销副总何塞·冈萨雷斯和工厂总经理罗伯托·奥尔蒂斯马上就到。

大概 30 分钟以后，两位经理都到了，并向他们的客人表示热烈的欢迎。席间，话题很丰富，除了商务以外无所不包，看起来，安妮塔和约翰的来自墨西哥的谈判对方是来享受晚宴的。在晚宴结束的时候，他们邀请安妮塔和约翰于第二天 9：00 在公司总部会面。

安妮塔和约翰又一次有些失望地回到了宾馆，因为这一天就这样过去了，却根本没有提到他们来墨西哥的原因。安妮塔陷入了沉思，她在为第二天如何应对这次商务会面制订计划。

安妮塔和约翰于第二天早上 9：00 到达公司。马丁内斯和冈萨雷斯问候了他们，并把他们带到了大会议室。过了一会儿，奥尔蒂斯和一些部门经理也来到了会议室。安妮塔是出席会议的唯一一位女性。

安妮塔抓住了谈判的优先权，开始陈述她这次商务旅行的目的。她向公司提出了她的商务方案。冈萨雷斯对此很感兴趣，并向约翰提了几个问题，而约翰则拖延了一下，说过一会儿安妮塔会予以回答。会议进行到 45 分钟时，一位助理来到会议室和奥尔蒂斯说了几句话。奥尔蒂斯抱歉地说，他现在不得不离开，但是他承诺一会儿就会回来。安妮塔继续她的陈述，她对奥尔蒂斯的离开感到很失望。14：30，马丁内斯提议会议暂停，到了午餐时间。午餐被安排在附近的一家饭店。几个小时以后，会议重新开始。奥尔蒂斯回来了，又加入到会议中，他又向约翰提了几个问题。这次安妮塔有些激动，直接回答了他的问题。到了 16：00 的时候，按照会议的进度，看起来还需要再讨论一天才可能有结果。安妮塔和约翰又被邀请参加当天的晚宴。

回到宾馆，安妮塔和约翰回顾了当天所发生的每一件事。对照预定的时间表，他们已经落后很多了基本上没什么希望按照计划的时间和第二家公司会面了。他们夫妻俩从抵达墨西哥的那一刻开始就一直很忙碌，所以都感到疲惫不堪。但是，他们在晚上还是得参加那个长时间的社交活动，尽管他们已经知道在晚宴上讨论商务事宜的可能性很小，可还是得去。然后，他们两个又不无失望地开始制订第二天的洽谈计划，还讨论了这次是否要取消与第二家公司的会面以及是否要再安排一次来访的问题。

【问题】

1. 安妮塔真正了解墨西哥的文化和墨西哥人的谈判方式吗？请说明原因。

2. 去考察第一家公司的时候出现了哪些问题？

3. 安妮塔是否应该取消对第二家墨西哥公司的考察？为什么？

案例五　谈判前的活动对于谈判的成功与否至关重要

背景资料

　　弗兰克·罗杰斯是一家快餐公司的国际部主管，这家公司的总部设在美国，公司打算在中东开展特许经营业务。这家快餐公司专门为家庭和个人提供餐点和特制的三明治。这家公司菜单中的主菜有鱼和肉两种，其中包括烤鸡、牛肉和火腿。五年前，这家公司在欧洲开展了特许经营业务。现在，它在西欧的七个国家以及东欧的两个国家都有特许经营店。两年前，公司进入拉丁美洲市场，最初是在墨西哥，然后又向南美各国拓展特许经营业务，在南美首先进入的是巴西市场。快餐公司还想挺进中东市场，想把沙特阿拉伯市场作为起点。

　　罗杰斯认为，公司国际拓展计划的成功取决于两步谈判法的运用。其中，第一个步骤是以谈判前的活动为中心，第二个步骤才是谈判本身。公司在欧洲和拉丁美洲所获得的经验表明，第一个步骤对于谈判的成功与否具有决定性的作用。谈判前的这个步骤就是公司为谈判所做的准备工作。这种谈判前的准备工作要比准备在本国的谈判复杂得多，因为其他国家的文化、政治、法律以及经济环境都与本国有所不同。

　　罗杰斯所在的公司在谈判前的准备工作包括以下几方面的内容：

　　（1）挑选合适的谈判组成员。谈判组成员既可以促成谈判，也可以使谈判破裂。挑选谈判组成员的时候，必须要考虑以下几方面：一是他们过去的谈判经验以及他们都在哪些国家进行过谈判；二是谈判中所需要的专业技巧、个人能力和社交技巧；三是在谈判中每一个小组成员要扮演什么样的角色。再有，是否需要一个第三方调解人？如果需要，那么第三方调解人要扮演什么样的角色？

　　（2）对成员进行适当的培训。了解一个新市场的文化环境是非常重要的。文化上的洞察力和敏感性对谈判达成双赢的结果大有帮助。培训的内容不仅要以国家的文化特色为重点，还要注意各国的谈判风格和工作中的道德标准也各不相同。

　　（3）确认谈判目标。参与谈判的公司要对自己的谈判目标有一个明确的认识。谈判对方的目标很可能与该公司希望达成的目标有所不同。举例来说，美国人的目标往往比亚洲人的目标更加讲求实际，而亚洲人则更愿意建立一种长期的商务关系。

　　（4）制定一个谈判日程。一家公司必须对自己想要的谈判日程有一个明确的规划。时间是一个重要的因素，因为谈判人员离开家的时间越长，其讨价还价的能力就越弱。如果一个谈判人员掌握了对方的谈判风格，也就知道了何时应该采取强硬的态度。

　　（5）制定一个让步的策略。为了使谈判达成一个双赢的结果，公司必须在谈判之前考虑好自己的退路。这有助于公司分清哪些条件是可以接受的，哪些条件是不能接受的。一个合情合理的还盘可能会被对方拒绝（从而导致谈判破裂），这种情况并不在少数，其原因就是谈判对方事先并没有想好退路。成功的谈判方法并不是"要么赢得谈判，要么退出谈判"。当然，一旦了解了自己的底线，公司就可能需要重新组织一下自己的谈判计划，这样才能知道谈判是否还有更多的空间。

【问题】

根据你所掌握的有关罗杰斯所在公司的情况，请你为该公司准备一个在沙特阿拉伯的谈判前策略。

第十章　教学辅助资源库

考试模拟试卷

试卷一

一、单项选择题（本大题共 10 小题，每小题 2 分，共 20 分）在每小题列出的四个备选项 A、B、C、D 中只有一个是符合题目要求的，请将选项前的字母写在题后的括号内。错选、多选或者未选均无分。

1. 标准站姿要求不包括(　　)。

A. 端立　　　　　　　　　　　　　B. 身直

C. 肩平　　　　　　　　　　　　　D. 腿并

2. 穿着套裙的四大禁忌不包括(　　)。

A. 穿黑色皮裙　　　　　　　　　　B. 裙、鞋、袜不搭配

C. 穿白色套裙　　　　　　　　　　D. 三截腿

3. 女士穿着套裙时，做法不正确是的(　　)。

A. 不穿着黑色皮裙

B. 可以选择尼龙丝袜或羊毛高筒袜或连裤袜

C. 袜口不能没入裙内

D. 可以选择肉色、黑色、浅灰、浅棕的袜子

4. 对手部的具体要求有四点：清洁、不使用醒目指甲油、不蓄长指甲和(　　)。

A. 腋毛不外露　　　　　　　　　　B. 不干燥

C. 不佩戴烦琐的首饰　　　　　　　D. 以上都不对

5. 公务面试自我介绍需要包括以下四个基本要素(　　)。

A. 单位、部门、职位、电话　　　　B. 单位、部门、地址、姓名

C. 姓名、部门、职位、电话　　　　D. 单位、部门、职位、姓名

6. 介绍他人时，不符合礼仪的先后顺序是(　　)。

A. 介绍长辈与晚辈认识时，应先介绍晚辈，后介绍长辈

B. 介绍男士与女士认识时，应先介绍男士，后介绍女士

C. 介绍已婚者与未婚者认识时，应先介绍已婚者，后介绍未婚者

D. 介绍来宾与主人认识时，应先介绍主人，后介绍来宾

7. 握手时(　　　)。

A. 用左手 　　　　　　　　　　　　B. 戴着墨镜

C. 使用双手与异性握手 　　　　　　D. 时间不超过三秒

8. 关于握手的礼节，描述不正确的有(　　　)。

A. 先伸手者为地位低者

B. 客人到来之时，应该主人先伸手。客人离开时，客人先握手

C. 下级与上级握手，应该在下级伸手之后再伸手

D. 男士与女士握手，男士应该在女士伸手之后再伸手

9. 以下不符合上饮料的规范顺序的是(　　　)。

A. 先宾后主

B. 先尊后卑

C. 先男后女

D. 先为地位高、身份高的人上饮料，后为地位低、身份低的人上饮料

10. 送名片的方式是(　　　)。

A. 双手或者用右手 　　　　　　　　B. 双手

C. 右手 　　　　　　　　　　　　　D. 左手

二、多项选择题（本大题共 5 小题，每小题 3 分，共 15 分）在每小题列出的四个备
A、B、C、D 选项中至少有两个符合题目要求的，请将选项前的字母写在题后的括号内。
错选、多选、少选或未选均无分。

1. 仪容的自然美包括(　　　)。

A. 体现不同年龄阶段的某自然特征 　　B. 男士接待贵客要着西装

C. 保持面容的红润、光泽 　　　　　　D. 要适当化妆

2. 在正式场合男士穿西服要求(　　　)。

A. 要扎领带 　　　　　　　　　　　B. 露出衬衣袖口

C. 钱夹要装在西服上衣内侧的口袋中 　D. 穿浅色的袜子

3. 关于敬酒的正确顺序是(　　　)。

A. 主人敬主宾、陪客敬主宾、主宾回敬、陪客互敬

B. 主人敬主宾、主宾回敬、陪客敬主宾、陪客互敬

C. 主宾敬主人、陪客敬主宾、主人回敬、陪客互敬

D. 主宾敬主人、主宾敬陪客、陪客回敬、陪客互敬

4. 名片使用中以下描述错误的是(　　　)。

A. 与多人交换名片时，由远而近，或由尊而卑进行

B. 向他人索取名片宜直截了当

C. 递名片时应起身站立，走上前去，使用双手或者右手，将名片正面对着对方后递
给对方

D. 若对方是外宾，最好将名片上印有英文的那一面对着对方

5. 对于汽车上座描述正确的有(　　　)。

A. 社交场合：主人开车，副驾驶座为上座

B. 商务场合：专职司机，后排右座为上（根据国内交通规则而定），副驾驶座为随员座

C. 双排座轿车有点 VIP 上座为司机后面那个座位

D. 在有专职司机驾车时，副驾驶座为末座

三、名词解释题（本大题共 4 小题。每小题 5 分，共 20 分）

1. 礼仪

2. 电话形象

3. 国宴

4. 名片

四、简答题（本大题共 5 小题。每小题 6 分，共 30 分）

1. 从事商务谈判活动的男士应从哪些方面注意自己的仪容仪表？

2. 介绍是交际场合结识朋友的主要方式，在介绍中要注意哪些问题？

3. 西餐的礼仪有哪些？

4. 在商务交往中馈赠的礼仪有哪些？

5. 在国际交往中应注意哪些公共礼仪？

五、案例分析题（本大题共 1 题，共 20 分）

背景材料：一家外国电信公司欲在泰国曼谷设立一分公司。选地址时，该公司经理看中了一处房价适中、交通方便且游人众多的地段，而这幢楼的对面有一尊并不十分高大，但又非常显眼的如来佛像，有关心者警告公司经理说："贵公司若在此开业，生意会很糟糕的。"但公司经理非常自信认为这不可能，因为公司在中东地区开设的另外几家公司，业务开展都很红火。所以，公司经理没听劝阻，就在这里如期开业了。几年来，这家公司果然生意清淡。公司经理终于面对现实不得不挪动了公司地址，生意这才明显地好起来。经理本人对此始终大惑不解，到处打听原因，得到的解释是：业务不景气的根源在于公司的大楼高度超过了对面的如来佛像两层，也就是说，公司位置在如来佛像之上。这在一个信仰佛教的国家，是严重犯忌的，没有尊重当地人对佛像的信仰和敬畏，他们自然产生感情上的不快甚至愤怒，当然不愿与公司来往做生意了。

问题

1. 在涉外商务交往中如何理解尊重原则？（8 分）

2. 在涉外的商业活动中礼仪的作用？（12 分）

试卷二

一、单项选择题（本大题共 10 小题，每小题 2 分，共 20 分）在每小题列出的四个备选项 A、B、C、D 中只有一个是符合题目要求的，请将选项前的字母写在题后的括号内。错选、多选或者未选均无分。

1. 以下做法不正确的是（　　　）

A. 一男士把自己的名片递给一女士。该男士走向女士，右手从上衣口袋取出名片，两手捏其上角，正面微倾递上。

B. 一女士把自己的名片递给一男士。该男士双手接过，认真默读一遍，然后道："王经理，很高兴认识您！"

C. 一男士与一女士见面，女士首先伸出手来，与男士相握。

D. 一青年男士与一中年男士握手，中年男士首先伸出右手，青年与之相握，双方微笑，寒暄。

2. 在没有特殊情况时，上下楼应（　　　）行进。

A. 靠右侧单行　　　　　　　　　　B. 靠左侧单行

C. 靠右侧并排　　　　　　　　　　D. 靠左侧并排

3. 一般而言，上楼下楼宜（　　　）行进，以（　　　）为上，但男女通行时，上下楼宜先（　　　）后（　　　）。

A. 单行、前、男、女　　　　　　　B. 并排、后、男、女

C. 单行、前、女、男　　　　　　　D. 并排、后、女、男

4. 以下做法错误的是（　　　）。

A. 一女士陪三四位客人乘电梯，女士先入，后出

B. 一男一女上楼，下楼，女后，男先

C. 一男一女在公司门口迎候客人。一客人至。男女主人将其夹在中间行进。至较狭

之处，令客人先行

　　D. 室内灯光昏暗，陪同接待人员要先进，后出

　　5. 公务用车时，上座是(　　)。

　　A. 后座右侧　　　　　　　　　　B. 副驾驶座

　　C. 司机后面之座　　　　　　　　D. 以上都不对

　　6. 接待高级领导、高级将领、重要企业家时人们会发现，轿车的上座往往是(　　)。

　　A. 后排左座　　　　　　　　　　B. 后排右座

　　C. 副驾驶座　　　　　　　　　　D. 司机后面的位置

　　7. 对于座次的描述不正确的有(　　)。

　　A. 后排高于前排　　　　　　　　B. 内侧高于外侧

　　C. 中央高于两侧　　　　　　　　D. 两侧高于中央

　　8. 会客时上座位置排列的几个要点是(　　)。

　　A. 面门为上、以右为上、居中为上、前排为上、以远为上

　　B. 面门为下、以左为上、居中为上、前排为上、以远为上

　　C. 面门为上、以左为上、居中为上、后排为上、以远为上

　　D. 面门为上、以右为上、居中为上、前排为上、以近为上

　　9. 以下不属于会议室常见的摆台是(　　)。

　　A. 戏院式　　　　　　　　　　　B. 正方形

　　C. 课桌式　　　　　　　　　　　D. U 型

　　10. 当你的同事不在，代他接听电话时，应该(　　)。

　　A. 先问清对方是谁

　　B. 先记录下对方的重要内容，待同事回来后告诉他处理

　　C. 先问对方有什么事

　　D. 先告诉对方他找的人不在

　　二、多项选择题 (本大题共 5 小题，每小题 3 分，共 15 分) 在每小题列出的四个备选项 A、B、C、D 中至少有两个符合题目要求的，请将选项前的字母写在题后的括号内。错选、多选、少选或未选均无分。

　　1. 在正式场合中，男士穿的西服有三个扣子，下列选项中错误的是(　　)。

　　A. 下面 1 个　　　　　　　　　　B. 中间 1 个

　　C. 上面 1 个　　　　　　　　　　D. 三个都扣

　　2. 握手有伸手先后的规矩，下列选项中错误的是(　　)。

　　A. 晚辈与长辈握手，晚辈应先伸手

　　B. 男女同事之间握手，男士应先伸手

　　C. 主人与客人握手，一般是客人先伸手

　　D. 电视节目主持人邀请专家、学者进行访谈时握手，主持人应先伸手

　　3. 双方通电话，应由谁挂断电话(　　)。

　　A. 主叫先挂电话　　　　　　　　B. 被叫先挂电话

　　C. 尊者先挂电话　　　　　　　　D. 不做要求，谁先讲完谁先挂，最好同

时挂

4. 下面座次安排错误是的(　　　)。

A. 领导面向会场时：右为上，左为下

B. 宾主相对而坐，主人面向正门，客人占背门一侧

C. 签字双方主人在左边，客人在主人右边

D. 宴请时，主宾在主人右手，副主宾在主人左手

5. 重要会务接待需要注意(　　　)。

A. 饮料准备需要一冷一热，一瓶一杯

B. 有外籍客人还要考虑有中有外

C. 以饮料招待客人征询的标准方式应为封闭式问题，而非开放式问题

D. 上饮料的规范顺序应该是先宾后主，先尊后卑

三、名词解释题 （本大题共 4 小题。每小题 5 分，共 20 分）

1. 国际商务礼仪

2. 小费

3. 环绕式座位

4. 服饰礼仪

四、简答题 （本大题共 5 题。每小题 6 分，共 30 分）

1. 礼仪的核心是什么？

2. 商务活动中，打电话和接电话应该注意的问题是什么？

3. 商务谈判活动中必须讲究和遵守的交谈礼仪有哪些？

4. 握手的禁忌有哪些？

5. 名片的递送方式是什么？

五、案例分析题（本大题共 1 题，共 20 分）

背景材料： 泰国某政府机构为泰国一项庞大的建筑工程向美国工程公司招标。经过筛选，最后剩下 4 家候选公司。泰国人派遣代表团到美国亲自去各家公司商谈。代表团到达芝加哥时，那家工程公司由于忙乱中出了差错，又没有仔细复核飞机到达时间，未去机场迎接泰国客人。但是，泰国代表团尽管初来乍到不熟悉芝加哥，还是自己找到了芝加哥商业中心的一家旅馆。他们打电话给那位局促不安的美国经理，在听了他的道歉后，泰国人同意在第二天 11 时在经理办公室会面。第二天美国经理按时到达办公室等候，直到下午三四点才接到客人的电话说："我们一直在旅馆等候，始终没有人前来接我们。我们对这样的接待实在不习惯。我们已定了下午的机票飞赴下一目的地。再见吧！"

问题

1. 请指出文中不符合商务礼仪的地方？

2. 请结合背景材料谈谈在社会活动中应该遵循哪些商务礼仪？

参考答案

试卷一

一、单项选择题

1. D【解析】标准站姿不包括腿并。

2. C【解析】穿白色套裙不属于禁忌。

3. C【解析】在穿着套裙时，袜口必须没过裙口，这是穿套裙的必要礼节。

4. A【解析】首饰的佩戴因人而异，因场合不同而异，但是腋毛不外露是必要的。

5. D【解析】介绍时必须按照由大到小的顺序介绍。

6. C【解析】介绍时应遵循先介绍未婚的人，后介绍已婚的人。

7. D【解析】握手时最礼貌的是用右手，还应脱帽或摘下墨镜，不应双手握异性的手。

8. A【解析】握手时，出于礼貌应由主人或晚辈先伸手以表示诚意和尊重，并不是表示地位的低下。

9. C【解析】在国际商务礼仪中，永远遵循女士优先这一基本礼仪。

10. A【解析】递名片必须用双手或右手以表示尊重，左手是不礼貌的行为。

二、多项选择题

1. BCD【解析】自然美是指一个人在他人面前表现出自然、大方的一种人格美，而非体现年龄阶段特征。

2. AB【解析】西服上衣内侧口袋是不能放钱夹等能显露出来的物品的，否则会使西服看起来不整齐。更不能穿浅颜色的袜子，正式场合应穿深色袜子。

3. A【解析】敬酒的正确顺序是由主人敬主宾、陪客敬主宾、主宾回敬、陪客互敬。

4. AB【解析】在与多人交换名片时，应本着就近原则，或尽量避免多人同时交换名片，亦不能人为地将他人分出尊卑。向他人索要名片更要注意文明礼貌，不能直截了当。

5. ABCD【解析】主人开车时，副驾驶座为上座，其余后座右侧为上座。由专职司机开车时，后排右座为上（根据国内交通规则而定），副驾驶座为随员座。双排座轿车有的VIP上座为司机后面那个座位。在专职司机驾车时，副驾驶座为末座。

三、名词解释题

1. 礼仪：礼仪是人类社会文明发展的产物，是人们在社会交往中以风俗、习惯和传统等形式固定下来的行为规范与准则。礼仪所包含的内容十分广泛，具体表现为礼貌、礼节、仪表、仪式等。

2. 电话形象，是电话礼仪的主旨所在，指的是人们在使用电话时的种种表现，会使通话对象"如见其人"，能够给对方以及其他在场之人，留下完整的、深刻的印象。

3. 国宴：是国家元首或政府首脑为国家的庆典或为外国元首、政府首脑来访而举行的正式宴会，需要排座次，宴会厅内应挂国旗。宾主入席后，乐队奏国歌，主人和主宾先后发表讲话或致祝酒词。乐队奏席间乐。

4. 名片：日常交往中，人们将名片作为介绍身份的一种手段已成为很普遍的情况。名片一般为10厘米长、6厘米宽的白色或有色卡片，在社交中以白色名片为佳。名片是自己的替身，是证明一个人自身存在的最有力的证据，它在国际商务谈判活动中是必不可少的。因为名片能反映一个人的基本信息，也便于对方记忆。

四、简答题

1. 从事商务活动的男士需要从以下几方面注意自己的仪容仪表：①发型；②面部修饰；③着装修饰；④必备物品。

2. ①介绍他人时，将要介绍人的姓名、身份、单位（国家）等情况，简要做一下说明即可，更详细的内容留待被介绍者根据其意愿去交谈。②正式介绍的国际惯例一般是：先将年轻的介绍给年长的；先将职务、身份较低的介绍给职务、身份较高的；先将男性介绍给女性；先将客人介绍给主人；先将未婚的介绍给已婚的；先将个人介绍给团体。③当两位客人正在交谈时，切勿立即将其中一人介绍给第三者。这一规则在国际商务谈判中很重要。④对于远道而来的，又是首次洽谈的客人，介绍人应准确无误地把客人介绍给主人。⑤介绍双方认识时，应避免刻意强调一方，否则会引起另一方的反感。⑥如果是自我介绍，要说明自己的姓名、身份、单位等，并表达出"我很高兴认识您"的愿望。

3. 吃西餐与中餐有很大的差别：①注意刀叉的使用。②注意餐巾的使用。③注意西餐用餐方法。

4. 在商务交往中馈赠的礼仪有哪些？答案要点：①注意礼品的包装。②注意赠礼的场合。③注意赠礼时的态度和动作。④赠礼时要讲究数字。⑤注意赠送礼品的特殊要求。

5. 在国际交往中，言谈、举止、风度是十分重要的，特别应注意一些细节问题：①遵时守约。②尊重老人和妇女。③举止得体。④吸烟应注意场合。

五、案例分析题

1. 所谓尊重原则就是要尊重和理解国际其他国家的礼仪、礼节以及宗教信仰。国际商务谈判是在双方尊重原则的基础上而形成的，在曼谷的国际电信公司的失礼之处在于公司的大楼高度超过了对面的如来佛像两层，也就是说，公司的位置在如来佛像之上。这在一个信仰佛教的国家，是严重犯忌的，没有尊重当地人对佛像的信仰和敬畏，他们自然产生感情上的不快乃至愤怒，当然不愿与公司往来做生意了。所以要在涉外交往中尊重对方的宗教、文化礼仪等习俗。

2. 礼仪是在人际交往中，以一定的、约定俗成的程序方式来表现的律己敬人的过程，涉及穿着、交往、沟通、情商等内容。从个人修养的角度来看，礼仪可以说是一个人内在修养和素质的外在表现。从交际的角度来看，礼仪可以说是人际交往中适用的一种艺术、一种交际方式或交际方法，是人际交往中约定俗成的示人以尊重、友好的习惯做法。从传播的角度来看，礼仪可以说是在人际交往中进行相互沟通的技巧。在商务中，商务礼仪起着重要的润滑和促进作用。要想卓有成效地开展商务活动，就必须掌握涉外礼仪知识，遵循礼仪规范，注重规避不合礼仪的言行，而交谈礼仪和馈赠礼仪是涉外礼仪的重要方面。娴熟的谈话技巧、适度的礼仪馈赠，有助于商务活动取得成功。国际商务礼仪有助于建立良好的人际沟通。交往中不懂礼貌、不懂规矩有时会把事情搞砸。

试卷二

一、单项选择题

1. A【解析】在递名片的过程中，应两手捏其上端两角。

2. A【解析】靠右侧单行为通行基本原则。

3. C【解析】遵循女士优先的原则。

4. D【解析】陪同接待人员要后进先出才是礼貌做法。

5. A【解析】后座右侧是尊重位子。

6. D【解析】在接待特殊身份人物时，司机后面为上座。

7. D【解析】两侧高于中央是不礼貌的形式。

8. A【解析】只有 A 选项的说法是正确的。

9. B【解析】几乎不用正方形的桌子接待宾客。

10. D【解析】先向对方说明本人不在是最基本的。

二、多项选择题

1. ABC【解析】在正式场合中，男士着西服应将三枚扣子都扣好才是礼貌的做法。

2. ABC【解析】在电视节目中，主持人应当先伸出手握手，表示对嘉宾的尊重。

3. AC【解析】被叫不应先挂掉电话，也不能谁先说完谁先挂电话。

4. AB【解析】会场以左侧为尊，主人站在一侧，请宾客在正门行走，以示尊重。

5. ABCD【解析】准备饮料应遵循尊重长者、宾客以及国外习俗等。

三、名词解释题

1. 国际商务礼仪是人们在国际商务活动中应该遵循的礼仪原则和方法，是公司或企业的商务人员在国际商务活动中，为了塑造个人和组织的良好形象，对交往对象表示尊敬与友好的规范或程序。它是一般礼仪在商务活动中的运用与体现，包括待客、商业洽谈、推销、商业仪式、外事、文书、会议、谈判、迎送、公关礼仪等。

2. 小费源自 18 世纪的英国伦敦。当时，一些酒店的餐桌上放着一只"保证服务迅速"的碗，顾客将钱放入碗中，就能得到周到的服务。这种做法不断延续，便成为时下的付小费，作为对为你服务的人的一种感谢和报酬。

3. 环绕式座位就是不设立主席台，把座椅、沙发、茶几摆放在会场的四周，这一安排座次的方式，与茶话会的主题最相符，也最流行。

4. 服饰礼仪是人们在交往过程中为了相互表示尊重与友好，达到交往的和谐而体现在服饰上的一种行为规范。

四、简答题

1. 礼仪的核心就是"尊重为本，以少为佳"。尊重是礼仪之本，也是待人接物的根基。尊重分自尊与尊他。首先是自尊之本，自尊自爱，爱护自己的形象；其次要尊重自己的职业；第三要尊重自己的公司。尊重他人是一种教养。尊重是礼仪的核心概念。尊重上级是一种天职，尊重下级是一种美德，尊重同事是一种常识，尊重服务对象是一种本分，尊重对手是一种风度，尊重所有人有助于我们人际关系的融洽。

2. ①要选好时间。②要掌握通话时间。打电话前，最好先想好要讲的内容，以便节约通话时间。3分钟，即所谓的"3分钟原则"。③要态度友好。④要用语规范。通话之初，应先做自我介绍。请受话人找人或代转时，应说"劳驾"或"麻烦您"，不要认为这是理所当然的。

接电话时需注意以下几点：①左手持听筒、右手拿笔，大多数人习惯用右手拿起电话听筒，但是，在与客户进行电话沟通过程中往往需要做必要的文字记录。②电话铃声响过两声之后接听电话。③报出公司或部门名称。④确定来电者身份、姓氏。⑤注意声音和表情。⑥保持正确姿势。⑦最后道谢。来者是客，以客为尊，因此，公司员工对客户应该心存感激，向他们道谢和祝福。⑧让客户先收线。在电话即将结束时，应该礼貌地请客户先收线，这时整个电话才算圆满结束。

3. 在商务谈判活动中必须讲究和遵守交谈礼仪：①尊重对方，谅解对方。②态度和气，言语得体。③及时肯定对方。④注意语速、语调和音量。

4. ①不可东张西望，与他人打招呼。②不可坐着握手。③不可左手握手。④不可交叉握手。⑤不可戴手套握手。⑥不可在握手时另一只手放在衣袋里。⑦不可握手时戴着墨镜。⑧不可在握手后擦拭手掌。

5. ①递送的次序：一般来说，先由职位低的向职位高的递送，晚辈向长辈递送，男士先向女士递送，当对方人数不止一人时，应先将名片递送给职位较高或年龄较大者。如果分不清职位高低和年龄大小，则可先和自己对面左侧方的人交换名片。②递送的方式：面带微笑，双目注视，将名片的正面朝向对方，用拇指和食指握住名片的上端两角，与对方寒暄，如果是坐着，应起身或欠身。③名片的接受：接过后要点头致谢，不要立即收起来，也不应随意玩弄和摆放，而是认真读一遍，要注意对方的姓名、职务、职称，并轻读不出声，以示敬重。对没有把握念对的姓名，可以请教一下对方，然后将名片放入自己口袋或手提包、名片夹中，同时应立刻将自己的名片递出，要有来有往。

五、案例分析题

1. 首先，芝加哥公司没有前去迎接泰国来访人员是非常不礼貌的，表示出一种不尊重对方的态度，而且在第二天又没有按照约定的时间与泰国代表团见面。遵守时间是国际商务谈判基本的礼仪，该公司的做法非常不守承诺，才导致了谈判破裂。芝加哥工程公司应提前了解并核实泰国政府来访人员的飞机的确切抵达时间，并派人到机场迎接，并为对方安排好住宿。第二天应派车到泰国政府来访人员下榻的宾馆将其接到本公司来谈判，因为泰国政府来访人员不知道怎样到芝加哥工程公司。

2. 在社会活动中应该遵循：①形象礼仪（仪容礼仪、仪态礼仪、服饰礼仪、谈吐礼仪）。②职场商务礼仪（办公室礼仪、见面礼仪、商务接待礼仪等）。③商务会议礼仪。④交通旅行礼仪（旅行礼仪、住店礼仪）。⑤求职礼仪等。

工具模板

模版一　商务谈判实训总结

报告题目：纯净水合资项目商务谈判

系别：

实训名称：

班级：

姓名学号：

指导教师：

一、实训目的

商务交流与谈判水平的高低是衡量营销人员素质的一个重要标准。通过这门课程的学习，主要目的是要改变以往那种完全依靠商务人员主观想法和个人性格特点随意进行交流、谈判的状况，从理论上和方法上使商务人员有所依据，有所提高。然后在此基础之上，再根据各自的特点和具体情况，有方法、有步骤地进行富有成效的交流与商务谈判活动。因此，通过对该门课程的学习，我们应当掌握交流与谈判的基本原则和基本方法，以及在交流与谈判中所应注意的特殊之处。我们应在教学中结合具体的案例，有针对性地运用这些原则和方法去分析问题、解决问题，做到理论与实践相结合，理论指导实践，实践检验理论。这样，对未来的营销人员的素质培养才能够达到一个更高的水平。

二、实训时间

三、实训地点

四、实训内容

实训活动依据背景材料，由教师为指导。教师把班级学生分为4～5人一组，组建虚拟公司构成谈判的一方，并指定各小组负责人。然后，以抽签的方式与另一小组结对，共同完成模拟任务，并指定各小组负责人。我们确定小组人员郝荣丽、张婷婷、李静、沈义、王杰、储朝阳与赵亚坤小组组成谈判伙伴。我们确定李静为主谈，张婷婷为项目经理，储朝阳为技术顾问，郝荣丽为财务主管，沈义为法律顾问。商务谈判综合模拟实训是在分阶段实训的基础上进行的一项全面的、全过程的商务谈判模拟实训，包括谈判前期的规划、谈判的准备、资料的搜集分析、谈判各阶段策略的运用以及合同的订立等内容。

（1）谈判前期的规划：我们两个组本着双赢的心态对待此次实训，不仅仅包括谈判成功，而且还要包括能取得一个不错的成绩。

（2）谈判的准备：我们小组做了两次小组会议，主要是确定小组成员与分工，进行对整个谈判过程的预测与细节的分析。

（3）资料的搜集分析：我们小组搜集了大量的有关饮料行业、饮用水行业的背景资料，而且进行了大量的数据分析。尤其对谈判对手进行了比较全面的分析，并就他们可能提出的质疑点进行了认真的准备。

（4）谈判各阶段策略的运用以及合同的订立：我们本着商务谈判是"合作的利己主义"的过程的观点，了解到谈判对手对此次谈判进行了十分充分的准备。我们也不能懈怠，并对此进行了充分的准备。

五、实训总结

谈判之前，我们做好了各项准备，我们确立的谈判标准是明智、有效和友善。我方由主谈、项目经理、技术顾问、财务主管、法律顾问组成的谈判队伍参加了谈判。我方的谈判内容是：

（1）建议工厂设计规模为年产量 1 亿瓶纯净水。

（2）需土地 20000 平方米。

（3）要引进德国全套纯净水生产线，生产设备需投资 8000 万元，设备由 A 采购。

（4）厂房建设需 1000 万元，工厂由 B 方负责建设。

（5）保证销售利润率达到 26.5%，并提供相关支撑材料和数据。

（6）若总资本不足以维持生产，需投资方设法补足。

（7）需持股 60%。

（8）风险分担问题。

（9）利润分配问题。

谈判开局，大家坐好，统一介绍，互相握手，营造一个自然的气氛，双方都表示坚持双赢原则，以便谈判顺利进行。之后，我方表示要演示一组幻灯片，得到允许后我方将我公司进行了简要的介绍并对饮水行业进行了大概的分析。进入磋商阶段，我方询问对方如何确保 26.5% 的销售利润率，对方进行解释后反问我方设备价格问题，我方技术顾问从采购费用、关税、培训费方面进行了解释。之后，双方又围绕资本金等问题进行了磋商，并且达成协议由双方共同管理人员进行管理。经过一系列的磋商，这次谈判取得圆满成功，双方握手，签订合同。结束了商务谈判的模拟，老师对此次实训进行了总结。对我们的认真提出了表扬，当然指出我们所欠缺的地方并进行了系统的分析。

六、实训收获与体会

为期两周的涉外商务谈判实习结束了，在这次实习中我们进行了业务的模拟操作。通过对角色的分工，我对谈判的各环节有了进一步的了解。这让我对商务谈判有了新的认识：不论在日常生活里，还是在商业往来中，不管你是不是商人抑或律师，谈判都无时不在发生，小到买件日用品的讨价还价，大到各种正式非正式的商务谈判……总之，谈判每时每刻都在你的身边，并从某种程度上甚至深刻地影响着你的生活质量和生意场商的成败得失。随着社会经济的发展，人与人之间的经济交往日趋频繁，为了实现和满足商业利益，商务谈判迅速发展起来并成为促进贸易双方达成交易的重要环节。然而，商务谈判并不是在商务冲突出现时才进行。商务谈判是商务各方当事人追求共同商业目标，实现双方商业利益的手段。谈判的结果不是要有一方输或者赢，而是双赢。如何实现双赢才是我们的最终目的。

为期五天的商务谈判实训使我们深刻明白了：商务谈判就是买卖双方为了促成买卖成交而进行的，或是为了解决买卖双方争议或争端的一种行为方式或手段。它作为关系交易成败的一种手段，涉及买卖双方的经济利益。商务谈判的目的是参与谈判的买卖各方都须通过与对方打交道或正式的洽谈，并促使对方采取某种行为或做出某种承诺来达到自己的目的，实现自己的目标。一般来说，成交是达到目的的标志，签订商务合同是实现目标的体现。

商务谈判的过程主要分为准备工作、谈判和签订合同三个阶段。

整个谈判活动能否达到预期的目的，不仅要看谈判桌上有关策略和技巧的运用发挥如何，还依赖于谈判前的充分细致的准备工作。只有认真做好谈判前的准备工作，才能使谈判活动取得预期的效果。在准备阶段要做的有三点：第一，组织一个高效精悍的谈判班子，成员要有较高的素质，成员内部分工明确，协同合作；第二，搜集情报资料，包括市场情报、相关地区的政治法律情报、谈判对手的情报等，所谓"知己知彼，百战不殆"；第三，商务谈判方案的制订，包括确定谈判的主题和目标、选择谈判时间及空间以及把握对方的谈判目标。

通过这次谈判我们对商务谈判有了更加深刻的认识。在谈判时，不要被对方的气势所迫，不要表现出急于拿下，不要让自己被动，表达自己的诚意，但是价格需要商量，而不是单方的一味压价。谈判时一定要有理、有据、有节，不能过于屈服。在适当的时候掌握技巧，如第一次谈判时，谈判的关键人物先不要出现，小兵先上场；需要决策时，领导出来溜一圈提出决定性意见；谈判过于紧张时，需要有人唱黑脸，如此一来，通常谈判对方会无法接受，届时唱白脸的再来缓和氛围；一旦无法达成协商结果时，不要顾虑太多，约定改时间再谈，不用急于定结论。

谈判时应注意以下几个方面：

（1）清楚。直观地表述思想，用数据说话。

（2）倾听。如果我们学会如何倾听，很多冲突是很容易解决的。

（3）充分的准备。要取得商业谈判的成功，必须在事前尽可能多地搜集相关信息。例如，他们有什么选择？事先做好功课是必不可少的。

（4）高目标。有高目标的商人做得更出色。期望的越多，得到的越多。

（5）耐心。如果谈判时对方赶时间，你的耐心能对他们造成巨大的影响。

（6）满意。如果在谈判中对方感到很满意，你已经成功了一半，因为满意意味着对方的基本要求已经得到满足。

（7）让对方先开口。找出谈判方渴望达到的目的是否低的最好方法就是劝诱他们先开口。他们希望的可能比你想要给的要低，如果你先开口，有可能付出的比实际需要的要多。

（8）第一次出价。不要接受第一次出价。如果你接受了，对方会想他们其实能再压一下价，先还价再做决定。

（9）让步。在商业谈判中，不要单方面让步。如果你放弃了一些东西，必须相应地再从对方那里得到一些东西。如果你不这样做的话，对方会向你索要更多。

我想此次实训结束带给了同学们很大的收获，学营销的同学们更是受益匪浅。商场如战场，商务桌上虽然没有血雨腥风，但却是一个充满学问的地方。我们在学生时代就能有机会了解、认识是我们的幸运！最后，感谢我们的专业老师，还有我们的指导老师。

模版二 国际商务谈判策划书模板

一、谈判主题

解决汽轮机转子毛坯延迟交货索赔问题，维护双方长期合作关系

二、谈判团队人员组成

主谈：胡达，公司谈判全权代表；

决策人：贺宇翔，负责重大问题的决策；

技术顾问：陶佳，负责技术问题；

法律顾问：张伟燕，负责法律问题；

财务顾问：董明，负责财务问题谈判；

经济顾问：刘峰，负责经济问题；

翻译人员：孙霞，负责谈判翻译；

记录人员：王丽，负责谈判记录。

三、双方利益及优势和劣势分析

我方利益：

1. 要求对方尽早交货；

2. 维护双方长期合作关系；

3. 要求对方赔偿，弥补我方损失。

对方利益：

解决赔偿问题，维持双方长期合作关系。

我方优势：

我方占有国内电力市场 1/3 份额，对方与我方无法达成合作将对其造成巨大损失。

我方劣势：

1. 在法律上有关罢工属于不可抗力范围这点上对对方极为有利，对方将据此拒绝赔偿；

2. 对方延迟交货对我公司已带来的利润、名誉上的损失；

3. 我公司毛坯供应短缺，影响恶劣，迫切与对方合作，否则将可能造成更大损失。

对方优势：

1. 法律优势：有关罢工属于不可抗力的规定；

2. 对方根据合同，由不可抗力产生的延迟交货不适用处罚条例。

对方劣势：

属于违约方，面临与众多签约公司的相关谈判，达不成协议将可能陷入困境。

四、谈判目标

1. 战略目标

体面、务实地解决此次索赔问题，重在减小损失。维护双方长期合作关系原因分析：让对方尽快交货远比要求对方赔款重要，迫切要求维护与对方的长期合作关系。

2. 索赔目标

报价：

（1）①赔款：450 万美元；②交货期：两个月后，即 11 月；

（2）技术支持：要求对方派一技术顾问小组到我公司提供技术指导；

（3）优惠待遇：在同等条件下优先供货；

（4）价格目标：为弥补我方损失，向对方提出单价降 5% 的要求底线；

①获得对方象征性赔款，使对方承认错误，挽回我公司的名誉损失；

②尽快交货以减少我方损失；

③对方与我方长期合作。

五、程序及具体策略

（一）开局

方案一：感情交流式开局策略：通过谈及双方合作情况形成感情上的共鸣，把对方引入较融洽的谈判气氛中。

方案二：采取进攻式开局策略：营造低调谈判气氛，强硬地指出对方因延迟交货给我方带来的巨大损失，开出 450 万美元的罚款，以制造心理优势，使我方处于主动地位。对方提出有关罢工属于不可抗力的规定拒绝赔偿的对策：

1. 借题发挥的策略：认真听取对方陈述，抓住对方问题点，进行攻击、突破。

2. 法律与事实相结合原则：提出我方法律依据，并对罢工事件进行剖析对其进行反驳。

（二）中期阶段

1. 红脸白脸策略：有两名谈判成员，其中一名充当红脸，一名充当白脸辅助协议的谈成。适时将谈判话题从罢工事件的定位上转移到交货期及长远利益上来，把握住谈判的节奏和进程，从而占据主动。

2. 层层推进，步步为营的策略：有技巧地提出我方预期利益，先易后难，步步为营地争取利益。

3. 把握让步原则：明确我方核心利益所在，实行以退为进策略，退一步进两步，做到迂回补偿，充分利用手中筹码，适当时可以退让赔款金额来换取其他更大利益。

4. 突出优势：以资料作支撑，以理服人，强调与我方协议成功给对方带来的利益，同时软硬兼施，暗示对方若与我方协议失败将会有巨大损失。

5. 打破僵局：合理利用暂停，首先冷静分析僵局原因，再运用有把握的，"肯定对方行式，否定对方实质"的方法解除僵局，适时用声东击西策略，打破僵局。

（三）休局阶段

如有必要，根据实际情况对原有方案进行调整。

（四）最后谈判阶段

1. 把握底线：适时运用折中调和策略，严格把握最后让步的幅度，在适宜的时机提出最终报价，使用最后通牒策略。

2. 埋下契机：在谈判中形成一体化谈判，以期建立长期合作关系。

3. 达成协议：明确最终谈判结果，出示会议记录和合同范本，请对方确认，确定正式签订合同时间。

六、准备谈判资料

相关法律资料：《中华人民共和国合同法》《国际合同法》《国际货物买卖合同公约》《经济合同法》。

备注：《合同法》违约责任。

第一百零七条　当事人一方不履行合同义务或者履行合同义务不符合约定的，应当承担继续履行、采取补救措施或者赔偿损失等违约责任。联合国《国际货物买卖合同公约》规定：不可抗力是指不能预见、不能避免并不能克服的客观情况。

其他资料：合同范围、背景资料、对方信息资料、技术资料、财务资料。

七、制订应急预案

双方是第一次进行商务谈判，彼此不太了解。为了谈判顺利进行，有必要制订应急预案。

1. 对方承认违约，愿意支付赔偿金，但对 450 万美元表示异议。

应对方案：就赔款金额进行价格谈判，运用妥协策略，换取在交货期、技术支持、优惠待遇等利益。

2. 对方使用权力有限策略，声称金额的限制，拒绝我方的提议。

应对：了解对方权限情况，"白脸"据理力争，适当运用制造僵局策略，"红脸"再以暗示的方式揭露对方的权限策略，并运用迂回补偿的技巧来突破僵局；抑或用声东击西策略。

3. 对方使用借题发挥策略，对我方某一次要问题抓住不放。

应对：避免没必要的解释，可转移话题，必要时可指出对方的策略本质，并声明，对方的策略影响谈判进程。

4. 对方依据法律上有关罢工属于不可抗力从而按照合同坚决拒绝赔偿。

应对：应考虑到我方战略目标是减少损失，并维护双方长期合作关系，采取放弃赔偿要求，换取其他长远利益。

5. 若对方坚持在"按照合同坚决拒绝赔偿"一点上，不做出任何让步，且在交货期方面也不做出积极回应，则我方先突出对方与我方长期合作的重要性及暗示与我方未达成协议对其恶劣影响，然后做出最后通牒。

模版三　谈判中的八种能力

商业经营中诚信非常重要。中国自古就有"货真价实，童叟无欺"的八字箴言，英文中也有一个八字经典："NO TRICKS"。从字面看来，它与中文的意义非常相近。不过"NO TRICKS"并不仅仅代表其字面的意思，每一个字母还有更深一层的含义——谈判中的八种能力。

谈判能力在每种谈判中都起到重要作用，无论是商务谈判、外交谈判，还是劳务谈判。在买卖谈判中，双方谈判能力的强弱差异决定了谈判结果的差别。对于谈判中的每一方来说，谈判能力都来源于八个方面，就是"NO TRICKS"每个字母所代表的八个单词——need、options、time、relationships、investment、credibility、knowledge、skills。

1. "N" 代表需求（need）。

对于买卖双方来说，谁的需求更强烈一些？如果买方的需要较多，卖方就拥有相对较强的谈判力。卖方越希望卖出产品，买方就拥有较强的谈判力。

2. "O" 代表选择（option）。

如果谈判不能最后达成协议，那么双方会有什么选择？如果你可选择的机会越多，对方认为你的产品或服务是唯一的或者没有太多选择余地，你就拥有较强的谈判资本。

3. "T" 代表选择（time）。

主要是指谈判中可能出现的有时间限制的紧急事件。如果买方受时间的压力，自然会增强卖方的谈判力。

4. "R" 代表选择（relationships）。

如果与顾客之间建立强有力的关系，在同潜在顾客谈判时就会拥有关系力。但是，也许有的顾客觉得卖方只是为了推销，因而不愿建立深入的关系。这样，在谈判过程中将会比较吃力。

5. "I" 代表投资（investment）。

主要是指在谈判过程中投入了多少时间和精力。为此投入越多、对达成协议承诺越多的一方往往拥有较少的谈判力。

6. "C" 代表可信性（credibility）。

如果潜在顾客对产品的可信性也是谈判力的一种，如果推销人员知道你曾经使用过某种产品，而他的产品具有价格和质量等方面的优势时，无疑会增强卖方的可信性，但这一点并不能决定最后是否能成交。

7. "K" 代表知识（knowledge）。

知识就是力量。如果你充分了解顾客的问题和需求，并预测到你的产品能如何满足顾客的需求，你的知识无疑增强了对顾客的谈判力。反之，如果顾客对产品拥有更多的知识和经验，顾客就有较强的谈判力。

8. "S" 代表技能（skills）。

这可能是增强谈判力最重要的内容了，不过，谈判技巧是综合的学问，需要广博的知识、雄辩的口才、灵敏的思维等。

总之，在商业谈判中，应该善于利用 "NO TRICKS" 中的每种能力，当然还要做到 "NO TRICKS"。

模板四 不同国家的谈判特征

国家	谈判特征
美国	（1）态度热情，言辞真挚，十分自信； （2）喜欢谈实质性的问题，不愿纠缠在原则性的条款里； （3）在谈判进行中比较专一，有一定的讨价还价能力，且能以考虑对方的立场来说服对方； （4）谈判目标明确，善于抓住实质性的利益，讨厌谈判中的拖拉作风； （5）无论作为卖方还是买方均对一揽子交易感兴趣，谈判作风比较干脆； （6）谈判人员都有一定的决定权
德国	（1）对谈判的准备工作要求极高，对交易形式、谈判目标规定得准确详细； （2）谈判能围绕重点，善于用逻辑推理说服对方，语言比较明确、适当； （3）对谈判中可能发生的问题设想得比较充分，也有一定的应变方案，但从总体上说，缺乏灵活性和必要的妥协
英国	（1）为人和善、友好，但不像美国人那样热情奔放； （2）对谈判比较有耐心，不急于暴露自己； （3）对谈判对方的建议、意见反映比较积极，但不急于下结论； （4）能控制自己的感情，以静取胜
法国	（1）立场坚定，按原则办事； （2）坚持在谈判中使用母语； （3）喜欢先构成一个谈判的总体轮廓，然后一步一步地进行谈判； （4）善于用否定的形式达到谈判的目标
日本	（1）对谈判充满自信，对谈判目标有一定的应变能力； （2）为人和善、友好，但有时给人一种虚伪的感觉； （3）谈判中往往坚持自己方面的利益，即使妥协也争取对自己有利； （4）谈判中比较重视谋略，以智胜人； （5）具有灵活性，对建设性意见反映积极，并能认真权衡利弊； （6）业务上兢兢业业，有一定的讨价还价的能力，对谈判有耐心
中国	（1）热情、友好，喜欢以东道主的面貌出现在谈判桌上； （2）谈判中比较重视谈判的原则； （3）有耐心，善于运用拖延战术来达到谈判目标； （4）善于提出一些明知对方不能接受的要求，然后暗示只要对方做出某些让步，就可以将这些要求搁置起来； （5）总是迫使谈判对方先表态； （6）善于在谈判的空隙进行非正式的意见交换； （7）谈判班子比较大，但权力界限分散而模糊

参考文献

［1］［美］罗杰道森. 优势谈判.［M］. 刘祥亚，译. 重庆：重庆出版社，2008.

［2］［美］罗伊·J·列维奇. 国际商务谈判（第5版）［M］. 方萍，谭敏，译. 北京：中国人民大学出版社，2008.

［3］［美］斯图尔特·戴蒙德. 沃顿商学院最受欢迎的谈判课.［M］. 杨晓乐，译. 北京：中信出版社，2012.

［4］白远. 国际商务谈判［M］. 北京：中国人民大学出版社，2015.

［5］窦然. 国际商务谈判［M］. 上海：复旦大学出版社，2015.

［6］刘园. 国际商务谈判［M］. 北京：首都经济贸易大学出版社，2014.

［7］潘肖钰. 商务谈判与沟通技巧［M］. 上海：复旦大学出版社，2000.

［8］王景山. 商务谈判［M］. 西安：西北工业大学出版社，2009.